■ 父母相貌俊美。家传的《圣经》中记载了母亲的出生，有一行字写道："上帝赐福与她。"我想，这行字预言了母亲最终会嫁给父亲，因为父姓"巴鲁克"在希伯来文中就是"有福"的意思。

■ 我对身材高挑纤细的安妮·格里芬小姐一见钟情，但我们七年后才终于结婚。

■ 父母都对四个儿子感到骄傲，也马上喜欢上了安妮。

■ 我在商界认识了许多朋友，包括克拉伦斯·麦凯（Clarence Mackay），他在通信行业的发展中扮演了重要的角色。

■ 早期的汽车价格昂贵，是不靠谱的玩意儿，但我喜欢开车，经常把车带到国外。

■ 托马斯·福琼·瑞安说话十分悠游缓慢，带南方口音。但他的行动快如闪电，我熟悉的人里，没有比他更足智多谋的。

■ 古根海姆家族的凝聚力是一股强大的力量，丹尼尔成为了这个了不起的家族的领袖。他们创造财富，也明智地运用财富，支持学术、艺术、音乐和科学事业的发展。

■ 每当看到一个衣着奢华的人，我都会想起钻石大王吉姆·布雷迪。吉姆虽然喜欢炫耀，但心地善良，很够朋友。

图片鸣谢：布朗兄弟（Brown Brothers）

■ 威廉·克罗克是那种绝不会在危难之际弃客户于不顾的银行家。他总是打扮得一丝不苟，是我见过的最富有魅力的人之一。

■ 古老的华尔道夫酒店是华尔街上流社会的聚集地。出入华尔道夫酒店的人物包括坐在中央桌前的阿瑟·豪斯曼、詹姆斯·基恩和雅各布·菲尔德，单独坐在右边桌前的是人称“豪赌一百万”的盖茨。

图片鸣谢：贝德曼图片资料馆（Bettmann Archives）

■ 爱德华·哈里曼身材瘦削，但有着巨人般的精力和想象力。我刚进入华尔街时，会费尽心思地模仿他。

图片鸣谢：贝德曼图片资料馆

图片鸣谢：贝德曼图片资料馆

■ 就因为说错一个词，我就与跟老摩根先生合作的机会失之交臂，他是那个时代毋庸置疑的金融界泰斗。

■ 第一次世界大战爆发后，我离开了华尔街，投身公职，在战时工业委员会担任主席。后来，伍德罗·威尔逊总统把我叫到巴黎，帮助草拟和平条约。在巴黎，我认识了法国部长路易·卢舍尔（Louis Loucheur）、温斯顿·丘吉尔和大卫·劳合·乔治（David Lloyd George）。

■ 1917年，父母庆祝金婚纪念日，在纽约市雪梨酒店（Sherry's）举办宴会。

■ 1929年，霍布考大庄园格局凌乱的白色框架房失火，夷为平地，我重新建起了带柱廊的红砖房。在霍布考大庄园的相册中，有凯恩斯三兄弟与厨师查利（Charlie）的合照，我的主管吉姆·鲍威尔的照片，以及我自己打鹌鹑的照片。

左图鸣谢：大卫·古德诺（David Goodnow）

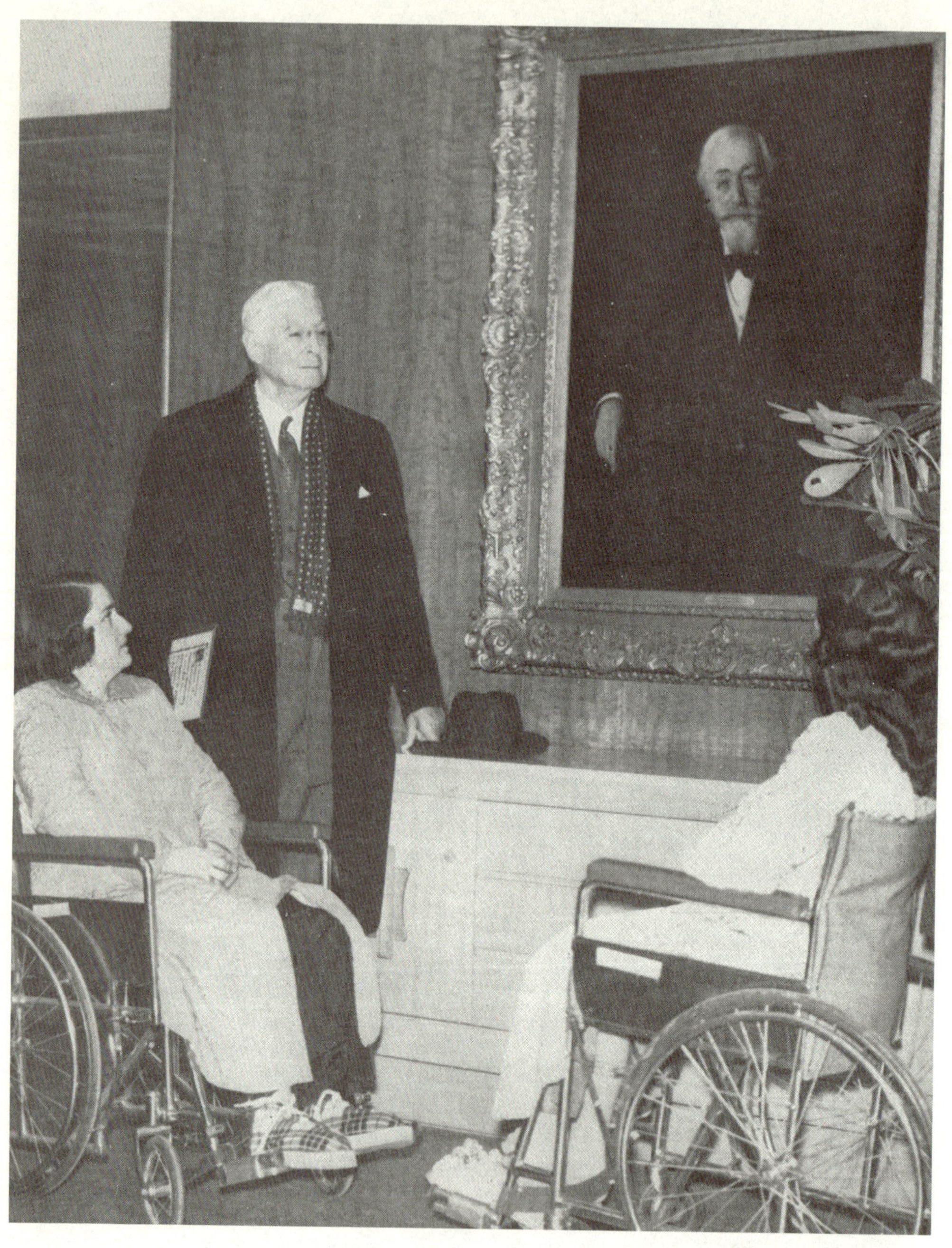

■ 父亲是康复和复健领域的先驱人物，启发我帮助贝尔维尤医院设立了康复和复健所，这个中心为全球各地树立了典范。

■ 小时候，我性格害羞敏感，很听母亲的话。我个子比较矮小，脸上布满雀斑，容易发脾气。

■ 22岁时，我热爱打拳。我在拳击台上学会了自制，终生受益匪浅。

■ 35岁时，我成为了身经百战的投机者和百万富翁，但我经常后悔放弃了学医的初衷。

[美] 伯纳德·巴鲁克 Bernard M. Baruch 著 池明烨 译

BARUCH

在股市大崩溃前抛出的人

传奇投机大师 伯纳德·巴鲁克自传

中国青年出版社 CHINA YOUTH PRESS 中青文传媒

图书在版编目（CIP）数据

在股市大崩溃前抛出的人：传奇投机大师伯纳德·巴鲁克自传 /（美）伯纳德·巴鲁克著；池明烨译.
—北京：中国青年出版社，2019. 7
书名原文：Baruch: My own story
ISBN 978-7-5153-5595-5
Ⅰ.①在… Ⅱ.①伯… ②池… Ⅲ.①巴鲁克（Baruch, Bernard 1870–1965）– 自传 ②巴鲁克（Baruch, Bernard 1870–1965）– 投资 – 经验 Ⅳ.①F837.124.8
中国版本图书馆CIP数据核字（2019）第086368号

在股市大崩溃前抛出的人：
传奇投机大师伯纳德·巴鲁克自传

作　　者：〔美〕伯纳德·巴鲁克
译　　者：池明烨
责任编辑：庞冰心　肖颖慧
文字编辑：张祎琳
美术编辑：张燕楠
出　　版：中国青年出版社
发　　行：北京中青文文化传媒有限公司
电　　话：010-65511270/65516873
公司网址：www.cyb.com.cn
购书网址：zqwts.tmall.com　www.diyijie.com
印　　刷：三河市文通印刷包装有限公司
版　　次：2019年7月第1版
印　　次：2019年7月第1次印刷
开　　本：787×1092　1/16
字　　数：260千字
印　　张：19
书　　号：ISBN 978-7-5153-5595-5
定　　价：59.00元

目
CONTENTS
录

序 言

最初鼓励我把亲身经历付诸笔墨的，是我的子女。他们在成长期间，经常会问我："现在一个初出茅庐的年轻人，还能取得您这样的成就吗？"或者是："在这个瞬息万变的世界里，有什么是恒久不变的吗？"

有人希望我讲述在华尔街的职业生涯，希望从中窥见快速致富的法宝。还有人关注我认识美国七任总统，从伍德罗·威尔逊总统（Woodrow Wilson）一直到德怀特·艾森豪威尔总统（Dwight D. Eisenhower），想知道我对他们都有些什么看法。

还有人劝说我回顾在两次世界大战与两次议和期间的经历，希望为当今世界面临的生存问题提供借鉴，必须承认，这个理由最让我动心。

事实上，早在20世纪30年代末，我就开始动笔撰写回忆录，但完稿的时间一推再推。在希特勒掌权期间，我把大量时间投入到呼吁美国发展武器，因为武器恰恰是防范战争的最佳手段。第二次世界大战爆发后，我全心全意地投入到帮助美国加快调度资源，取得战争胜利，防止重蹈第一次世界大战的覆辙。第二次世界大战结束后，我要处理战争留下的后遗症，应对世界各国应该如何控制原子能等棘手的难题。

由于事务繁多，我分身乏术，不仅没有时间撰写回忆录，而且要写的内容还大大增多。这些经历给了我全新的启示，于是，我重写了原本已经写好的很多内容。

我的原意是等写完全部自传后才出版，但从美国重建时期①到原子裂变之后，内容实在太多，难以在一卷中尽述。此外，我向来觉得一个人的回忆录应该在他还在世时出版，这样才能让世人有机会向作者本人提出质疑。

于是，到了87岁，我觉得不能再等下去了，便出版了回忆录这第一卷。我正在撰写最后一卷，希望不久后即可面世。

或许从我成长的经历中，读者可以得到特别的启发。无论我们年纪有多大，始终离不开儿时的影子。我们成年后处理问题的方式，经常与年少时处理成长阵痛的方式一脉相承。

我小时候性格害羞怕人，不敢在大庭广众之下发言，爱发脾气。长大后，我喜欢赌博，赌马、赌球、职业拳击赛……这些活动至今还会让我热血沸腾，仿佛青春焕发。

以前，每当看到别人取得了什么成就，我都希望自己也能做到。我下了很大功夫，才学会控制自己的感受，学会取舍，尽展所长，把自己不擅长的领域留给别人。

如果说成长的过程有什么“秘诀”的话，就在于我有计划地训练自己，学会批判性的自我评价。当我了解了自己，也就能更好地了解别人。

事实上，我在华尔街和商界驰骋多年，在这过程中对人性认识良多。在证券交易所和其他商务往来中，几乎每个问题都可以归结为如何区分客观事实与人的心理。当我离开华尔街，从事公职时，遇到了同一个永恒的难题——如何在人性与世间万物的性质之间取得平衡。

当然，人性的变化比外界的变迁要缓慢得多。面对新的情况，有些人会坚持过去的教条，墨守成规。

① 美国重建时期是指1865年至1877年。——译者注

还有些人会觉得过往的经验一文不值，认定每一种新情况都要以全新方式处理，总是摸着石头过河。

为了有效地自我管理，我们必须抛弃这两种极端的做法。真正的问题在于知道何时要遵循古老的真理，何时要大胆实验，开辟新路。在回忆录中，我介绍了自己的一些理念，说明了怎样才能在勇于承担尝试新的风险与防止重蹈覆辙之间取得平衡。

或许有人会对我做过的某些事不以为然。但我还是如实说明了自己失败的例子和犯下的错误，因为我觉得，失败是远比成功更好的老师。

在我撰写回忆录的过程中，哈罗德·爱泼斯坦（Harold Epstein）、塞缪尔·卢贝尔（Samuel Lubell）和赫伯特·贝亚德·斯沃普（Herbert Bayard Swope）这几位朋友给予了我莫大的帮助，亨利·霍尔特出版公司（Henry Holt and Company）的罗伯特·莱舍尔（Robert Lescher）也给了我宝贵的编辑建议。

扫码免费听

《高效能人士的七个习惯》有声书

第一章

家父：南方邦联军队的外科医生

・1・

1870年8月19日，我在南卡罗来纳州卡姆登（Camden）的家里出生，虽然住在主街上一栋两层高的木结构房子里，但跟住在旷野上也差不了多少。我们屋后有蔬菜园、马房和谷仓，再往后是一片三英亩的土地，父亲开荒种植，弄成一个“农场”做实验。我记得有一年，父亲煞费苦心地种植甘蔗，就像对待赚钱的棉花种植园似的，悉心照料。

父亲喜欢在“农场”里劳作，而母亲觉得他不务正业，有时间还不如多开诊，父亲当时是南卡罗来纳州最成功的医生之一，年仅33岁就获选为南卡罗来纳州医疗协会会长。他还在州卫生署担任署长，积极投身美国重建时期动荡不安、有时还带有血腥意味的政治活动。

最近，我在翻阅他一本早期的案例研究，潦草的字迹记载了他丰富的社区活动。他对黑人白人一视同仁，无论是腿上扎了鱼钩的小伙子，还是在前主人去世后不吃不喝18天、最终饿死的可怜老黑人，他都悉心治疗患病和意外受伤的病人。

父亲经常驾着两人座的马车，带着我周游乡间。有时我会接过缰绳，让他在座位上读书或打瞌睡。有一次，我们在一栋简陋的小屋前停下来。我在马车上等候，父亲走进屋里。没过多久，他匆匆跑出来，拿起斧头，一边用力劈开木制百叶窗，一边大声嚷道："里面的人缺乏新鲜空气，快要死了！"

父亲希望造福周边社区，所以在实验性的"农场"里忙忙碌碌，终其一生，造福社会一直是他的心愿。我10岁生日后约6个月，我们举家搬迁到纽约市，他率先在人口拥挤的出租屋一带开设公共澡堂。我们住在南卡罗来纳州时，当地还没有开设农业服务，实验改良的农作方法，但父亲觉得需要做实验，虽然之前根本没接受过农业方面的培训，却很快成为了这方面的专家。

在他的办公室里，除了医学书籍之外，还堆着一沓黄色封底的农场期刊。他靠翻阅期刊学习理论，然后在自己三英亩的土地上做试验，他收成的棉花、玉米、燕麦和甘蔗都曾在乡村博览会上夺得头奖。

他给乡亲们赠送种子，无论有多忙碌，都不吝于帮助其他农户解决问题。有一次，父亲特意买下几英亩低地，证明可以用瓦管排干积水，我相信这是当地做的首个同类实验。

父亲身高六英尺[①]，身材挺拔，伟岸俊伟，富有军人风采。他长着深色的胡须，蓝眸中闪烁着温和而又坚定的光芒。他的着装相当正式，我从未见过他露出衬衫袖口。但他风度翩翩，温言细语，虽然不在美国出生，却完全没有外国口音。

· 2 ·

父亲名叫西蒙·巴鲁克（Simon Baruch），1840年7月29日，在当时德国波森附近的斯瓦任兹村出生。他很少提起自己的祖辈，如果有人问起，他总是说，人的出身并不重要，重要的是他选择走怎样的路。

① 折合约183厘米。——译者注

到我20岁那年，父亲才带我前往欧洲，探望他的父母，我这才了解到巴鲁克家的祖辈。我的祖父名叫伯恩哈德·巴鲁克（Bernhard Baruch），我的名字跟他很像。他有一件古老的家族遗物，是一具颅骨，上面记录着家族族谱。巴鲁克家似乎属于犹太人中的拉比阶层，[①]有葡萄牙和西班牙血统，也混有波兰或俄罗斯血脉。

祖父还自称是文士巴路克（Baruch）的后人，先人巴路克记录了先知耶利米（Jeremiah）的预言，《巴路克书》还录入了天主教的次经。每当听到祖父这么说起，父亲总是不予置评。

祖父跟我成为了很好的朋友，他不会说英语，但我的德语说得相当好，我们相处得十分愉快。他身高六英尺以上，褐发细软，脸颊透红，在厚重的眼镜下，深色的眼睛显得特别有神。他富有学者和空想家的气质，喜欢坐在啤酒园里，抽着雪茄跟人聊天。我们大多数时间都是这样度过的，而父亲和祖母喜欢待在屋里。

祖母性格迥异，她勤俭朴素，严谨务实。她个子不高，父亲和我都继承了她深蓝色的眼睛。她头发中分，在两边整齐地垂下。她婚前名叫特雷莎·格伦（Theresa Gruen），我相信她是波兰后裔。

父亲不想被普鲁士军队强征入伍，于是在1855年来到美国。当时他才15岁，就读于波森的皇家文理中学（Royal Gymnasium）。他在美国只认识一个人，名叫曼内斯·鲍姆（Mannes Baum），是出生于斯瓦任兹的同乡，在卡姆登拥有一家小小的百货店。父亲孤身一人远赴异国他乡，实在是很有勇气的。

曼内斯·鲍姆成为父亲的保护人。父亲小小年纪就成为曼内斯的簿记员，拿着一本翻译字典来阅读美国历史，以此自学英语。曼内斯的妻子是母亲的姨妈，我父母就是通过她介绍相识的，很快，她发现这个男孩聪明伶俐，对他赞许有加。她劝说曼内斯把他送到查尔斯顿（Charleston）的南卡罗来纳州医科大

① 拉比是犹太人中的特别阶层，负责解释《圣经》，制定律法，是老师和智者的象征。——译者注

学（South Carolina Medical College）念书，后来更到里士满（Richmond）的弗吉尼亚州医科大学（Medical College of Virginia）进修。

对曼内斯·鲍姆先生的恩情，父亲始终铭记于心，所以他在给我起名的时候，拿“曼内斯”做了我的中间名，我也以此名字为荣。按照当地人的说法，曼内斯个子虽小，却有着“恺撒大帝（Julius Caesar）般的勇气”。

父亲喜欢讲这么一个故事：有个恶棍来到店里，要求曼内斯收回说过的一句话，曼内斯拒绝了。那人抄起一把锄头，往曼内斯身上挥去，铁刃砍在他身上，打得他头破血流。曼内斯还是拒绝收回那句话。那恶棍一把将他推倒在地，把拇指压在曼内斯眼上，威胁要把他的眼珠子挖出来。

“你要不要收回那句话？”那恶棍大声问道。

“不收回！”曼内斯·鲍姆喊道。

袭击者开始把威胁付诸行动，曼内斯在他手下扭动。恶棍拇指一滑，曼内斯一口咬住了他一只拇指，死死咬紧不放。那恶棍痛得嚎叫起来，叫他放开，曼内斯才松开了口。摩西律法叫人“以眼还眼，以牙还牙”，或许拿一只拇指来交换一只眼睛不算亏，但那恶棍并不想这样。

父亲给我讲这个故事，是想教我一个道理。当时，南卡罗来纳州还是盛行捍卫荣誉之风，必要时甚至不惜提出决斗。父亲赞扬曼内斯·鲍姆的勇气，告诉我：“儿子，如果有人侮辱你，绝不要忍声吞气。”

曼内斯·鲍姆送给了父亲一套军服和一把剑，1862年4月4日，他穿戴整齐，加入了南卡罗来纳州第三志愿步兵团。当时，父亲刚从医学院毕业，用他的话说，“甚至还没刺穿过一个水泡”，就获委任为助理外科医生。

加入南方邦联军队是父亲的天性使然，他跟李将军（Robert E. Lee）和其他很多人一样，从来没有拥有过奴隶，也不赞成奴隶制度，但觉得首先要忠于自己居住的州。此外，他在卡姆登认识的年轻人几乎全都参军了。

在跟随部队北进之前，父亲劝诫从德国过来的弟弟、年仅17岁的赫尔曼（Herman）不要卷入战火。九个月后，他们相遇了，赫尔曼当上了南方邦联军队的骑兵。父亲责备他不听劝阻，赫尔曼解释道："我受不了了，我无颜面对女士们。"

身为外科医生，父亲亲眼见证过战争最悲伤、最可怕的一面。他很少提起这段经历，每当我们四兄弟叫他"给我们讲讲战争的故事"，他通常会打发我们去学习，或者吩咐我们去做些杂务。

但当四个儿子簇拥在他身边，父亲有时也会追忆过去。他最爱讲的一个故事，是在著名的雪松溪（Cedar Creek）战役中，谢里登（Sheridan）上将率军从温切斯特（Winchester）发动进攻，而他努力拦截南方邦联军队的撤退。

"我看见厄尔利（Early）上将挥舞着一面旗，恳求手下士兵不要溃逃。"父亲回忆道，"我骑马冲到最前面，大声嚷道：'重整队形，拜托大家重整队形！'北方佬的子弹四处乱飞，有一颗子弹在我头顶上爆炸。我骑着的那匹马受到惊吓，而咬住马嚼子，驮着我飞奔而去。一班人在我身后喊：'你怎么不重整队形了？'"

我们爱听的另一个故事，是父亲在第二次马纳萨斯战役（Second Battle of Manassas）中第一次担任战场外科医生。父亲向战地医院报到，抵达时，一位资深外科医生正准备做一台截肢手术。那位医生看出父亲缺乏经验，递过来一把手术刀，略带嘲讽地说："医生，或许你想要做个手术？"父亲接受了这项挑战，做了第一台手术，表现可圈可点，赢得了对方的赞赏。

虽然父亲亲历过战争中最血腥的战斗场面，但他还是经常称赞双方的骑士精神。第一次世界大战爆发后，他评价说相比之下，南北战争堪称"绅士的战争"。有个例子说明了，士兵在战场上所表现的这种骑士精神给他留下了深刻的印象，他在1921年临终时还念念不忘。

在莽原之役（Battle of the Wilderness）中，北方联邦军队的詹姆斯·瓦斯渥斯（James S. Wadsworth）少将头部中枪身亡，他的孙子后来成为了美国纽约州参议员。李将军派人捎信到北方联邦军队，表示虽然双方为敌，但他愿意把这位勇士的遗体送回故乡。当救护车悬挂休战的旗帜，载着瓦斯渥斯少将的遗体穿过北方联邦军队的战线，道路两旁，身穿灰色军服、衣衫褴褛的士兵纷纷脱帽致敬。

· 3 ·

回忆起南北战争的年代，父亲从未对北方联邦军队表示过一丝怨恨，这或许是因为他每次被俘虏时，都受到了善待。

他第一次被俘虏，是在安蒂特姆战役（Battle of Antietam）中。在南山（South Mountain）早期的一次交战中，南卡罗来纳州第三志愿步兵团溃败，司令乔治·詹姆斯（George S. James）上校身亡。当南方邦联军队渡过溪水撤退时，父亲负责照料在布恩斯伯勒（Boonsboro）一个教堂墓地上需要救助的伤员。他们在两个木桶上架着一扇门，仓促搭建出一个手术台，把一位身受重伤的士兵抬到手术台上。父亲给病人用了麻醉药，刚拿起手术刀，冰雹似的子弹就飞了过来，手术被迫中断。他们只好把伤员抬进教堂里，继续动手术。

等父亲做完手术，教堂外的路上已经站满了北方联邦军队的骑兵。几英里外，夏普斯堡（Sharpsburg）的炮火震天动地，但父亲和他的勤务兵心无旁骛地继续救治伤员。北方联邦军队的一位外科医生走过来，问父亲是否需要帮忙。看到对方主动伸出援手，父亲大感意外，时隔50多年后，他还记得那人的名字：J. P. 戴利（J. P. Daly）。

助理外科医生巴鲁克就这样沦为了战俘，但他知道，南北军队约定了尽快交换被俘医生的政策，所以自己很快就会获释。他在布恩斯伯勒待了近两个月，据他后来所说，这是他在军中最愉快的时光。随后，他和其他几位军医一起被带上一辆火车，前往巴尔的摩（Baltimore）。途中，北方联邦军队的军官告诉战俘，同情他们遭遇的南方民众将会在补给站迎接他们，安排他们住在望族家里，等待交换战俘。

但北方联邦军队负责的中尉并不喜欢这些友善的安排，而是直接把战俘领到宪兵司令那里。宪兵司令却宽松得多，他允许父亲和另一位军医在市内走动，前提条件是他们必须承诺第二天回到总部报到。南方邦联军队两位年轻的军医被带到一位富裕的市民家里，受到了热情款待，欢歌盛舞一直持续到凌晨两点钟。

吃完早餐，几位年轻的女士邀请他们坐着敞篷马车，前往一个摄影棚，逐一跟他合影留念，照相的费用由父亲的女性爱慕者支付。我小时候居住的卡姆登家里，还悬挂着其中一张照片。第二天，南方邦联军队被俘的军医被带往弗吉尼亚州，等待交换。

10个月后，父亲在葛底斯堡战役（Battle of Gettysburg）第二次被俘虏。我长大以后，和父亲一起前往葛底斯堡战役发生地，他描述了亲眼见证的那场战役，边说着，边挥舞手中的黑色帽子，长长的白发在风中飘扬。他栩栩如生地讲述了皮克特（Pickett）少将率领的军队是怎样向桃园（Peach Orchard）发起冲锋，父亲回忆道，由于南方邦联军队的指挥官下令改变了冲锋的方向，在北方联邦军队纵射的枪火下，几乎所有伤员都是身侧中弹。

南方邦联军队在黑马客栈（Black Horse Tavern）设立了战地医院，父亲指着沼泽溪（Marsh Creek）边上一处，告诉我说，那就是勤务兵为外科医生取水的地方。他还告诉我，他连续两天两夜为伤员做手术或守夜。

随后，南方邦联军队开始惨败撤退，李将军命令父亲和其他两位医生留守医院，等待进一步通知——也就意味着被敌军俘虏。

父亲和其他两位医生抓了一只在周围草地上漫步的孔雀，烤着来吃，一边等待北方联邦军队出现。这是他们在三天里第一次大快朵颐，等他们把最后一根骨头啃得干干净净，没过多久，北方联邦军队的骑兵出现了。

父亲惊讶地发现，北方佬待他非常友善。很快，文质彬彬的温斯洛（Winslow）医生来到父亲面前，向他提供应急用品，又建议父亲前往盖茨堡的卫生委员会仓库。到了仓库，父亲发现物资多得装不下，不得不堆放到街上，这在物资严重短缺、只能艰难度日的南方军队看来，是不可思议的。

仓库办事员建议父亲向物资管理员申请一辆马车。父亲抱着将信将疑的态度，前往物资管理总部，意外地再次受到了热情接待。

“医生，请坐。”一位年轻的职员礼貌地说道，“这里是一份《纽约先驱报》(*Herald*)，您可以在里面看到李将军的最新消息。我们会派一辆马车过来，请先看看报纸，稍等一会儿。”

很快，一辆马骡拉着的马车就交到了父亲手上。他在车里装满了医疗和军人超市用品，足足可以用上一个月，其中包括一桶用木屑保护的鸡蛋、一些红酒、柠檬和用冰块保鲜的黄油。

两位马里兰州女人和一位年迈的英国护士过来照顾伤员，一位巴尔的摩的医生给父亲送来了一套很好的手术器械，箱子上还刻有父亲的名字。后来，父亲把这套器械运回卡姆登，准备在战争结束后自己执业时用。

当战俘的日子过了六个星期，然后突然有一天，父亲被送上了一辆运载牲畜的货车，车上还有南方邦联军队的其他战俘，前往巴尔的摩的麦克亨利堡(Fort McHenry)。原来，父亲和南方邦联军队的其他军医成为了人质。

在西弗吉尼亚州查尔斯顿，同情北方联邦军队的拉克(Rucker)医生被宣判谋杀罪名成立，判处绞刑。他的妻子向联邦当局求助，声称她的丈夫没有得到公正的审判。华盛顿政府决定，在拉克医生获释之前，暂停交换南方邦联军队的军官。

父亲向我们保证，在麦克亨利堡被监禁的经历并没有某些人想象的那么难熬，事实上，他经常把这段经历比喻成“在海滨度假酒店避暑”。他和其他医生可以在麦克亨利堡内随意走动，踢足球，下国际象棋，互相教几句外语，展开辩论。最让人高兴的是，每天都有年轻的女士探访麦克亨利堡，给战俘打气，而战俘会向她们讨要新的纸质衬领，来装饰自己的外表。

有些战俘贿赂负责看守的中士，在晚上前往巴尔的摩游玩。本来双方相安无事，但某天早上点名的时候，看守发现几位医生不见了。其他战俘企图帮他们答到，但这个小伎俩很快就被识破。监禁的看守变得更加严格，直到留下的军医承诺不会逃跑。两个月后，拉克医生成功逃脱，打破了南北政府的僵局，囚禁在麦克亨利堡的战俘被送往南方。

在麦克亨利堡期间，父亲撰写了一篇医学论文，后来以《胸口两个穿透的枪刺伤口》（*Two Penetrating Bayonet Wounds of the Chest*）为题发表。第一次世界大战期间，担任美国陆军卫生总监的梅里特·艾尔兰（Merritte W. Ireland）告诉我，时隔这么多年，这篇论文对军医还有着参考价值。

· 4 ·

父亲讲起的另一个故事，是他最后一次，也是最艰苦的一次战争经历。1864年7月，他晋升为外科医生。次年3月，谢尔曼（Sherman）上将正在率军北进，南方邦联军队奋力抵抗，派他前往北卡罗来纳州托马斯维尔（Thomasville），筹备医院设施。

父亲晋升为外科医生后，负责组织一支服半役的分队，指挥着把两栋小工厂建筑和一家酒店改造为医院病房。有消息传来说，军队正在把在埃弗里堡（Averyboro）战役中受伤的280名伤员送过来，于是，父亲派一名荷枪实弹的守卫守在门口，吸引邻近的成年男子和少年为军队效力。他们帮忙清空了两座教堂里的长凳，为伤员腾出更多的空间，收集枯松叶和松节。枯松叶可以塞进麻袋里充当床垫，松节可以用来点燃火把，伤员夜里坐火车抵达时，可以顺着火光找到临时医院。

伤员们处境凄凉，躺在车上呻吟咒骂，车上铺着松散的棉布，血迹斑斑。

当天早些时候，父亲挨家挨户地上门，请女士们帮忙为伤者烘烤面包，准备黑麦咖啡和培根。他确保每一位还能进食的伤员都填饱肚子，尽可能舒适地安顿下来。接着，他只睡了两个小时，就开始为伤员动手术。

父亲和另外两位协助的医生不眠不休地工作，直到包扎好每一个伤口，这是父亲参战以来最筋疲力尽的一段经历。完成任务后，他给当地医疗首长发了个电报，内容大概是他头痛欲裂，请求暂时告假休息。发完电报，他晕倒了过去。

原来父亲感染了伤寒，但在动手术时浑然不觉。两个星期后，他恢复了知觉，战争已经结束。当父亲神志不清地躺在病床上时，北方联邦军队攻陷了医院所在区域，父亲在完全没有知觉的情况下，被“俘虏”后又正式假释了。

等到可以动身，他马上回到了曼内斯·鲍姆在卡姆登的家，这是父亲在美国唯一的家。伤寒初愈，他的身体仍然非常虚弱，抵达时还拄着拐杖。他就像南方邦联军队数以万计的其他士兵一样，穷困潦倒。他本来还指望靠巴尔的摩的朋友送的医疗器械开始在乡下执业，但谢尔曼上将手下的士兵抢走了这套器械。

战争给父亲留下了不可磨灭的印记，终其一生，他都没有摆脱战争的影子。无论他在哪里，每当听到乐队演奏起《迪克西》（*Dixie*）这首南方邦联国歌，他都会一跃而起，发出反叛者的呐喊。

一听到乐声响起，母亲和我们几兄弟都知道父亲会做何反应。母亲会拉着他的衣尾，求他不要大嚷大叫：“安静点儿，医生，安静点儿。”但每次都不管用。他平时是那么沉静内敛、高贵大方的一个人，我却亲眼看到他在纽约大都会歌剧院一跃而起，发出那尖锐的战吼。

第二章

北美殖民地的母系祖先

· 1 ·

父亲那边，我是移民的儿子；而母亲那边，我的祖先早在17世纪90年代就来到了美国。

在母系祖先中，艾萨克·罗德里格斯·马克斯（Isaac Roderiguez Marques）最早来到美国，他的姓在旧文件中有不同的拼法，有写成Marquiz的，有写成Marquis的，还有写成Marquise的。1700年之前，他就来到了纽约，成为一位船主，名下的船舶在三大洲开展业务。他与富有传奇色彩的威廉·基德（William Kidd）船长是同年代的人，威廉·基德船长因海盗罪罪名成立而被判处绞刑，而现在许多人认为在那次走过场的审判中，证人作了伪证。基德船长的遗孀住在艾萨克·马克斯家的街对面，她出入上流社会，最后改嫁给一位备受尊重的富裕绅士。

从马克斯选择定居的城市和从事的职业可见，他拥有敏锐的商业触觉。当时，纽约市在木板墙[①]以北只有两三条街道，但居住了3500人，到处是一片喧

① 木板墙原本是为了分隔殖民地土地而建造，其所在地是华尔街的前身。——译者注

器繁华的景象。这座城市得以飞速发展，在很大程度上得益于殖民地皇家总督本杰明·弗莱彻（Benjamin Fletcher），这位总督对海事活动（包括海盗活动）持开放包容的态度。

他欢迎每位水手到来，包括大名鼎鼎的海盗托马斯·图（Thomas Tew），甚至在总督府设宴招待托马斯·图，称赞对方“人好相处，适合做朋友”。托马斯·图也投桃报李，基本上不再把纽波特（Newport）当作母港，而是把阵地转移到纽约市。

在弗莱彻总督的管治下，纽约港可以跟纽波特和查尔斯顿相媲美，商人到这里处置海运货物，极其方便，不会有官员追问货物来历这种尴尬的问题。有人说，在弗莱彻总督的治理下，几乎每一位在纽约市做生意的船主都有做海盗的嫌疑。

如果我可以自称为海盗的后人，那该有多么刺激。可惜，从我收集到的文件可见，艾萨克·马克斯遵纪守法，在海上从事的是正经的商务活动。

支撑这个结论的其中一项间接证据，是在他成为纽约市自由人后一年，海盗活动突然成为了明日黄花。这是由于新总督贝勒蒙特（Bellomont）伯爵上任后，推翻了前总督弗莱彻的政策，严厉打击海盗活动，逮捕并处死了威廉·基德船长。

贝勒蒙特的改革伤及纽约市一些重要公民精心打造的商业组织，包括我祖先的几位朋友。但马克斯本人似乎并没有受到影响，他的钱越赚越多，而且在贝勒蒙特总督严打海盗活动的黑名单中，也没有找到他的名字。

文件并没有记载艾萨克·罗德里格斯·马克斯出生的确切日期和地点。从一个家族传统推断，他的祖籍或许是丹麦，而从另一个家族传统可见，他的祖籍可能是牙买加，后一个可能性更大。无论如何，他都有葡萄牙和西班牙血统。

我在祖先中能找到的第一位美国人，最早的文件可以追溯到1697年9月17日。那天，艾萨克登上了市政厅的台阶，站在市长和市议员面前，接受认真的审查，支付了五英镑后，他成为了纽约市自由人，有权在当地选举中投票，也必须服民兵役。

究竟艾萨克在纽约市居住了多久，才成为自由人，享受相关权利和履行义务，现已无从考究，但他多半并没有经过太长的时间。虽然即使不成为公民也可以在市里居住，但法令规定，"除了自由公民以外……任何人都不得……在市内从事任何技艺、职业、行当或手艺……或出售或要约出售任何类型的商品。"而到这时，艾萨克·马克斯正忙于从事航海的"技艺"和"行当"。

据传他拥有三艘船，但我只找到一艘的记录，名为"海豚"号（Dolphin）。这艘船有两条固定航线，一条往返纽约市和英格兰，而另一条从纽约市出发驶往英格兰，再到非洲奴隶海岸、西印度群岛，最后返程，完成著名的三角贸易航线。在殖民地大量引入奴隶劳工时，船舶有时会直接从非洲返回纽约市。

值得注意的是，在至少一次航程中，"海豚"号驻有外科医生，照顾船员和奴隶的健康，这在商人和奴隶主中是不多见的。另外，无论马克斯从残酷的奴隶贸易中赚取了多少不义之财，他在南方和北方的子孙后代都在南北战争中受难、丧命，变得穷困潦倒，已经一次又一次地付出了代价。

他成为自由人后一年，艾萨克的妻子拉切尔（Rachel）生下了儿子雅各布（Jacob）。他们已经有一个女儿，名叫伊丝特尔（Easter），这个名字是艾萨克亲笔拼写的。

随着他的财富日渐积累，艾萨克斥资550英镑，在女王街（Queen Street）买下了一栋"大砖房"（借用契约的描述）。房子的庭院延伸到东河（East River）边，房子所在的位置，现在是珍珠街（Pearl Street）132号。

从我研究的记录中，可以一窥当时纽约实施的法规。条例规定，"在月黑时分"，女王街每逢七栋房子，都必须在屋前柱子上悬挂灯盏照明，费用由居民按比例分摊。夜里，会有看守的人员提着铃铛，在大道上巡逻，报天气和钟点。当局会派人定期检查烟囱和壁炉，以免发生火灾。

他流传下来的文件显示，艾萨克出入富裕阶层，结交了不少重要人物，他在女王街的家离前市长亚伯拉罕·德·彼斯特（Abraham DePeyster）的府邸只相隔一个街区，糖类进口商尼古拉斯·罗斯福（Nicholas Roosevelt）是这个选区的市议员。

艾萨克遗嘱的见证人包括市长埃比尼泽·威尔森（Ebenezer Willson），首位在美国出生的殖民地总督利普·范·达姆（Rip Van Dam），以及威廉·皮尔特里（William Peartree），皮尔特里从水手一路晋升为船长，参与奴隶贸易，后来成为纽约市市长，成立了纽约市第一所免费学校。

海狸街（Beaver Street）犹太教堂的亚伯拉罕·德·卢塞纳（Abraham de Lucena）拉比和另一位显赫的犹太人路易斯·戈麦斯（Luiz Gomez）似乎是艾萨克特别信赖的朋友，在遗嘱中，他指定这两人帮助妻子管理遗产。

这份遗嘱的日期为1706年10月17日，开篇显得文采飞扬："由于……乘船远赴西印度群岛牙买加，鉴于生死的不确定和死亡时间的不确定……"

接下来，艾萨克留下了遗言。他把一部分遗产留给母亲，吩咐买下一名奴隶女仆，伺候母亲。其余的遗产均分给妻子和两个子女：伊丝特尔和雅各布。他特意留给伊丝特尔"50英镑，在年满18岁或经她母亲同意结婚时，为她买一件珠宝"。

留下这份遗嘱后，艾萨克·马克斯的文件记录戛然而止，我对他的子女伊丝特尔和雅各布以及妻子拉切尔再也没有其他了解。

我经常会想起艾萨克·马克斯，尤其是乘船徐徐驶入纽约港，站在栏杆边上眺望海湾，我就不禁回想起艾萨克·马克斯初来乍到时看到的木板墙，惊叹数百年来纽约市天际线发生的惊人变化。

然而，在那天际线背后，美国的象征意义却始终如一。对于艾萨克·马克斯来说，这是一片崇尚自由和充满机会的土地，逾两个半世纪过去了，依然如此。

在这么长的时间里，无论这个国家看起来发生了多么巨大的变化，但它的象征意义却始终不变，我认为，这体现了美国人经久不衰的国民性。我们的物质生活一再发生翻天覆地的变化，但这片土地始终是自由之岸。

· 2 ·

在艾萨克·罗德里格斯·马克斯之后，我能找到记录的下一位祖先就是艾萨克·马克斯（Isaac Marks）（沿用他自己的拼法）。在文件记载中，他是艾萨克·罗德里格斯·马克斯的儿子，然而，他是在1732年出生的，所以其实更有可能是孙子。

在美国独立战争中，他跟随大陆军撤出纽约市，搬到奥尔巴尼（Albany），在那里加入了奥尔巴尼县第四民兵团。

艾萨克的儿子塞缪尔（Samuel）在南卡罗来纳州建立起我母亲那边的家。1762年，他在纽约市出生，长大后搬到南卡罗来纳州查尔斯顿，成为一家小商店的店主。他的女儿黛博拉（Deborah）嫁给了查尔斯顿的哈特维格·科恩（Hartwig Cohen）拉比，是我的外曾祖母。

我第一次见到外曾祖母的时候，她已经80多岁了，她是一位爱讲究的老太太，喜欢披着整齐的披肩和戴着露指手套。

像大多数老人家一样，她对多年前往事的记忆要比最近发生的事清晰得多。我当时年仅11岁，非常爱听她讲的老故事。她最爱追忆的一道往事，是1825年在拉法耶特（Lafayette）侯爵周游美国期间，在查尔斯顿举办的舞会上跟他翩翩起舞。1812年的第二次独立战争属于她童年的回忆，她还清楚记得她母亲给她讲的故事，当年在美国独立战争期间，她母亲还是个小女孩，居住在纽约，在英军的统治下生活。

想到外曾祖母，我就惊叹美国这个国家是多么年轻。从我的亲眼所见和她讲述的故事，这个国家自独立以来的历史就历历在目。

我的外祖母名叫莎拉·科恩（Sarah Cohen），是黛博拉·马克斯和哈特维格·科恩拉比的女儿。我的外祖父名叫赛林·沃尔夫（Sailing Wolfe），出身南卡罗来纳州乡间的上等阶层，是温斯伯勒（Winnsboro）的年轻商人兼种植园主。赛林向莎拉发起了追求，两人在1845年11月喜结连理。他们的结婚证以希伯来文起草，遵循犹太教堂的形式，写明了新娘的嫁妆和新郎的义务：

“喜今日5606年玛西班月26日（星期三）[1]，即美利坚合众国独立第70年，我们聚首南卡罗来纳州查尔斯顿市，依照摩西律法及以色列律法，艾萨克之子瑟埃柏（Zeaib）（赛林·沃尔夫）请牧师后裔赛比（Zebee）之女莎拉（莎拉·科恩）嫁与他为妻……莎拉现同意与他成婚，嫁妆含金银饰裙子、床上用品和家具，总值1000美元，合新郎财产2000美元，从此日起直至永远，他及其继承人、受让人及遗嘱执行人须向新娘的受托人、牧师后裔伊彻尔（Yecheal）之子赛比（哈特维格·科恩）及以赛亚（Isaiah）之子朱哈达（Jehudah）（L. I. 摩西（L. I. Moses））支付上述部分以及加入的金额，合计目前本市流通货币3000美元，以及……他在世上拥有或其后所得……最有价值的财产……”

莎拉和赛林·沃尔夫生了13个孩子，其中有三个不幸早夭。我的母亲伊莎贝尔·沃尔夫（Isabelle Wolfe）在1850年3月4日出生，是他们的第三个孩子，也是长女。他们在家传的《圣经》中记载了她的出生，有一行字写道：“上帝赐福与她。”我想，这行字预言了母亲最终会嫁给父亲，因为父姓“巴鲁克”在希伯来文中就是“有福”的意思。

南北战争爆发时，外祖父沃尔夫是富裕的奴隶主。战事爆发后，他所处的整个社会结构都遭到了摧毁，他也不能幸免。四年战争过后，他的财产本来已经所剩无几，剩下可怜的一点还遭到了谢尔曼部队掠夺。

为了保住一些贵重财物，外祖父沃尔夫把银器藏在井里。北方佬出现后，开始在屋里大肆掳掠，站在井边的几个黑人大声喊道：“哎哟，那银盘子要被人搜出来喽。”这当然就被发现了。士兵四处纵火，烧毁了房子、其他建筑和棉花，把牛群赶走，然后扬长而去。

当地圣公会的牧师和几位女士（包括我外祖母）去信，求谢尔曼上将制止肆意破坏的行为，但收到的回复却说，没有任何办法。

---

① “5606年玛西班月26日”是希伯来历写法，相当于1845年11月26日。——译者注

小时候我见到外祖父时，他在艰难地重新积攒财富。他拥有几个种植园，正慢慢恢复昔日兴旺的景象。可是战争留下了沉重的债务，他攒到的几乎每一分钱都得拿去还债。他奋力打拼，但在84岁去世时，仍然穷困潦倒。他病倒以后，家人允许他从床上爬起来，坐在壁炉前烤火。他坐在椅子上往前倾，想给双脚取暖，椅子却翻倒了，他收势不住，扑到了火里，这次烧伤使他失去了生命。我后来了解到，他逝世时只留下了一抽屉南方邦联政府印发的纸币。

我小时候到过外祖父母战后重建的家，对那里有着美好的回忆。每天早晨，外祖父就像英国乡绅一样，骑上"墨根"（Morgan）这匹马，策马去巡视作物。有时，他会让我们几兄弟一起，把每周定额发放的食糖、咖啡、培根和大米分发到黑人手上。完了以后，他会抓一把食糖奖励我们。

我记忆最深的是在屋后经过的铁路，也就是那条古老的夏洛特—哥伦比亚—奥古斯塔铁路线，隆隆的火车经过时，我会往车身扔石头。看着制动员在歪歪斜斜地行驶的车厢里来回走动，我不禁会想，要是长大以后可以管一条铁路，那该有多威风呀！在我从事金融业的整个职业生涯期间，拥有一条铁路的雄心壮志始终不灭。有好几次，我开始收购一条铁路的控股权，但最后还是没有实现这个梦想。

在母亲老家里发生的一个故事，是全家人都津津乐道的。在南北战争之前，父亲曾经在赛林 · 沃尔夫家做客，喜欢上了沃尔夫的大女儿伊莎贝尔。战争期间，父亲休假回家时，会跟伊莎贝尔见面。有一次，伊莎贝尔为父亲这位年轻的外科医生画了一幅肖像。

谢尔曼部队的士兵四处掠夺，到赛林 · 沃尔夫家纵火，当时15岁左右的母亲把这幅画抢救出来。她抱着画穿过庭院，一个北方士兵一把抢了过去，用枪刺把画捅破。她想上前保护这幅画，却被士兵扇了一耳光。

北方联邦军队的一位军官、肯廷（Cantine）上尉赶紧冲过来，用剑背痛打教训这个欺凌妇孺的懦夫，伊莎贝尔小姐自然很感激他这样侠义的行为。在北方联邦军队离开温斯伯勒之前，这对年轻人暗生情愫。

战后，西蒙·巴鲁克归来，却发现他和伊莎贝尔的恋情岌岌可危。她和肯廷上尉互通书信，持续了一段时间。但西蒙·巴鲁克很快重新掌控局面，他在乡下开诊所执业，随后在1867年迎娶了伊莎贝尔·沃尔夫。

他们生下了四个孩子，全是儿子。老大是哈特维格，在1868年出生；我是老二，比哥哥小两岁；老三赫尔曼在1872年出生；老四赛林在1874年出生。

第一次世界大战期间，我担任战时工业委员会主席，有人找到我在华盛顿的办公室，请求我送他奔赴海外的前线。他带来了一封介绍信，上面有我母亲的字迹。

“持信人是肯廷上尉的儿子。”我母亲写道，“我知道你会尽力帮他一把的。”

第三章

源自乡下的孩童

· 1 ·

母亲出身富裕家庭，在遭到谢尔曼部队劫掠之前，她可谓衣来伸手。但在父亲的诊所有所建树之前，她去教人钢琴和唱歌，每节课收费25美分。她还给娟珊牛挤奶，做黄油，拿去贩卖，我们家养的娟珊牛是父亲的骄傲。

但母亲保留了一个奢侈的习惯，她总是在床上吃早餐。每天早晨，我们四兄弟会走到她面前，给她检查，“让我看看你的手指，看看你的耳朵，你刷牙了吗？”我们经常会被检查不合格，必须重新洗脸刷牙。

当年，卡姆登是一个约有2000人口的镇，黑人占了大约一半。美国独立战争期间，康沃利斯（Cornwallis）爵士占领了卡姆登。卡姆登有一个旅游景点是小说家埃伦·格拉斯哥（Ellen Glasgow）的坟墓，先前她跟随爱人康沃利斯上将来到了美国。当附近的沃特里河（Wateree River）发洪水时，黑人常会说，埃伦的鬼魂能把洪水挡在她坟墓所在地之外。

此外，在参与南北战争（当时称为“邦联战争”）的上将中，有六位出身卡姆登，这也让当地人倍感自豪。战争让整个南方的经济陷入萧条，卡姆登家族也不例外，但自从我有记忆以来，我们家就没有经历过真正的经济困境。

我们住在一栋舒适的大房子里，物质条件不比任何邻居差。在父亲的收入中，一大部分是以货物和服务的形式支付的：一捆木柴、一包棉花、一车玉米、几只鸡、一头小马或小牛，在他农场里劳作一天，我们自己种蔬菜、水果、莓果，晒干或腌制好，留作过冬。我们庭院里种满了西洋李子、胡桃和一棵桑树，桑树不结果的时候，黑人保姆米勒娃（Minerva）会叫我们拿一条木棍拍打树干，说是如此一来，明年就肯定有桑葚吃了。

我们自己制糖，在搬到北方之前，我一直以为糖一定是红色的。每到秋天，大家都捡山核桃和核桃。只有在圣诞节这样的重大节日，我们才会收到糖果、橙子、香蕉和葡萄。我们平时会定期购买的只有衣服、鞋子、咖啡、茶叶、盐和香料。书籍、杂志和查尔斯顿《新闻信使报》（*News and Courier*）是难得的珍品，会挨家挨户传阅。

草莓节和马戏团的到来是很值得庆祝的，当地还有一个戏剧团，会在卡姆登大会堂上演莎士比亚的剧目。有一次，剧团上演了威廉·特拉弗斯（William Travers）的剧目《亲爱的凯瑟琳》（*Kathleen Mavourneen*），由母亲扮演女主角，而纳森·巴鲁克（Nathan Baruch）叔叔扮演坏蛋。在高潮一幕中，坏蛋拿着一把刀威胁女主角。看到母亲瑟瑟发抖，纳森叔叔挥舞着手中的匕首，我再也受不了了，从座椅上跳了起来，喊道："天啊，纳森叔叔，别伤害妈妈！"演员们吓了一跳，台词中断了，管理员赶紧把我赶出了剧院。

小时候，我性格害羞敏感，很听母亲的话。在餐桌上，我总是坐在母亲右手边，我记得当时是经过了一番争夺，才抢到这个宝座。婚后，我会让妻子坐在母亲的位置上，而我坐在她的右手边。

母亲教我们演讲的技巧。比我大两岁的哥哥哈特维格对此颇有天赋，事实上，他后来成为了一名演员。但对我来说，站起来朗诵却是一段痛苦的煎熬。

我从未忘记在曼内斯·鲍姆家一段灾难性的记忆。一天傍晚，母亲拉起我的手，把我带到房间中央，催促我说："亲爱的，给我们说点什么吧。"

我吓得要死，但带着唱腔开了口。这段记忆刻骨铭心，我至今还记得当时背诵的一首诗头几行，那是苏格兰诗人托马斯·坎贝尔（Thomas Campbell）的作品《霍恩林登》(*Hohenlinden*)：

林登雪地日低照，
脚印不存血无痕，
伊塞河水黑如冬，
滚滚奔流无尽头。

背到这里，父亲用一根手指按住一侧鼻子，学我的样子发出类似打喷嚏的声音：

阿——嚏！

我再也背不下去了，冲出了房间，按捺住怕黑的心情，冒着夜色跑回家里，哭到睡着为止。

后来，父亲经常告诉我，他对自己当时开的小玩笑感到懊悔不已，这段小插曲几乎毁了我掌握公开演讲这门艺术的希望。往后的很多年里，每当我站起来要在众人面前发言，总是会想起父亲那一声“阿——嚏”。

有一次，我把这件事告诉了伍德罗·威尔逊总统，起初他安慰我说：“这世上本来喜欢说话的人太多，做事的人太少。大多数人说的话，世人根本就不感兴趣。即便是你，我也不建议你特意去学。”

我不敢同意他的说法，我相信，一个人要懂得如何表达自己的观点，这跟他要有自己的观点几乎同样重要。

后来，威尔逊总统帮助我提高发言的技巧。在巴黎和会中，有一天晚上他抽出很多时间，教我怎样做出优雅的手势，而不是突兀地挥手。“要这样，”他缓慢地做着手势，向我解释道，“不要这样。”他猛地一挥手，示范错误例子。

其他朋友也帮了我不少忙。我习惯了抿着嘴说话，赫伯·拜亚德·斯沃普常常会说：“拜托，张开嘴来说话！”1939年，庇护十一世教宗（Pope Pius XI）

逝世，我需要在电台广播中发表简短的悼词。我说话时，斯沃普站在我面前，张牙咧嘴地示意我“张开嘴”。

· 2 ·

四五岁时，我入读了威廉·华莱士（William Wallace）夫妇办的学校。学校离家大约一英里，我和哈特维格会提着午餐盒上学。午餐用一块小垫布包起来，装在锡盒里，带去学校。那时，“小垫布”是围在婴儿脖子下的玩意儿，很长一段时间以来，我都觉得这不是个好词。

华莱士太太负责的年级相当于现在的幼儿园，“教室”就是她家的厨房。我会趴在地上学字母，而她会坐着照顾她的婴儿，或准备午餐。华莱士先生负责较高的年级，也就是现在的小学，教学地点在另一栋楼房里，里面放着长凳和上掀式的简陋书桌。

华莱士先生是一位优秀的老师，不过他的某些教学方法换作现在是不合时宜的。若有学生开小差，他会用戒尺敲打犯事学生的指关节或者打手心。若有学生一直不听话或者犯下其他严重过错，他会毫不客气地抽打一顿，教室角落里竖着几条木棍，就是这么用的。在我印象中，华莱士先生从未用那些木棍打过我，但正是在华莱士学校，我首次感受到良心的鞭笞。

一天下午放学后，我看见一个男孩离开教室时，把半条红白相间的薄荷味拐杖糖落在了书桌里。店铺卖的糖果实在太难得了，我禁不住诱惑，跟一个好朋友一起，一心要把糖果弄到手。

等学校空无一人，我们悄悄溜回去，在房子下面慢慢地走过，用手使劲顶开地板中的一块松脱的木板，挤了进去。我们把糖果拿走，到树下把糖吃了。

愧疚的心情几乎马上席卷而来，甜蜜的薄荷糖含在嘴里，却泛起苦涩的滋味。奇怪的是，就是这么一件看似微不足道的小事，在我日后的人生中，一再在我心中浮现。

我在华尔街初出茅庐时，有一次，投机大师詹姆斯·基恩（James R. Keene）叫我对布鲁克林天然气公司（Brooklyn Gas）这家新公司展开尽职调查，以便评估承销项目。我调查认为，这家公司值得投资。但这时，出售证券的辛迪加财团那边一位年轻人提出，只要我上交一份给他们说好话的报告，就给我1500美元的“佣金”。

当时，1500美元对我来说是一大笔钱，但想起那根红白相间的薄荷味拐杖糖，我知道这笔钱不能拿。事实上，这反而让我害怕这只股票可能有问题，于是，我重新进行了详尽的调查。在提交给基恩先生的报告中，我提到了对方提出的这笔“佣金”。

华莱士学校的操场也是一个艰难的擂台，很是考验孩子的个性，你必须参与打斗，不然别人就会认定你是懦夫或者胆小鬼。我哥哥哈特维格天性好勇斗狠，但我却费了好长时间才学会打斗的技巧，同时学会打斗时要保持冷静的头脑。

我主要的问题在于很容易发脾气。我小时候个子矮小肥胖，脸上布满雀斑，别人都管我叫“小胖子”，每次打斗，总是被人收拾一番。挨打的羞辱感不仅打击了我的自信心，还让我更爱发脾气。

有一次，哈特维格拿了我的钓鱼竿跑到街上，我追过去，捡起一块石头，生气地往他身后扔。看见石头快要砸到他身上，我大声叫他躲开，哈特维格回头一看，石头正好砸中他的嘴巴，伤口在他嘴唇上留下了一道永久性的疤痕。

还有一次，我们去看望外祖父赛林·沃尔夫，我在早餐桌上大发脾气。我当时气得发抖——究竟气的是什么，现在已经不记得了——于是往桌上一扑，从桌子的另一头抓起一块肉，塞进嘴里硬吞下去。我没有伤到自己，但被外祖母教训了一顿。

卡姆登的男孩子分成两派，我们这一派在郊区，镇中心还有一派，比我们更粗野。我当时不知道，这分裂的背后可能是深层次的社会矛盾，我记得，郊区富人区的男孩每天晚上都必须洗脚，而镇中心贫民区的男孩很少会洗脚。

两派人的较量非常激烈，每年都会举行一场激动人心的棒球比赛，赛场位于一所老监狱后面的空地上。在一场球赛中，球往三垒飞去，我冲过去想要接杀，球没有接到，但却失误地跟对方的守垒员狠狠地撞到一起，他手中的球也掉到地上。双方球员打斗了起来，我又被收拾了一番。

我们的生活方式有《哈克贝利·费恩历险记》或《汤姆·索亚历险记》主人翁的意味。事实上，每当我读起马克·吐温（Mark Twain）的作品，或者看到克莱尔·布里格斯（Clare Briggs）的卡通片或H. T. 韦伯斯特（H. T. Webster）的《人生最黑暗的时刻》（*Life's Darkest Moment*），我都会不无怀念地回想起童年的时光。

每年春天，沃特里河都会涨潮，淹没卡姆登乡间。洪水对大人来说是一场灾害，却是孩子们的游乐场。我们修建起木筏，划着木筏到洪水浸没的乡间几英里外游玩。当洪水退去，我们总是感到惋惜。

工厂池塘（Factory Pond）是抓鱼和游泳的最佳地点，这个池塘给马隆（Malone）的磨坊提供动力，磨坊里有棉花打包机和玉米碾磨机，加入教会施行洗礼在这里进行。在漫长的夏天，我们每天都泡在水里，只穿着一件衬衫和一条裤子，跑到池塘附近，就会迫不及待地解开纽扣，把衣服扔到地上，像牛蛙似的一头扎进水里。

池塘里分布着几个木桩，我们管这几个木桩叫作一垒、二垒、三垒和本垒。我记得第一次往一垒游了一个来回时，是多么兴奋。然后我又成功游到了二垒。我们搬家离开南卡罗来纳州时，我能够游到三垒了。

镇里几乎所有男孩都会捡鸟蛋，然后互相交换。哈特维格是爬树的能手，但母亲很反对我们打劫鸟巢的行为。我和哈特维格也会在树林里，开前膛枪射杀一些小猎物。

我第一次学习射击时，应该是六七岁了。我们跟父亲有一项约定，我们在父亲的农场里，跟在黑人身边摘棉花，赚一点零用钱，积攒够钱以后买子弹。我们把枪放在一个旧皮袋里，把子弹放在一个牛角里，牛角被磨得很薄很薄，都已经变透明了。

我们去打猎时，夏普（Sharp）通常跟在我们身边，它是病人送给父亲的一只白色英国獒犬。哈特维格是夏普真正的主人，但它会陪伴我们所有人，是男孩子最好的玩伴。它和我们一起游泳，跟着我们上学。它很会抓老鼠。看着夏普巨大的爪子刨着土，挖出玉米仓下的老鼠，是一件非常有乐趣的事。我们搬到北方时，父亲把夏普送给了朋友，我们的离别是我最伤心的记忆之一。

虽然我们经常四处玩耍，磕磕碰碰，但父母对我们的惩戒一般仅限于口头训斥。在我印象中，父母从来没有打过我。父亲通常比较严格，但每当他好像快要惩罚我们的时候，母亲总是制止他。我会听到她说："好了，医生，对孩子们别那么严厉，不然他们就不爱你了。"

但我们还是尝过挨揍的滋味。我们的黑人保姆米勒娃不赞成进步主义教育方法，她年老了以后，常常会到南卡罗来纳州的种植园探望我，见到我北方来的客人，还会津津乐道地讲述我小时候干了坏事、被她打屁股的故事。

确实，看到米勒娃扬起右手，我们几兄弟会感到害怕，但我印象最深刻的，还是她讲的故事和给我们唱的歌。

米勒娃有着原始黑人那样根深蒂固的迷信，对她来说，树林、池塘、田地，甚至我们的庭院和花园里，都有着魂魄和鬼魂。她有一次解释说，黑人不喜欢在小屋里装玻璃窗的原因在于，魂魄可以从窗外窥视。

在米勒娃讲的故事里，我第一次听到关于兔子老弟、狐狸老兄、甲鱼老弟等小动物的故事，后来，乔尔·钱德勒·哈里斯（Joel Chandler Harris）把这些小动物的故事收录到《雷木斯大叔讲故事》（*Uncle Remus*）书中。[①]

米勒娃以前喜欢唱一首哀伤的歌，歌中的狮子布勒姆（Bolem）失去了尾巴。她那如泣如诉的吟唱歌声仍然印记在我脑海中：

①《雷木斯大叔讲故事》的故事来源于非洲民间传说。——译者注

布勒姆，布勒姆，我的尾巴在哪里？
布勒姆，布勒姆，我的尾巴在哪里？

那条断掉的尾巴会回答：

布勒姆，布勒姆，我就在这里。
布勒姆，布勒姆，我就在这里。

布勒姆不断寻找尾巴这个悲伤的故事，对我来说非常真实。好多个夜里，想到布勒姆四处流浪的尾巴，我就久久不能成眠。

我对米勒娃的爱，就像她对我的爱一样多。即使在她年迈的时候，她每次见到我，总是给我一个大大的拥抱，亲吻我的脸颊，因为在她心目中，我永远是她的孩子。

她没有嫁过人，但生了很多个孩子。她会告诉母亲："伊莎贝尔小姐，我又闯祸了。"我们以前会跟她的孩子和邻里其他黑人的小孩一起玩耍，我尤其记得米勒娃的儿子弗兰克（Frank）。他钓鱼和打猎的本领比我们所有人都强，还会捕鸟，我对此非常钦佩。我长大以后，才体会到白人和黑人之间的鸿沟，这是多么残酷的事！我不明白，弗兰克哪里比别人差了？

· 3 ·

在我五六岁时的一个秋日，我和哈特维格在家里阁楼上乱翻。我们像松鼠似的，每年秋天都会捡些坚果，想找个地方储存。我们翻出一个马皮面的箱子，看起来很有希望。打开一看，我们发现父亲在南方邦联军队的军服。再深挖一层，我们找到一顶白色帽子和一件胸口带绯红色十字徽的长袍，这是三K党骑士的制服。

当然，由于三K党在20世纪20年代声势浩大的时期，行动劣迹斑斑，尤其是在南方以外，现在已经成为了偏见与仇恨的丑恶象征。我就是现代三K党仇恨的对象，所以很清楚其成员的品性。

但对美国重建时期的南方小孩来说，最初由内森·贝德福特·福雷斯特（Nathan Bedford Forrest）上将领导的三K党似乎是一个具有英雄色彩的组织，反对在南北战争过后提包客[①]在南方的统治。在我们年幼的两兄弟看来，发现父亲是这个组织的成员，让他在我们心目中的形象更高大了。

我们聚精会神地看着这些制服，压根儿没听到母亲爬上阁楼楼梯的脚步声。她严厉地训斥了我们，要求我们发誓保守秘密。这个秘密事关重大，联邦政府已经宣布三K党为非法组织，要是有人举报其成员并定罪，举报人会获得大笔赏金，政府也派间谍到南方四处搜查，抓捕三K党成员。我们从阁楼下来，感觉自己好像突然长高了一英尺。

虽然战争对经济造成了重创，但提包客的八年统治产生了更严峻、更持久的政治影响，即使在南方蓬勃发展的今天，提包客统治留下的政治影响和种族怨恨依然存在。

提包客主要是通过黑人的投票，维持他们自己和南方共和党白人盟友的权力。他们把无知的黑人当作迫害的工具，加剧了种族创伤以及奴隶制和战争带来的伤痛。最终，这对黑人伤害最深，很可能把种族关系改善的进程延迟了四分之一个世纪。

在我小时候很长时间里，曾经参加南方邦联军队的白人都丧失了投票权，而即使绝大多数黑人根本不会写自己的名字，所有黑人却都有投票权。我们的州参议员、县审计员和教育署长都是黑人，但在县级官员中，黑人的比例从来不会超过三分之一。华盛顿的黑人共和党人却宣称，这种情况会永久持续下去。

在这样的高压政策下，就连我父亲这样的人也写信给南方邦联军队的战友，表示宁死也不愿在这样的条件下生活。“当我们一无所有，只有一个办法，那

① 提包客是指南北战争后重建时期到南方去的北方政客。——译者注

就是拿起刀剑。”父亲在信中写道。克劳德·鲍尔斯（Claude Bowers）在《悲惨时代》（*The Tragic Era*）中引用了这封信，“与其在专制下生存，忍受精神和物质的压迫，还不如为伟大的事业而死，而得到更崇高的快乐。”

1876年，韦德·汉普顿（Wade Hampton）上将与谋求连任的提包客丹尼尔·张伯伦（Daniel H. Chamberlain）竞选南卡罗来纳州州长，双方要一决高下。我清晰地记得，汉普顿的支持者在卡姆登举行大规模集会，在街角放上一个个木桶，点燃树脂照明。支持者唱着竞选歌曲，孩子们也加入其中：

汉普顿吃鸡蛋，
张伯伦吃蛋壳，
汉普顿上天堂，
张伯伦下地狱。

这是大人第一次允许我使用“地狱”这个词，而不用受到惩罚，所以我唱得格外起劲。

后来，父亲给我们讲了汉普顿是如何在大多数选民为黑人的条件下赢得竞选，其中一个手段是把选票发给在选举日到外地演出的马戏团。还有一个办法是以其人之道还治其人之身，利用黑人的无知。

当年，每位候选人都有自己的选票箱。大多数黑人都不识字，看不懂选票箱的标签，但共和党人教他们辨认选票箱在一行中的位置，以此选出共和党候选人的选票箱。当一群黑人走近投票站时，汉普顿的一些支持者会往空中放一枪，制造混乱，然后快速调换汉普顿选票箱和张伯伦选票箱的位置，再催促黑人赶紧投票。因此，许多黑人把选票投入汉普顿选票箱中。

在我10岁左右的另一个选举日，父亲忙于诊所或政治事务而不在家，或者两者皆有，因为当年在政治集会过后，就有医生忙的了。我们听到房子附近响起了一片鼓噪，母亲警惕起来，叫我和哈特维格去拿枪。

我们拿了一把单管和一把双管前膛枪，母亲叫我们上了膛，站在二楼的阳台上。

“但先不要开枪。”她警告我们说，“我叫你们开枪才开枪。”

我们站在阳台上，心跳如擂，各拿着一把快有自己个子那么高的枪，看着街上的黑人喝完廉价的威士忌，蜂拥前往投票地点集会。

接下来的记忆变得模糊不清，我记得看见一个站在树后的黑人倒地，突然间，所有人都仓皇而逃。我们跑下楼，查看倒地的人是怎么回事，他的头被斧头劈开了。母亲端了一盆水过去，替他包扎伤口。我不知道他后来怎么了，但看他头部的伤势，估计他也活不了多久。这类伤亡事件时有发生，受害最多的是黑人。

就是在这样的背景下，父亲参加了三K党，这并不是因为他喜欢暴力或心怀怨恨。一位南方共和党白人临终前，把父亲叫到床前。父亲回家后告诉我们，没有亲朋戚友去探望这位临终的人，并表示看到“政治分歧面前，人们对人性的呼唤而无动于衷”，是多么伤感的事。

父亲对黑人没有偏见，对北方也不存芥蒂之心。他觉得南北战争是罪魁祸首，导致双方的极端主义者根本不讲道理，不肯放下偏见解决分歧。他认为亚伯拉罕·林肯（Abraham Lincoln）是伟大的人物，如果他没有遇刺身亡，或许能够让这个国家团结起来。

但重建时期的统治对父亲而言还是充满压迫，他参与战斗是想让南方摆脱这个局面。不幸的是，黑人受困于这场争斗，让种族关系充满怨愤，时至今日，其影响仍然没有彻底消除。

· 4 ·

就像其他男孩一样，我童年时有崇拜的偶像，他们不是书中人物，而是我的亲戚和周围的人。

我从小就被灌输了一个观念：李将军集世上所有美德于一身。父亲经常引用李将军的一句座右铭来指导我的行为：

“你要尽责，不能多一分，更不能少一分。”

博雷加德（Beauregard）上将、外号“石墙”的杰克逊上将（Stonewall Jackson）、昵称“杰布”的斯图尔特（Jeb Stuart）少将都是我心目中闪耀的人物，美国独立战争英雄马里恩（Marion）、萨姆特（Sumter）和皮肯斯（Pickens）也是我崇拜的偶像，就连国父乔治·华盛顿（George Washington）在我心目中的地位，都比不上那些在沼泽林地里浴血奋战的士兵。

除了军人之外，我最喜欢的人还有曼内斯·鲍姆、赫尔曼叔叔、乔·巴鲁克（Joe Baruch）叔叔以及菲谢尔·科恩（Fischel Cohen）舅公。

赫尔曼叔叔由于受不了女士们责备的眼神而参军，他是一个追求享乐、大手大脚的人。当年，曼内斯·鲍姆的商店发展成为卡姆登规模最大的一家，赫尔曼在曼内斯·鲍姆的店里工作一段时间以后，开设了自己的店铺。他爱给我们讲去纽约进货时顺便玩乐的故事，但我们更感兴趣的，是他每次归来给家里每个人带的手信。

乔叔叔是父亲最小的弟弟，曾经参加德国的乌兰枪骑兵团。我们以前常说，他是“运动好手”，在后院里架起运动器材，教我们玩单杠和双杠。母亲最小的妹妹莎拉阿姨是个假小子，从温斯伯勒过来探望我们时，会跟我们比赛单杠和双杠。我还记得她用脚趾吊在单杠上时，大家大吃一惊的表情。

我很喜欢菲谢尔·科恩舅公，他是哈特维格·科恩拉比的独生子，曾在博雷加德上将属下当电报员，会滔滔不绝地给我们讲述无数个战时故事。

“是的，”他以前会说，“我打仗时可勇敢了，总是身处子弹最密集的地方，也就是弹药车下面。”

菲谢尔舅公会弹班卓琴，会唱许多首歌，其中一首的副歌是这样的：

> 我宁愿当个州民兵，
>
> 也不要做个被抬回家等死的准将。

我记得在许多个欢乐的晚上，菲谢尔舅公弹着班卓琴，母亲弹着钢琴，满屋的朋友唱着南方的歌曲。其中有一首我有70余年没听过了，唱到主歌最后，都是这么一句："钟声为莎拉而鸣！"

母亲是个富有天赋的业余演员，想让几个儿子学会弹琴和唱歌。在这方面，我们都让她失望了，只有哈特维格和赛林掌握了一门乐器，那就是班卓琴，我连吹口哨也吹不出旋律。

但我暗地里钦佩一个名字叫博根·卡什（Boggan Cash）的当地人，他是切斯特菲尔德县（Chesterfield County）以决斗著称的卡什家族成员，其父E. B. C. 卡什（E. B. C. Cash）上校在父亲所在旅的一个团担任团长。年轻的博根年纪不够，无法参加南北战争，但一有机会就会展示他的枪法，弥补这错失的机会。

在我小时候，决斗在南卡罗来纳州是司空见惯的，这股风气在卡姆登尤为盛行。我记得见过博根·卡什练习打靶，把一个铁人竖在工厂池塘岸边，背对着，飞快地转身开枪。有时候，他会叫一个大男孩替他喊口令："预备，开射！"

卡什家族参与的一次决斗对我的生活产生了深远的影响，导致父亲离开了南卡罗来纳州。

麻烦的起因在于卡什太太有个兄弟在一场酒后成人派对中，袭击了另一个男人，为了逃避法庭判决，他把一些财产转移到卡什太太名下。威廉·山伦（William M. Shannon）上校是受害者的代表律师，以推定欺诈的罪名起诉了卡什太太的兄弟。

卡什上校和他的儿子博根宣称这宗官司侮辱了卡什太太，于是开始到处说对方的坏话。山伦上校本来想息事宁人，耐心地容忍了一年，但最后情况变得忍无可忍，山伦上校向卡什上校发起了决斗。

山伦家族和我们家走得很近，山伦上校大力领导重振乡村博览会，以刺激改善农作方法。母亲经常跟我们说，他是谦恭有礼的典范。

决斗安排在1880年7月5日，在达灵顿县（Darlington County）的杜博斯桥（Du Bose's Bridge）进行。父亲希望避免枪斗，瞒着山伦上校，把决斗的时间和地点告诉了治安官。治安官答应会及时赶到，阻止流血冲突。

首先到达决斗现场的是山伦上校，他的医生伯内特（Burnett）、他的副手和包括我父亲在内的几个朋友到场见证。几分钟后，卡什上校出现了，治安官不见踪影。

两名副手数着步数测量现场距离，抽签决定选位，发出信号，治安官还是没有出现。

决斗双方各就各位，副手一声令下，山伦上校快速开枪，子弹击中了卡什上校前面的土地。卡什上校有意瞄准开枪，山伦上校倒地不起。旁人赶过去时，他已经无法挽救了。

几分钟后，治安官策马出现。

这是美国最后几宗决斗死亡事件之一，由于威廉·山伦上校是卡姆登最受人敬重的人物，事件掀起了轩然大波。我记得一群人别着来福枪和霰弹枪，神情肃穆地骑马来到我们家求见父亲，我认得其中一位年轻人是山伦上校女儿的未婚夫。

父亲邀请他们进入办公室，不久后，那些人走出屋外，骑上马，缓缓地策马离开。父亲劝说他们不要动用私刑，杀死卡什上校。公众对为山伦上校之死复仇的呼声很高，卡什上校本来是社区里的显要人物，但因此事遭到了排斥，沦落到类似于阿龙·伯尔（Aaron Burr）的命运。①

也由于这宗悲剧，南卡罗来纳州立法禁止决斗，曾参与决斗的人都不得出任公职。1951年，詹姆斯·伯恩斯（James F. Byrnes）当选为州长，在就职典礼上，我不无好笑地听到他庄严发誓从未参与过决斗。

一段时间以来，母亲都劝说父亲前往北方，寻求更多机会。但在卡什上校和山伦上校决斗之前，父亲一直裹足不前。但这次，他试图阻止这场决斗却以失败告终，因此受到了很大打击。

---

① 美国副总统阿龙·伯尔曾与美国财政部长亚历山大·汉密尔顿决斗，汉密尔顿中枪身亡，伯尔名声受损。——译者注

1880年冬天，父亲卖掉了诊所和带小“农场”的房子，加上本来的积蓄，总资产达到1.8万美元，这是他16年来在乡下从医存下的钱。

父亲动身前往纽约市，母亲和我们四兄弟随后跟上。我们先是坐着旧马车抵达温斯伯勒，然后转火车前往北方。我们提着一篮子食物上火车，里面装着外祖母莎拉·沃尔夫给我们的曲奇饼。篮子里的食物吃光以后，我们会在火车定期停站时，下火车用餐。我们吃得最好的一顿是在里士满，时至今日，美食还是这座城市给我留下的最深印象。日落时分，我们到达哈德逊河（Hudson River）的新泽西州（New Jersey）一岸，乘坐渡轮过河。

第四章

奇异新世界：大城市

· 1 ·

对我们四个乡下进城的孩子来说，纽约市是一个奇异新世界。起初，我会感到不知所措，战战兢兢。当时我快要11岁了，性格还是十分腼腆害羞。此外，我们还住在南卡罗来纳州时发生了一件事，让我觉得纽约人并不友善。

一位家住纽约的女士是家里的亲戚，到卡姆登探望我们。家人把我们几兄弟的脸擦洗干净，带我们去向她问好，我们都想知道纽约来的女士长什么样。

我记得，她托着一副长柄眼镜，盯着我们好一会儿。当时是夏天，我们赤着双脚。这位纽约来的女士看着我们的脚，丢给我们一角银币，说道：“拿去买双鞋吧。”她只是想开个玩笑，但我们觉得一点都不好笑，飞快地跑回家去了。

在卡姆登，我们只有在天气有需要时或犹太安息日才会穿鞋。当然，在纽约，我们每天都必须穿鞋，这常常让我们感觉到，纽约市的人行道比不上卡姆登周边的树林。

我回忆中对这座大城市的最初印象，包括高架火车的火车头喷着蒸汽，隆隆地前进，还有一打开水龙头，水就会流进洗碗池或浴盆里，这些情景都让我惊奇不已。在纽约有一个好处，我们不用再像在南方时那样，从井里打水洗澡。

如果不是有坚强的哈特维格做榜样，我不知道自己能否熬过初来乍到的那些日子。哈特维格根本不懂得害怕，他在这座生活艰难的大城市大胆闯荡，就像面对又一个想寻事打架的大男孩一样，毫无惧色。

比起我们在卡姆登时宽敞的大房子，我们的新住处相当狭小。父亲在西57街144号一栋四层高、褐石外墙的分租房顶楼租下了两个房间，母亲、父亲、赫尔曼和赛林挤在一个房间里，我和哈特维格住在另一个房间里。第一年在北方过冬，我们会蜷缩着紧紧挨在墙边，靠着墙背后的烟囱取暖。

我们在住宿的地方用餐。多年后，我爱上了歌舞杂耍表演，看到一些喜剧演员的表演，听到他们讲的笑话，我会止不住地捧腹大笑。但听到分租房的笑话，我总是笑不出来，这总是让我回想到最初来到纽约市的日子。

房东尽量让我们舒适地安顿下来，她名叫雅各布斯（Jacobs）小姐或太太——当时我年纪还小，不太注意区分两者的差别。我记得她身材肥胖，刘海卷曲。

她喜欢男孩子，总是会在桌上放些葡萄干或水果，经常悄悄往我们口袋里塞一把糖果。在这段焦虑不安的日子里，她的善意让我们大感安慰。

我们抵达纽约后不久，父亲就生病了。他感觉不适，医生诊断说，他的心脏出了问题，断定他活不久了。他第一反应是想回到南方，幸好他去看了第二位医生，也就是著名的阿尔弗雷德·罗密士（Alfred Loomis）医生。罗密士医生诊断说，父亲是由于忧心要在纽约市立足的问题，而导致消化不良。等到开始有多个病人上门，父亲不适的感觉就消失了。

与此同时，母亲帮我们报读了第69小学（P. S. 69），当时学校位于第六大道和第七大道之间的54街。校长是马修·埃尔加斯（Mathew Elgas），我很喜欢他。他亲自送我去见我的老师，那是我最快乐的回忆之一。她名叫凯瑟琳·德弗鲁·布拉克（Katherine Devereux Blake），在我克服初到纽约的困惑的过程中，她给了我最大的帮助。我记得她见到我的第一句话就说："伯纳德，我很高兴认识你，我相信其他同学也会喜欢你的。"

她安排我坐在教室最前排，似乎没有特别留意我。但到午休时和下午放学时，她会问大家："有没有哪位同学愿意送伯纳德回家和接他上学，等他认好上学和放学回家的路为止呢？" 有个胖乎乎的男孩很快主动请缨，他就是克拉伦斯·豪斯曼（Clarence Housman）。14年后，我成为了他在华尔街的合伙人。

凯瑟琳·布拉克给我颁发了有生以来收到的第一份奖品：一本《雾都孤儿》（*Oliver Twist*），这本书至今仍珍藏在我的书房里，上面有她的题字："特此奖予伯纳德·巴鲁克，表彰他的绅士风度和卓越表现。1881年6月。"

在她1950年逝世之前，我一直跟她保持联系，她过世以后，我在约翰·海恩斯·霍姆斯（John Haynes Holmes）社区教堂开的追悼会上，发表了追念她的悼词。每次想起她，我就想到我们的社会对教师这个职业的感恩太少。

塑造当今美国人品格和良知的，是我们的教师，特别是与幼小的孩子打交道的教师，我们靠教师给下一代人灌输优良的品格和全力以赴的精神。但我记得不久前，我看过一篇报道说，对一组中学生的调查发现，他们最不想从事的职业竟然是教师。

教师应该获得丰厚的薪酬，让他们能够过上舒适的生活。他们为社会做出了巨大的贡献，应该获得公众相应的尊重。我曾经呼吁说，应该每年向最优秀的教师颁发"奥斯卡奖"。既然演员、作家、球员和其他许多职业都设有定期评选的奖项，我们的教师也应该获得切实的荣誉。

· 2 ·

我们逐渐深入了解纽约市后，纽约和卡姆登之间的一些差异逐渐消失了。例如，我们发现纽约市也有孩子们玩耍的空间。59街上现在广场饭店（Plaza Hotel）所处的位置有几块空地，只是有栋寮屋，屋主养了只凶巴巴的小狗。57街北侧、第六大道与第七大道之间也有几块空地，只是第六大道上有几栋建筑，还有一个名叫加德纳（Gardner）的男人开了一家铁匠铺，他儿子是我的同班同学。我们以前经常会看着他父亲打铁，羡慕他结实的肌肉。

这些空地是周边一帮帮小男孩游玩和打斗的地方，事实上，我们很快发现这个环境和卡姆登“郊区”富人区男孩与镇中心贫民区男孩之间的打斗不无相似，“52街帮派”是周围街区的男孩中最强悍的。

正如在卡姆登的情形一样，我们主要是靠哈特维格的拳头维持我们在邻里的地位。他打赢了52街几个男孩，包括一个英俊的爱尔兰男孩约翰斯顿（Johnston）。约翰斯顿以前是打遍所有小男孩无敌手的，我也挨过他的揍。哈特维格最后一次教训约翰斯顿，是在学校楼梯上。约翰斯顿向老师投诉，于是哈特维格受到了停学处分。他转学到了另一所学校。但自此之后，约翰斯顿再也没有找过我们麻烦。

暑假是我们最开心的时光，我们会到北面的华盛顿高地（Washington Heights）玩耍，那时，那里主要还是一片乡间景色。威廉·弗罗辛厄姆（William Frothingham）医生委聘我父亲在夏天接管他的诊所执业，这个安排持续了几年。我们住在弗罗辛厄姆家里，那是157街与圣尼古拉斯大道（St. Nicholas Avenue）交界的一栋舒适的房子。

我记得自己所住的房间位于房子后方，从这里看出去就是波罗体育场（Polo Grounds）现在的所在地。那时，那里是一片参差错落的树林、黑莓、忍冬、灌木，还有毒漆藤，我在靠得太近的时候，领教到了它的毒性。

我们花50美分就可以租到一艘小船，在哈莱姆河（Harlem River）的浅溪和盐碱滩中游玩，划船是最理想的办法，当时河里还有很多软壳蟹。

有一次划船在河上游玩，差点成了我最后一次。我和哈特维格早上钓鱼抓蟹，中午吃完野餐后，我们看见几个小男孩坐在沿哈莱姆河边、纽约中央铁路（New York Central Railroad）的栈架上。我们过去跟他们打招呼，给这几位新朋友讲了我们在南太平洋诸岛上遇见野人的历险故事，故事纯属虚构。

我们划船回家时，想到骗过了那帮男孩，笑得前合后仰。我坐在船尾舷缘的位置，突然间，我们与另一艘船相撞，一片船桨击中了我，我失去平衡，一头栽进了浅河里。

接下来的时间简直度秒如年，我拼命挣扎着要摆脱泥泞的河底。至今，我还记得当时脑中闪过的几个念头：首先，我讲了那些南太平洋诸岛的故事骗人，现在受到了惩罚；第二，我不应该杀死那只黑猫——大家都知道那会带来厄运；第三，我就这样死无葬身之地，母亲该有多么伤心啊。

等我浮到水面上，脸上布满了软软的黑泥。那艘跟我们相撞的船上的人把船桨伸下去找我，而哈特维格蹲在船边上，准备跳下去救我。他们一看见我狼狈的样子，便笑了起来，但发现我呛入了很多河水、极其难受后，笑声止住了。他们把我们拖到岸上，让我趴在一个木桶上，滚动着木桶，逼我把水吐出来。

回家的路上，我和哈特维格一心只想着，母亲是否会发现我的衣服湿透了。我们到家时已经很晚了，看到我们，母亲如释重负，没有问任何问题。

· 3 ·

纽约也给父母带来了许多美好的回忆。父亲逐渐积累起良好的口碑，后来在医学界屡获殊荣。或许他最广为人知的是美国科学水疗之父的身份，他成为了美国第一位水疗学教授。但在此之前，他率先开设了面向穷人的公共澡堂，而且是首批诊断出阑尾炎穿孔并成功实施外科手术的医生之一。

那是在1887年圣诞节之后的一周，赫尔曼叔叔的合伙人塞缪尔·维特科夫斯基（Samuel Wittkowsky）的儿子在到访纽约时病倒了，当时诊断为“肠道炎症”。父亲请来两位外科医生做咨询，分别是H. B. 桑兹（H. B. Sands）医生和威廉·布尔（William T. Bull）医生。父亲建议切除男孩的盲肠，但桑兹医生反对说，要是切除盲肠，男孩会死掉的。父亲回答说：“不切除他才会死掉。”

1887年12月30日，父亲动手术切除了发炎的盲肠，男孩顺利康复了。

1889年，知名外科医生A. J. 韦思（A. J. Wyeth）在纽约医学学会（New York Academy of Medicine）发言，回忆起这件事，他表示：“医学界和人类应该感谢巴鲁克医生，他对阑尾炎手术发展的贡献比其他任何人更大。”

父亲在接管弗罗辛厄姆医生的诊所时，也负责纽约少年收容所（New York Juvenile Asylum）的工作。或许正是这样，燃起了他对公共澡堂的兴趣。当时，纽约市在哈德逊河上开设“水上澡堂”，就是在木船中央开洞，让孩子夏天可以在河中游泳。但纽约市的污水正好也排放到哈德逊河里，因此，父亲把曼哈顿岛称为“污水围绕的土地”。

父亲担任纽约县医学会（New York County Medical Society）卫生委员会主席后，开始孜孜不倦地为开设公共澡堂而奔走，经过长时间的努力，最终在纽约市和芝加哥开设了首批市立澡堂。利文顿街（Rivington Street）澡堂在1901年开设，后来为了纪念父亲而更名为“巴鲁克澡堂”。

母亲也积极投身到公民事务之中，由于她能言善道，多个俱乐部和慈善机构都喜欢邀请她帮忙。她是美国革命女儿会（Daughters of the American Revolution）和联盟国之女联合（Daughters of the Confederacy）纽约分会成员，也热心参加各种慈善活动，无论是犹太人、基督新教还是天主教的活动，都不拘一格。只要是有意义的慈善活动，宗教派系对她来说不成问题。

某年夏天，母亲认识了J. 胡德·莱特（J. Hood Wright）太太，她的丈夫是德雷克希尔—摩根公司（Drexel, Morgan & Company）合伙人。莱特太太要筹办一场慈善义卖会，筹得善款用于成立J. 胡德·莱特医院（J. Hood Wright Hospital），找上了母亲这位得力助手。后来，J. 胡德·莱特医院更名为“尼克伯克医院”（Knickerbocker Hospital），父亲在这家医院担任客座医师。

纽约也给了母亲在犹太教堂做礼拜的满足感，卡姆登没有设立犹太教堂，母亲只有偶尔去查尔斯顿时，才有机会做礼拜。

在纽约，母亲不仅可以去犹太教堂，还经常和她的外邦人朋友一起做礼拜。她喜欢去听托马斯·迪克逊（Thomas Dixon）牧师布道，这位激进的南方人撰写了《同族人》（*Clansman*）一书。她也经常到布鲁克林，听亨利·沃德·比彻（Henry Ward Beecher）牧师布道。

当时，比彻牧师卷入了一宗丑闻，有人编了一首讽刺他的粗俗歌曲，街上的孩子也在传唱。我记得有一天，我有个兄弟边走进屋里边哼唱：

亨利·沃德·比彻是主日学校老师……

突然间，他看到父亲的表情，顿时止住了歌声。

我记得有一次，有人问母亲，她明明是犹太人，为什么可以走进一个教义规定崇拜基督的教堂呢？她回答说："即使它没有神性，它的行为、它的生活和它的死亡也都有神性的。"

· 4 ·

某个冬日，我跟哈特维格和德鲁克（Drucker）两兄弟在加德纳的铁匠铺附近玩耍，另一派的男孩过来挑衅，跟我们打起了雪仗。很快，对手扔起了石头，我们寡不敌众，退避到分租房的门廊上。那帮男孩追过来后，没有走上台阶，而是站在下水槽那边谩骂我们。

这是我第一次听到"犹太佬"这个词，由于我们有南方口音，一些男孩会嘲弄地模仿我们说话，引发一番斗殴，但我是第一次听到"犹太佬"这个嘲讽的词。我和哈特维格都不知道那是什么意思，于是德鲁克兄弟告诉我们，这是一个贬斥犹太人的词。

我现在还记得对方头领的模样，他身材粗壮厚实，长着蓝色的眼眸、黑色的睫毛和婴儿般的肤色。哈特维格冲下台阶要揍他，但对方一帮人一拥而上。我过去帮忙，却被人打倒了。哈特维格叫我跑上台阶，去拿放在门厅里面的马车辐条。我拿给了哈特维格，他开始挥舞着抽打周围的男孩，很快，他就打得对方退避到一段距离以外。

哈特维格骂他们是胆小鬼，叫对方随便出两个人，他愿意一对二。一个壮硕的男孩走出来，说要跟哈特维格单挑，我哥哥把他打倒在地。自此之后，邻里的孩子都知道了哈特维格的威风，那帮人再也不敢叫我们"犹太佬"了。

那场打斗是我第一次见到有人对犹太人怀有偏见，但在我往后的人生中，还会经历许多次。

在南卡罗来纳州，我们从来没有因为犹太人的身份而受过歧视。卡姆登有五六个犹太家庭，早在美国独立战争之前，德·莱昂（De Leon）家和莱维（Levy）家族就在卡姆登定居，鲍姆家族和维特科夫斯基家族是后来搬过来的。他们都受人尊重。尤其是德·莱昂家族人口众多，人才辈出，包括南方邦联政府卫生总监和驻法国外交代表。我从未见过德·莱昂老将军，南方邦联军队战败后，他拒绝接受投降条款，逃亡墨西哥。后来，他应格兰特总统邀请回国，在西部行医，度过余生。

由于卡姆登没有犹太教堂，母亲会在家里给我们读祷文。每逢星期六，我们会穿上最好的衣服和鞋子，活动范围仅限于家里庭院。这是非常难熬的事，因为星期六是卡姆登的“大日子”，住在几英里外农场的人都会到镇里赶集。

出于对邻居的尊重，母亲让我们在星期天也打扮整齐，“循规蹈矩”。

宗教信仰的差异越发营造出了互相尊重的氛围。1913年左右，我回到卡姆登，深刻地体会到了整个社区对我父亲的敬重。当时，距离我们离开卡姆登已经30多年了，我在火车站坐上一位黑人司机的车，经过我们的旧居时，黑人司机说道：“这里以前住着一个医生。北方佬给了他很多钱，让他到北方去。他走了以后，这里的人纷纷病倒死得可快了。”

我母亲从小到大，家里都恪守严格的洁食教规，相比起父亲，她更看重过犹太节日。在南卡罗来纳州，父亲曾担任希伯来慈善协会（Hebrew Benevolent Association）会长，搬家到纽约之前辞去会长一职，我现在还保留着这封辞职信，他在信中敦促协会继续宣扬犹太教和《圣经》的“崇高道德”。虽然父亲道德高尚，但我记得他曾告诉我：“我不相信上帝会把复仇之剑悬在人类头上。”

有一天，父亲把我们四兄弟叫进书房里，关上门，叫我们承诺在他躺在病床上奄奄一息时，不要允许母亲找拉比过来做犹太教的临终祷告，父亲解释道：“不要妄想在最后时刻骗过上帝。”

父亲在81岁时中风了，知道自己命不久矣。母亲也生病了，无法下床，最终在六个月后死去。在他们过世之前，母亲躺在二楼的房间里，而父亲躺在三楼的房间里。

母亲把我们喊进房间，叫我们去西82街的犹太教堂，找弗雷德里克·门德斯（Frederick Mendes）拉比，给父亲做临终祷告。恰巧就在几天前，父亲才提醒过我们注意之前的承诺，并补充道："我最后能为你们几兄弟做的，是向你们示范人应该怎样死去。"

我们只好说："不行，母亲，你知道我们许下了承诺。"母亲转过身去，小声地独自哭泣。

父亲曾经害怕在临终时会变得歇斯底里或神志不清，但几乎一直到最后，他的神智都非常清楚。我弟弟赫尔曼是医生，想测试父亲是否清醒，于是坐在床边说："我是哈特维格，我是哈特维格。"父亲已经说不出话来，但目光转向哈特维格，证明他还认得我们。父亲要求身后给他火葬，母亲去世后，我们听从她的吩咐，把父亲的骨灰放在她棺材里的脚下。

小时候，我在尊奉宗教仪式方面跟母亲比较多，比哥哥和两个弟弟都多。我跟着门德斯医生学希伯来文，阅读能力尚可，能够看懂祷文。我上犹太教堂和主日学校，一直到大学毕业之后，我都会过犹太教每个圣日，在赎罪日严格禁食。

上大学期间，我虽然也挺受同学欢迎，担任班里多个职务，但从来没有获准加入一些所谓的"秘密社团"，也就是现在所说的"兄弟会"。在华尔街，我也遭受过类似的歧视，甚至在担任公职后，也一度遭受过歧视。

事实上，在我取得一定的地位之后，就成为了专业反犹太主义者喜欢攻击的对象。有一次，亨利·福特（Henry Ford）名下的《迪尔本独立报》（*Dearborn Independent*）连篇累牍地把我说成"犹太人世界阴谋"的领袖。后来，三K党、查尔斯·歌芙莲（Charles E. Coughlin）神父、杰拉德·史密斯（Gerald L. K. Smith）、杜德利·佩利（Dudley Pelley）都对我发起了类似的攻击，更不要说约瑟夫·戈培尔（Herman Goebbels）和阿道夫·希特勒。

受到这些攻击，我从来都不为所动，但让我心痛的是，我的孩子也受到了歧视。我的两个女儿跟随她们母亲信仰圣公会，但她们报读她们母亲上过的舞蹈学校时，学校拒绝了她们的入学申请，几所女子私立学校也拒绝了她们的入学申请，就连教会牧师出面干预也没有用。

我很难向孩子们解释她们为什么会遭受这样无理的歧视，只能教育她们，不要因为受到歧视而心怀怨恨或感到沮丧，而是要以此激励自己奋发向上，取得更大的成就——这就是我一直以来应对旁人偏见的做法。

最重要的是，我教育孩子们不要因为某些美国人心胸狭隘，就否定了美国的伟大之处。《独立宣言》的撰写人在这方面是很明智的，他们在界定人不可让与的权利时，小心措辞——“生存权、自由权和追求幸福的权利。”

不是“幸福的权利”，而是“追求幸福的权利”。他们不保证美国是乌托邦，只保证在美国，每个人都有机会改善自己的生活。

如果只要靠立法就能消除偏见与成见，这个世界该有多么美好。但人性没有那么容易改变，要在种族和宗教理解方面取得进步，关键在于个人为自己的成就获得认可。

我们有机会通过自身努力改善生活，这是美国先辈们给我们留下的无价之宝，也是让美国之所以成为美国的精髓所在。没有哪一种政府体制可以给予公民更多，只要我们继续传承这一宝贵遗产，让每一个人的个人价值越来越多地得到认可，我们就能够继续在宗教和种族方面增进相互理解。

第五章

倍加珍惜的大学年代

·1·

14岁时，我就入读了纽约市立学院（College of the City of New York）。我该补充一句，这并不代表我天资聪慧，只是在那个年代，美国并没有公立中学，学生从小学毕业后，只要符合入学条件，就可以直接上大学。

我本来心仪的是耶鲁大学，打算靠在餐厅打工端盘子来挣学费，但母亲觉得我太小了，不想让我到外地求学。

纽约市立学院（简称CCNY，这个名字沿用到现在）位于23街和莱辛顿大道（Lexington Avenue）交界处。学院的旧大楼早已拆除，但原址上现在是工商与公共管理学院。我们住在东60街49号，距离学院大约有40个街区，我通常是步行来回。

我每周的零用钱有25美分，走路来回还可以每天额外省下一角银币。上大四后，父亲把我的零用钱加到50美分。但有一天早上我走路上学，却绝对不是为了省下一角银币。那是1888年著名的大暴雪，有轨电车停止运作，我不得不步行上学。为了躲避狂风暴雪的吹袭，我在第三大道高架铁路线下行走。那天，到校的师生寥寥无几。

我总是从家里带午餐上学的，头两三年还穿着父亲淘汰的旧衣服。但那时，我就像吃了《杰克与魔豆》故事中的魔豆，个子嗖嗖地长高了，很快就穿不下父亲的裤子，但母亲还是把他的外套改一下，继续给我穿。

那时，纽约市立学院跟现在一样，为学生提供免费的优质大学教育。我们不用付学费，学校会给我们发教科书、笔记本，甚至铅笔，我们要付出的就是努力学习。入学门槛很高，要求严格，每个学期都有两次考试，学业跟不上就得退学。

我入学时，所在的班大约有300人，其中只有50人毕业了，不过其中许多人不是因为成绩问题，而是由于经济困难而退学的。

许多学生放学之后都会打工。加诺·邓恩（Gano “Ginkie” Dunn）放学后在公园大道酒店（Park Avenue Hotel）当夜班电报员，赚钱养活自己和守寡的母亲，完成了学业，后来，他成为了电气工程师，屡获殊荣，成就可以写满一页打印纸。而我则是帮父亲管理书籍，监督收账的事务。

起初我入读的是科学学科，侧重科学和现代语言。但我很快转到了古典学科，侧重古典语言，我必须请家教才能赶上课程进度。

整个大学课程为期五年，第一年是预科，相当于中学，让学生过渡适应高等教育的学习。不存在轻松的课程，也基本上没有选课制度。

在公立学校毕业时，我是班里的第二名，但上大学后，我虚度了不少时光，绘画和科学是我成绩最差的科目。我对化学课的回忆，基本上只剩下把硫酸做成难闻的调制品，丢进同学的口袋。生物学、动物学和地质学这三门课都是威廉·斯特拉特福德（William Stratford）教授讲授的，他身高六英尺四英寸，外表英俊，长着飘逸的金色胡须。我觉得他比较偏心，而我不在他偏爱的学生之列。我非常讨厌斯特拉特福德，遇到他提问时，我脑中可怜的一点知识也会忘得一干二净。

给我印象最深刻的教授是政治经济学系的乔治·纽科姆（George B. Newcomb）教授，他戴着一副金边眼镜，风度翩翩，就像一位老派英国绅士。他嗓音比较尖细，靠含着糖来润喉，上课时会跟大家说："想下棋的同学们，请坐到后排；想听课的同学们，请坐到前排。"

虽然我也会下棋，但总是坐到前排，把教授的讲课都听进去了。

我后来取得的成功，在很大程度上要归功于从他讲的课里学到的知识。对于当今一些流行的经济学理论，纽科姆教授肯定会不敢苟同。他曾经反复讲授供求法则，让我们都成为这一法则的信徒。我在他的课上第一次听到这样的观点："当价格上涨，会发生两件事：产量增加，消费减少，从而导致价格逐渐下降。如果价格跌至过低水平，会发生两件事：首先是生产者不愿意继续亏本生产，导致产量减少，第二是消费增加。在这两项因素的作用下，供求通常会恢复正常的平衡。"

10年后，由于记住了他这番话，我成了有钱人。

纽科姆教授不仅讲授政治经济学，还教哲学、逻辑学、伦理学和心理学——全部在一门课里讲授。如今，这些科目肯定会细分开来，拆散给多位教授讲授。我相信，由同一个人讲授所有这些科目是有很大好处的。太多教育家似乎忘了，要教好经济学、政治学、伦理学或逻辑学，离不开其他几门科目。

大学的经济学教育普遍有所欠缺，科目区分过细，导致师生往往把传授信息当成教育，教出一帮"考试专家"，只会死记硬背有用的知识，却不懂得如何思考。

我还认为，希腊文和拉丁文不再是必修课，是错误的决定。在纽约市立学院，我阅读了大多数希腊文和拉丁文经典著作的原文，可以用拉丁文交谈。通过对这两种语言的学习，我了解到西方文明的文化背景，若是不懂得这两门语言，这是不可能的事。

普尔罗·米谢尔（Purroy Mitchel）担任纽约市市长期间，我是纽约市立学院校董，当时兴起了一股运动，要把这所学院变成工业学校。有一天，市长把校董会成员召集到了市政厅，我当时还一门心思想着在华尔街落下的股票操作，心不在焉地眺望窗外，忽然间，我听到有人说："首先是要废除拉丁文和希腊文这两门课。”

我忽的一下把椅子转过去，问道："这是在讨论什么？"

与会者向我解释了讨论的议题。

接下来，我发表了一番演讲，有人想打断我，但我还是滔滔不绝地说了下去。我说，教育的价值不在于储存在脑中的事实，而在于你掌握的专业，以及通过了解伟大历史人物的所思所想，从而形成整个人生哲学。教育应该开启一扇大门，让人对新的学问产生兴趣。如果剥夺了纽约市立学院的学生学习希腊文和拉丁文的机会，他们的头脑和心灵发展都会受到损害。

我想，会上没有人会想到，一个逐利的华尔街人居然会提出这样的反对声音。不管怎样，由于我说的那番话，政府终止了把纽约市立学院变成工业学院的计划。在讨论所有推动课程"自由化"的提案时，我通常是校董中反应最大的。我甚至反对实施选课制度，坚持认为不受欢迎的课程可以培养年轻人遵守纪律的精神，对他们有好处。人生不如意事十之八九，做人不能随心所欲。但选课制度就像隆隆的火车头，势不可当，我也无可奈何。

如果我现在还是校董，我会争取砍掉轻松的课程，让所谓"死亡的语言"恢复昔日的重要地位。

另外一个在我学生年代盛行的"老式"教学方法，就是要求学生在全体同学面前发言，如果现在重操旧法，同学们应该会获益匪浅。

每天早晨，我们会鱼贯涌入礼堂。校长亚历山大·史都华·韦博（Alexander Stewart Webb）上将先是念《圣经》。接着，一名大二学生会走上主席台，朗诵诗歌或散文。接着，一名大三或大四学生会上台演讲，发表特地撰写的演说词。

我大二时首次上台朗读诗文，惧怕的心情几乎等同于那次父亲的"阿——嚏"事件。大三上台朗诵时，我穿着条纹裤子、黑色外套和背心，膝盖发抖，心跳如擂，走上主席台后，先是朝韦博校长和教师鞠一躬，再朝台下的同学们鞠一躬。有些学生还做着鬼脸，做一些可笑的手势，想逗你笑出来，要保持严肃的表情实在不是容易的事。

我只记得第一次演讲时的开场白："没有痛苦，就没有快乐。"我不记得这是哪里听来的话，还是我自己想出来的，但我知道这是事实。

· 2 ·

话虽如此，我们在学校内外还是收获了不少快乐。

我上大学时开始爱上了歌舞杂耍表演，25美分就可以买到剧院顶层的票。我们会在售票处排队，把25美分硬币往售票台上一放，就飞奔上楼，希望抢到前排的位置。

我尤其记得尼布罗花园剧院（Niblo's Garden）和西23街上的一家剧院。当纽约周边区域建起了新的剧院，家里的经济状况好转时，我们也会到新剧院看戏。父母总是想让我们接受当时一流莎士比亚演员的熏陶，但可惜的是，比起莎士比亚剧目，我对《黑钩子》（*The Black Crook*）[①]的印象更为深刻。

这是我第一次在剧中看到女人穿紧身衣，看过《黑钩子》，你就是个男人了。

绝大多数同学对国家政治都没有多大兴趣，但我隐约记得为了50美分的报酬，举着火炬参加格罗弗·克利夫兰（Grover Cleveland）支持者的游行。当然，我们对大学政治深感兴趣。在大四上学期，我获选为班长；下学期，我获选为书记。我最好的朋友迪克·林顿（Dick Lydon）正好跟我互换了职位，他后来成为了纽约最高法院法官。此外，我还担任过大四日间部主席。

兄弟会以希腊字母命名，在大学生活中扮演重要角色。虽然许多犹太人在大学崭露头角，但这些协会总是拒之于门外。我每年都会获得提名，引起一番风波，但从未当选过。那些以为南方的包容度比不上北方的人可要注意了，我弟弟赫尔曼上了弗吉尼亚大学（University of Virginia）以后，马上就加入了一个兄弟会。

---

①《黑钩子》是美国第一部现代音乐剧，突破性地采用了熔唱歌和舞蹈于一炉，兼具完整故事情节的表演形式，穿着肉色紧身衣的群舞队当时引起争议。——译者注

我的大学年代还盛行文学社和辩论社，仅次于这些“秘密社团”，之后。我加入了仅向大四学生开放的Eiponia文学社，还有Phrenocosmia辩论社。

Eiponia文学社的成员会轮流在家里举行聚会，先是有一名成员朗读关于霍桑（Hawthorne）、爱默生（Emerson）或梭罗（Thoreau）的论文，接着，会有另一名成员做评判，挑剔演讲的效果。记录显示，我曾经朗读一篇关于威廉·迪安·豪威尔斯（William Dean Howells）的论文，还曾就另一名成员关于奥利弗·温德尔·霍姆斯（Oliver Wendell Holmes）的论文做评判。

Phrenocosmia辩论社对“肤浅”的话题更加不屑一顾。在我大四那年的辩论会中，“辩题”包括：

“为达目的可以不择手段。”

“培根是莎士比亚戏剧的真正作者。”

“托拉斯[①]违背了美国的最佳利益。”

在印象中，我没有参与过任何一场辩论。我虽然以辩论社成员的身份为豪，但还是惧怕在大庭广众之下发言，总是逃避实际参加辩论赛的机会。

虽然我已经远没有以前那么害羞了，但在派对或大型聚会中还是会感到局促不安。有一次，我们全家去参加一个远房亲戚的婚礼。我坐立不安地在客厅里待了一会儿，就溜了出去，躲到地下室里，等到散场了才出去。

我也永远不会忘记第一次参加大型派对时恐慌的感觉，那是迪克·林顿三个姊妹中最大的玛丽年满18岁、初次进入社交圈的派对。迪克经常到我家玩，我也常到他家，跟他家三个女孩混得很熟；但一想到参加正式的派对，我就紧张出汗。迪克知道我天性腼腆，于是把邀请我参加派对的事告诉了母亲，请她确保我一定要去，我真是杀了迪克的心都有了。当然，母亲跟我说她希望我去。

我提醒她说，我根本没有晚礼服可以穿。她回答说，我可以穿父亲的大礼服。那是我大三还是大四的一年，父亲身高六英尺，但当时我已经长得比他更高了。

---

① 托拉斯是垄断主义的一种形式。——译者注

派对那天傍晚，母亲把父亲的西装、衬衫、衣领和白色领带拿出来，我费劲地穿上。裤子太短了，成了我们说的“九分裤”。母亲拿出几根别针，在吊裤带上多扎两个孔，至少把裤子略微拉长一点，让裤脚垂到我的鞋面。背心也是太短的，母亲把背心别在我的衬衫上，让短了一截的地方不那么显眼。

我瘦长的手离外套袖口还有一截，母亲对此无计可施。我每次摆动双臂，外套后面也会往上扯，这也是没有办法的。一照镜子，我发现自己的额头上冒出了豆大的汗珠，脸色苍白如纸。

母亲最后给我检查了一遍，确保所有别针都没有脱落，牵着我的手，把我带到前厅，拉低我的头，亲吻我一下。

“你是世上最英俊的孩子。”她说。

这给了我一点点勇气。

“记住，”她补充道，“你身上流的可是王子的血。”（母亲总是自称大卫王［King David］的后代，既然是她说的，那必定是真的。）“谁也不比你强，但除非你可以证明自己比别人更好，否则你也比不上谁更强。”

我套上大衣，母亲拍拍我的背，向我保证说，大家见到我都会很高兴的。我关上门，脚步轻快地上路了，但没走多远，我的勇气就开始悄然流逝。到了林顿家门口，看见里面灯光通明，前门架起了一个遮阳篷，我感到心惊胆战。我在门口来来回回走了几遍，才鼓足勇气进门。

进门时，我留意到给我开门的仆人穿的衣服，他的衣服比我的合身多了！

“男士更衣室在二楼后面。”他给我指路。

我找到那个房间，脱下大衣，房间里只有我一个人。其他客人显然都在楼下，我听见悠扬的音乐声和阵阵笑声传来。我照了照镜子，看见自己灰白的脸色和不合身的衣服，实在提不起勇气下楼。

我不知道在更衣室待了多久，突然听见一个女孩的声音：

“伯纳德·巴鲁克！你躲在这里干吗呢！”

那是贝丝·林顿，迪克的二妹。

她抓住我的手，把我拖下楼，我觉得身上的别针掉了一地。恍恍惚惚之间，贝丝把我介绍给一位美丽的女孩，她飘逸的身影宛如一朵浅蓝色的云彩。反正我当时已经魂不守舍，那就是她给我留下的印象。

等我回过神来，我已经跳起了舞。更多别针掉到了地上，但根本没有人去留意。当时我的舞姿别扭，但总算踩对了节拍。之后，我过得非常开心。

晚餐异常美味！连日以来，这场可怕的晚宴折磨得我担惊受怕，难以下咽，这会儿已经饿坏了。

或许我当天晚上的外表没有自己想象中那么怪异，但衣服肯定一眼看去就是不合身的。但那些富有魅力的人儿让我抛开这一切，第一次在大型社交派对中尽兴而归。

自此之后，我每次见到有人格格不入、表情尴尬，无论那人是男女老少，都会回想起这件事，我一定会想办法让那窘迫的人放松下来。

· 3 ·

除了害羞之外，我还有一个坏禀性，就是爱发脾气。母亲每次看见我开始生气，就会伸手按住我的肩膀，她经常跟我说："如果你没有好话要说，就咬住舌头吧。"

我爱发脾气的源头，可能是因为小时候经常挨揍。无论如何，随着我对自己的身体越来越自信，也能够更好地控制自己。

上大学时，我在卧室里放了双杠器材，每天练习，我还会花很多时间在希伯来青年会（YMHA）当时在42街的健身房健身。

当时，为期七天的"随心所欲跑步赛"（Go As You Please Races）这种运动形式颇受欢迎，选手可以自由选择跑步、慢跑甚至步行的运动方式。我经常会尝试着模仿获胜者的做法，绕着中央公园步行、跑步和慢跑。

大四时，我的运动能力已经相当强。我的身体完成发育，长到了六英尺三英寸[1]，体重约170磅[2]。奇怪的是，我的体重主要集中在上半身，双腿还是像竹竿一样细长，与壮硕的胸膛形成鲜明对比，每当我穿上棒球服或跑步短裤，总是惹人发笑。

我参加了大学曲棍球队和拔河队，体重不够，以气势补足。有一段时间，我还梦想成为竞走和短跑运动员，但后来发现自己100码[3]短跑的最佳成绩是13秒，只好无奈放弃。

我还是很容易发脾气。上大学时有一天，我走上一段楼梯，忽然前面的一个学生咒骂我，还以粗言秽语侮辱我的母亲。我扑过去，把他打倒在地。韦博校长把我们叫到办公室，他曾经是北方联邦军队将领，在盖茨堡指挥过一个旅，在我们心目中是军事纪律的表率。

挨了我拳头的学生在流血，韦博上将严正地瞪着我，厉声说道："绅士还是绅士的儿子居然动手打人！"

"是的，先生。"我生气地回答，"我想要杀了他，他用粗言秽语侮辱我的母亲。"

韦博上将命令我进入内室，过了一会儿，他走进来说：

"你这样的年轻人应该上西点军校，但我还是得暂令你停学。"

我听从韦博上将的建议，决定申请军校。父亲为我做体检，当他拿起一个钟举到我左耳旁边，出乎我们意料的是我竟然听不见嘀嗒的指针走动，我左耳几乎全聋了。

后来我想起了对阵曼哈顿学院（Manhattan College）的一场棒球赛，球赛在现在的晨边高地（Morningside Heights）举行。比赛打到第九局，垒上有两三个人，我手握制胜分机会。有些队友开始喊："全垒打，小个子！全垒打！"

我正正地击中第一个球，力道很沉，跑垒员安全到达本垒。我跑到本垒时，

---

① 折合约190厘米。——译者注

② 折合约154斤。——译者注

③ 折合91.44米。——译者注

球刚好飞到接手的手中，我撞到他身上，球落地。裁判员喊道："安全上垒！"

双方球员发生了斗殴，有人拿球棒击中我的左耳。我当时不知道，但我的耳膜因而受损，当然也就跟西点军校无缘了。

第一次世界大战和第二次世界大战期间，我在华盛顿就动员问题与多名军官合作，我会给他们讲这个故事，告诉他们说，要不是那场棒球赛，或许我已经成为一名上将了。

由于在班里担任过职务，也参加过学校运动队，我从纽约市立学院毕业时，就觉得自己是见过世面的了。

大学毕业后，我还继续健身，经常光顾约翰·伍德（John Woods）名下的健身房。伍德健身房坐落于第五大道（Fifth Avenue）和麦迪逊大道（Madison Avenue）之间的28街，位于马车出租所楼上，相当于运动员俱乐部，深受欢迎。出入的常客包括当时的知名演员、律师、经纪人、牧师、职业拳击手和各类运动员。

在伍德健身房，我打了不少手球，但大多数精力还是投入到拳击。在这里健身的职业运动员包括鲍勃·菲茨西蒙斯（Bob Fitzsimmons）、乔·乔因斯基（Joe Choynski）、比伊·史密斯（Billy Smith）、"水手"汤姆·夏基（Sailor Sharkey）和汤姆·赖恩（Tom Ryan）。我会一直看着他们训练，从中学习技巧。碰上这些职业选手心情好的时候，还会指出我们的短处，教我们怎样才能克服别扭的感觉。

菲茨西蒙斯曾经告诉我，我一大问题在于出拳的力道不够，"你往对方的下颚出拳，"他建议道，"应该尽力把他打倒在地。你往对方的腹部出拳，应该想着要把他打出一个洞来。"菲茨西蒙斯还告诫我说，"打拳时不要发怒。"

在伍德健身房打的一场拳击赛，至今还是我最刺激的回忆之一。对手是负责巡逻第五大道的红发警察，他和我差不多高，但比我重许多磅，也是强悍的拳击手。

他很快就频频发动进攻，逼得我在拳击台上东躲西闪。我鼻子和嘴巴都在流血，但咬牙坚持住，用上了我学过的每个伎俩和策略，但似乎完全不奏效。

我的神智开始游离，或许对手变得有点轻敌了。无论如何，在电光火石的一刹那间，他露出了破绽，我用尽全力出左拳，击中他的肚子，右拳随即跟上，打中他的下颚。

那壮硕的警察轰然倒地，那是我有生以来最吃惊的时候。当年，拳击手在击倒对方以后，裁判员不会叫他回到自己的角落。我站在对手身边，筋疲力尽地喘着气，肩膀一起一伏，等待对手站起来。但他完全没有动静，等有人往他脸上浇一桶冷水之后，他才动了。我感觉到有人拍了一下我的肩膀，转身一看，满脸雀斑的鲍勃·菲茨西蒙斯咧着嘴，朝我开怀大笑。

“你不去做拳手，是职业拳击界的损失。”他大笑着说，“你挨了很多拳，但坚持住了，这就是你要做的。你知道自己的感受，或许觉得很难受，但你不知道对手的感受，或许他比你更难受。”

“在一个拳手落败之前，比赛都没有结束。”他强调，“只要还没有输，你就有机会。要成为冠军，你必须扛得住打，才能打倒对手。”

我试着把这一理念贯彻到拳击台以外的其他领域，虽然不是逢战必胜，却多次帮助我扭转败局，取得胜利。要在任何领域笑到最后，都必须受得了苦，包括其他孩子的嘲笑和奚落，别人的冷嘲热讽、威胁和无休止的反对，以及你自己失望的痛苦，唯有如此，才能苦尽甘来。

我至今还热爱观看职业拳击赛。年轻时，我收集了许多出色拳击手的照片，甚至在结婚以后，我还在家里的地下室设了一个拳击台，会在台上对着沙袋练习。

我一直坚持锻炼身体，这无疑让我的身体保持了长久的健康。但拳击给我带来的主要收获在于学会控制自己的脾气，在体格日益强壮的过程中增强自信心。有人对我说，当你知道即使平和的讨论和取得谅解的努力都以失败告终，你还可以靠拳头解决问题时，你就会觉得和平的手段解决问题更容易，我同意这个说法。

22岁左右时，我拍了一张照片，里面的我蓄着胡须，卷曲的黑发看起来像蓬蓬头，肌肉壮硕的双臂交叠放在赤裸的胸前。这张照片至今还摆在我家客厅的桌上，看到它，我就会回想起自己初到纽约时矮矮胖胖的个子，以及后来发生的惊人蜕变。

第六章

转战不同的工作

· 1 ·

跟许多家庭一样，我父母早期在孩子们身上寄予的梦想，并没有完全实现。父母希望我们四兄弟都上大学，但只有我和哈特维格对此有足够的兴趣。

四弟赛林十二三岁时，父母把他送到军校，但他跟同学发生了斗殴，不得不退学。他试过多种不同的工作和生意，从百货店巡视员到经营制衣厂，最终跟随我进入华尔街。

父母想让赫尔曼成为律师，但他最后做了医生，上了哥伦比亚大学医学院，并入选美国大学优等生荣誉学会（Phi Beta Kappa），毕业成绩名列前茅。他从医多年，然后进入华尔街，最后先后成为美国驻葡萄牙大使和驻荷兰大使。他在1953年去世，享年81岁。

母亲想让哈特维格成为拉比，他的名字跟随了外曾祖父哈特维格·科恩，而外曾祖父就是一位拉比。小时候，哈特维格生过一场重病，母亲为他祈祷，并发誓说如果他能痊愈，就会成为拉比，但哈特维格后来成为了一名演员。

哈特维格身高六英尺[①]，长相英俊，就像舞台上的男主角。他的体格和力量宛如泰山，他会翻筋斗，单杠和双杠都玩得溜转，不比职业体操运动员差，也爱举重。有一次，在42街附近百老汇大道上，我看见他举起一个人，把他往咖啡馆的双开式弹簧门一扔，那人的身体径直撞开了门，飞了过去。

就算在79岁高龄，哈特维格的身体依然健壮，可以接受单腿的截肢手术。五年后，他与世长辞，只比我弟弟赫尔曼早走两周。

我记得哈特维格第一次站上舞台表演的情景，事实上，这还是我一手促成的。那不是什么值得夸耀的经历，我也很少提起。但在第一次世界大战期间，威尔逊总统却说起了这段往事，令我颇为惊讶，很显然他觉得这个事情很有趣。

戏剧制作人约翰·戈尔登（John Golden）是哈特维格的好朋友，曾经给威尔逊总统讲过这个故事，戈尔登喜欢称之为“伯纳德·巴鲁克以戏剧制作人的身份粉墨登场，马上又下台——鞠躬的戏剧化经历”。

当时我大学毕业一年左右，还是很敬畏哈特维格这个哥哥。他在迪昂·布希高勒（Dion Boucicault）办的戏剧学校上学，遇到一个比他大的女人。哈特维格觉得对方是了不起的演员，听到她描绘两人的美好前景，感到热血沸腾。只要有人出钱赞助一场演出，他们就有机会向世人展示才华。

哈特维格和他的女演员朋友找上了我，向我推介项目。那位女士充满魅力，处处散发着戏剧的光芒，而我当时年少无知。此外，她就像马克·吐温笔下塞勒斯（Mulberry Sellers）上校[②]的入室弟子，说得天花乱坠。她很快向我描述了艺术家的赞助人可以轻松发财致富的美好蓝图。一个剧场有几百个座位，每个座位的票价是多少，票房有多少，一场演出的开支只有这么多，其余的都落入制作人的口袋，再简单不过了。

当时我的周薪只有5美元，但设法筹到了钱。我们要在新泽西州森特维尔

---

① 折合约183厘米。——译者注

② 马克·吐温笔下的塞勒斯上校自称为法律事务代理人、专利申请代理人、起死回生高人、催眠师等，有诸多奇思妙想。——译者注

（Centerville）的剧院办第一场演出，剧目为《东林怨》（*East Lynne*）。我们招募了演员，却没有排练。有了这么好的艺术家参演，排练显然是多余的细枝末节。

在首演之夜，我尽早下班，在渡轮码头和演员们会合。我们坐船到了新泽西州，把火车票发给演员。来到男主角身前，他向我索要10美元，口吻就像发出最后通牒，于是我把10美元给他了。

那是春天凉快的一个傍晚，开幕时，台下观众坐满了三排，这很令人欣慰。他们向我保证，剧团每个成员都是艺术家。至少扮演油头滑脑的城里人那个男主角没有选错——他还事先收了工钱。在第三幕中，女主角甚至会抱着一个活着的婴儿上台。不是每个《东林怨》剧组都会用真人扮演婴儿，但这个真人婴儿最终也没有派上用场。演出只持续了两幕，就草草收场了。

或许那帮演员自称是艺术家，又或者他们是不熟悉《东林怨》的台词。在第一幕，观众又生气又好笑。到第二幕，就只剩下生气了。

观众虽少，但比演员更多，于是我叫售票员稍后把钱退给观众。我就像《哈克贝利·费恩历险记》（*Huckleberry Finn*）中的公爵一样，到后台告诉剧组成员，幸好我买了往返票，而且穿过黑暗的街道走到火车站，只要走很近的一段路。

我想，等我们走到火车站以后，观众才意识到没有第三幕了。火车正好进站，我们根本没留意方向就上了车，幸好那趟车是前往纽约的。

这场闹剧并没有让哈特维格感到气馁，他继续就读于迪昂·布希高勒办的学校，后来又进了波士顿艺校（Boston Lyceum），认识了当时也想当演员的约翰·戈尔登。他们成为了至交好友，母亲经常把戈尔登叫作“我第五个儿子”。

哈特维格在路演中扮演了几个小角色之后，以纳撒尼尔·哈特维格（Nathanial Hartwig）为艺名，在纽约首次登台演出，剧目为《科西嘉兄弟》（*The Corsican Brothers*），由罗伯特·曼特尔（Robert Mantell）担纲主演。哈特维格后来加入了玛丽·韦恩莱特（Marie Wainwright）的剧团，在多本剧目中担任男主角，包括《茶花女》（*Camille*）、《造谣学校》（*A School for Scandal*）和多部莎士比亚戏剧。

哈特维格还在《卡门》(*Carmen*)中与奥嘉·内瑟索尔(Olga Nethersole)演过对手戏，两人在台上的倾情一吻，成为后世传颂的"内瑟索尔之吻"。在那轰动的一幕中，哈特维格扮演的堂·何塞(Don José)站在酒吧台前，卡门在他面前翩翩起舞。哈特维格一把抱起内瑟索尔小姐，走上楼梯，在上楼的过程中，两人始终双唇紧锁，这段激情拥吻据称是有史以来舞台上持续时间最久的亲吻。在后来上演的《萨福》(*Sappho*)中，内瑟索尔小姐创下了更长的拥吻记录，甚至惊动了警方上门稽查，但那时哈特维格已经离开舞台，转战华尔街了。

· 2 ·

就我自己来说，父母原本想让我继承父亲的衣钵，去做医生，但母亲很快改变了主意，而她做决定的方式也不同寻常。

我们搬到纽约后不久，赫尔曼叔叔的商业伙伴塞缪尔·维特科夫斯基从南卡罗来纳州前来采购，他跟母亲谈起我们几兄弟要从事的职业，维特科夫斯基先生建议母亲带我去见一下骨相学者福勒(Fowler)医生，他的诊所对面就是A. T. 斯图尔特(A. T. Stewart)的商铺，后来改成了约翰·沃纳梅克(John Wanamaker)的商铺。

我记得福勒医生戴着金色眼镜，气宇轩扬。他仔细地查看我的头，再用手指摸过我眉毛上方隆起的骨头，问道：

"你想让这位年轻人从事什么职业呢？"

母亲回答道："我在想让他去做医生。"

"他可以成为一位优秀的医生。"福勒医生赞同，"但我建议你让他进入可以做大事的领域——金融界或政界。"

母亲后来告诉我，由于听了福勒医生这番话，她决定不让我去当医生了。

1889年从纽约市立学院毕业后，我开始阅读医学类的书籍，准备在秋季进入医学院，但我对这个决定感到不安。每当谈起我的未来，母亲总是回忆起那位骨相学者所说的话。父亲当然看得出，母亲是在利用此事力促我朝商业方面发展，他只是说："孩子，如果你不热爱医生的工作，就不要从医。"

我听从了母亲的建议，开始去找工作。求职的经历让我感到幻灭，我就像一般的大学毕业生一样，讨厌从底层做起。我按照招聘广告上的地址上门求职，把鞋底都走薄了，自己也登广告求职，苦苦等待却杳无音讯。于是，我把父亲的病人列了一张名单，希望能从其中一个人那里找到工作。

我首先拜访的是丹尼尔·古根海姆（Daniel Guggenheim），他家就是著名的古根海姆家族。我当年19岁，可能比丹尼尔先生高一英尺，这让我感觉更加别扭。

丹尼尔先生朝我露出愉悦的微笑，让我稍微镇定下来。等我略为放松以后，丹尼尔先生告诉我，古根海姆家族想进军矿业和冶炼业，他问我："你想去墨西哥，做我们的矿石采购员吗？"

但母亲坚决反对我去墨西哥，她一直鼓励我们干出一番大事业，却不想我们出国。

她希望我们住在离她不远的地方。有一天，我们沿着第五大道散步，她指着57街角落的威廉·惠特尼（William C. Whitney）宅邸跟我说：

"总有一天，你会住在那里。"

许多年后，我告诉她，我买下了86街和第五大道交界的房子，她回忆起了这段对话。

于是，我试着拜访了父亲的另一位病人，惠托尔—塔图姆公司（Whitall, Tatum & Company）的查尔斯·塔图姆（Charles Tatum），公司位于巴克莱街（Barclay Street）86号，从事药用玻璃器皿的批发经销业务。塔图姆先生是费城贵格会的信徒（Philadelphia Quaker），他在1889年夏末还是秋初时候，接纳我在办公室做学徒。这是我的第一份工作，周薪三美元。

有一天，塔图姆先生叫我去"摩根先生的办公室"取证券，"摩根先生的办公室"是指从事银行业务的德雷克希尔—摩根公司。我走进华尔街的旧办公楼，现在摩根大厦的所在地，不需要等待或办什么手续，就来到了摩根先生面前。

我不记得摩根先生有没有跟我说话了，但我定睛观察了一下他著名的鼻子和黄褐色的眼睛，从中感受到他举足轻重的权力。

当时我已经开始打拳，脑中冒出的第一个念头是，如果摩根先生去打拳，那该成为多么了不起的拳手。然后我又想象他骑上马、拿着一把战斧的样子，就像法兰克国王查理大帝（Charlemagne）。

如果可以说，正是这次与摩根先生的会面令我难以忘怀，启发了我进入华尔街的雄心壮志，那不失为一个动人的故事。但事实上，我进入华尔街的起因，通常不会录入什么励志故事集，那是我有一次去赌场（当时大多数正人君子称之为“赌窟”）之后的因缘巧合。

· 3 ·

当年，父母会在新泽西州朗布兰奇度假村（Long Branch）度假消暑，那是当时首屈一指的度假中心，划船、钓鱼、海浴和赌博等设施一应俱全。

父亲是西端酒店（West End Hotel）的驻店医生，在酒店里有两个房间，一个做办公室，一个是卧室。我周一到周五会待在纽约市，每到星期六下午就和哈特维格一起，到朗布兰奇度假村过周末，父亲办公室的小床就是我们睡觉的地方。

我偶尔也会住在新泽西州小西尔弗（Little Silver）的一栋分租房里，大家都亲切地管房东叫迪克·博登（Dick Borden）大叔，迪克大叔会在快乐湾（Pleasure Bay）上举行别开生面的帆船比赛。我记得有一次，我驾驶迪克大叔的独桅艇“艾玛”（Emma B.）号，驶过什鲁斯伯里（Shrewsbury），经过普里斯码头（Price's Pier）。我穿着平时出海的服装——不穿衬衫和鞋子，不戴帽子，只穿一条帆布裤。

我操纵着舵柄和主缭绳，为了炫耀技术，尽量逼近码头，突然间，我听见一位女士的声音。一抬头，我看见码头上有一位美貌炫目的女士，站在运动员弗雷迪·格布哈德（Freddie Gebhardt）身边，为了逗他玩，对我的外表评头论足，为了谦虚起见，我就不在这里重复了。

但我当时听了也挺开心的——现在想起来也是。有一刹那，我走神了，没注意驾驭船舶。一阵狂风袭来，打在船帆上。其他驾船的人朝我叫骂起来。我这才回过神来，刚好来得及松开主缭绳，让险情缓和下来。那天剩下的时间，我都神不守舍，回家时，心里还想着那位美丽的女士给我的赞美。后来我才知道，她就是著名演员莉莉·兰特里（Lillie Langtry）。

在迪克大叔那里，我会想都不想地走三英里路前往蒙茅斯县（Monmouth）看赛马，再走三英里路回来，为的只是多省下50美分去赌马。当时的名驹有凹背坦尼（Tenny the Swayback）、汉诺威（Hanover）和校正（Correction）。当时赫赫有名的马主有奥古斯特·贝尔蒙特（August Belmont）、弗雷迪·格布哈德、洛里拉德（Lorillard）家族、莫里斯（Morris）家族和德怀尔（Dwyer）家族，其中，手笔最大的大概是德怀尔家族，他们会一掷千金地给自己的马投注。我记得的骑手包括墨菲（Murphy）、麦克劳林（McLaughlin）和加里森（Garrison），其中，加里森每每在终点冲刺中反败为胜，"在最后一刻转败为胜"（Garrison finish）这个谚语就是这么来的。

朗布兰奇度假村的多个赌场热闹非凡，活跃了当地气氛。菲尔·戴利赌场（Phil Daly's）位于西端酒店附近，那里最小的筹码也要一美元，我没有钱在那里下注，但喜欢待在那里，看其他人下注。里面人头攒动，满是庄家、托儿、体育经纪人和运动员经纪人（两者之间可是有区别的）、商人和银行家，就是没有女人。有一个贵宾房，专门供不想在大庭广众之下赌博的人下注。

一天晚上，我正观看着轮盘和法罗牌戏，著名赌徒帕特·希迪（Pat Sheedy）走过来说："年轻人，我有话想跟你说。"我们走到门廊上，他继续说道：

"年轻人，我已经观察了你一段时间，你在这里逛了很久。听过来人一句话，不要来这种地方，我见过你那温柔的母亲和那英俊的父亲。事实上，我前几天晚上肚子痛，就是你父亲治好的。如果你不远离赌场，就会伤了他们的心，自己也捞不着什么好处。”

但我把帕特·希迪的话当成了耳边风，几天后的晚上，跟我差不多大的迪克·邦索尔（Dick Bonsal）建议说，不如去戴利家族另一个人打理的赌场，那里的筹码只要50美分一个。迪克出身富裕家庭，父母对他很大方。我去了，买了两三个筹码，在轮盘桌上间歇下注，只押颜色。很快，我就赢了两美元，自我感觉良好。突然间，我感觉屋里陷入了一片寂静，庄家停止了转盘。

我抬头一看，父亲就站在门口。如果我当时可以实现一个愿望，我希望地下有个缝，可以让我钻进去。

我有生以来第一次下注的钱，是父亲给的。当时在赛马场上，我跟他说觉得一匹名叫“帕夏”（Pasha）的马会赢。父亲递给我两银元，跟我说既然我看好帕夏，就应该下注来支持自己的判断。事实证明，帕夏只是金玉其外而已。

但在父亲心目中，赌马跟上赌场性质不一样。他走到桌前，用最温柔、最安静的声音说：“儿子，等你准备好了，我们就回家。”

我当即就准备好了。我走在父亲前面，先出了门，哈特维格在外面等着。我羞愧的感觉消失了，取而代之的是愤怒。

“你干吗要让父亲来这里？”我小声问哈特维格。

哈特维格解释说，和他没有关系。家人担心我可能溺水了。哈特维格说他已经在海滩上来回走动，呼唤我的名字，吹口哨寻找我。

回到酒店，我和哈特维格默默地脱下了衣服。我们躺在小床上，父亲留下的最后一句话是：“我一把年纪了，居然还要去赌场把儿子接回来。”

我辗转反侧，很久后才迷迷糊糊地睡过去了，却在半夜惊醒过来，发现母亲坐在床边。她把我抱在怀里，小声安慰我。

我当晚再也无法入睡，感觉给家人带来了羞辱。凌晨大约五点，我起了床，静静穿上衣服，蹑手蹑脚地出了门。我去了火车站，在一家酒馆里和一些马车夫和驯马师一起吃了早餐，乘坐第一趟火车回了纽约。当太阳升起，我的心情也转晴了，一个身体健康的19岁男孩是不会难过太久的。

火车抵达纽约市时，我已经忘了自己是怎样羞愧地逃离朗布兰奇度假村的。我去找在贝尔维尤学院（Bellevue College）学医的表弟马库斯·海曼（Marcus Heyman），发现他和几个年轻人一起，像平常星期天一样准备玩一整天扑克牌。我建议说，家里现在没有人，邀请他们到家里去玩。我们在地下室正玩得高兴，马库斯突然一跃而起，喊道：“天啊，伊莎贝尔姨妈回来了！”

果然，母亲走上了前门的台阶。我们赶紧穿上外套，手忙脚乱地清理玩扑克牌的痕迹，但还没来得及收拾干净，母亲就走了进来。经过昨晚我寻求刺激的行为，我以为母亲肯定会认定我是无可救药的赌徒了。但她显然根本没有察觉到异样，只是快步走过来，把我抱在怀里。

“看见你太高兴了！”她喊道，“你天性敏感，我只怕你出了事。”

我感觉无地自容，但这让我更爱她了。接着她说有好消息要告诉我，她在坐火车回纽约的途中，遇见了尤利乌斯·科恩（Julius A. Kohn），科恩以前做过服装生意，退休后进入了华尔街。他告诉母亲，他想仿效法兰克福银行业培养新人的做法，找个甘于从底层做起的年轻人，学习银行业务。他心目中的人选应该态度认真，为人可靠，工作勤奋，还强调“不能有坏习惯”。

母亲告诉他，她认识一个满足他要求的年轻人。

“是谁呢？”科恩先生问道。

母亲想也不想我赌博的事，就回答说：“是我的儿子伯纳德。”

第二天，我上门拜访科恩先生。他向我解释说，在欧洲，学徒干很长时间都是没有报酬的，因为他们不能创造任何价值。他不准备支付任何薪水，但会教我想要成为商人应该学习的东西。于是，我向惠托尔—塔图姆公司递了辞职信，这是我第一次进入华尔街。

· 4 ·

我的新雇主要求严格，但不刻薄。从一开始，我就对工作产生了兴趣，比在惠托尔—塔图姆公司时，有更大的学习动力。

科恩先生让我了解到套利的盘根错节，例如，在同一天里，同一只证券在不同地点（例如纽约、巴尔的摩、波士顿、阿姆斯特丹和伦敦）的报价可能略有不同。通过在阿姆斯特丹买入并在波士顿卖出，或者在巴尔的摩买入并在纽约卖出，就可以获取套利利润。

虽然我只是办公室助理和传递员，但也有机会计算与外国的套利。这需要非常机敏利索地计算不同国家的货币，因为汇率的分毫之差就可能意味着赚不赚钱。熟能生巧，我学会几乎瞬时间就能按需要，把某个金额从荷兰盾换算成英镑，从英镑换算成法郎，从法郎换算成美元，从美元换算成德国马克。在第一次世界大战和巴黎和会期间，我必须处理许多国际经济问题，这项能力给了我很大优势。

公司也会买卖新的铁路证券，铁路重组时，会发行新证券，用于取代旧证券。如果铁路重组取得成功，新证券的价值会大幅上涨，最终能以远比旧证券更高的价格卖出。通过买入旧证券，卖出用于取代旧证券而发行的新证券，就可以从中获利。当然，如果重组失败，不值钱的旧证券就砸在手里了。

就这样，虽然我只是区区小职员，但也第一手了解到套利、外汇、重组和投机。记录这些操作的账簿成了我最喜欢的读物，我似乎对这些交易颇有天赋，后来，我成为了在美国活跃于套利操作的知名投机者。

我到科恩先生的公司工作后不久，他就开始给我发三美元的周薪。但那年夏天，父亲在移民到美国之后，时隔35年首次返回欧洲。他准备乘坐汉堡航线（Hamburg Line）的“哥伦比亚”号（Columbia），赫尔曼叔叔、母亲和我们几兄弟到码头给他送行。赫尔曼叔叔向来最疼爱我，他问父亲：“你不如带上伯纳德一起去吧？”

父亲说，如果我可以回家，拿上手提包，在开船之前赶回码头，他就带我去。当时已经是深夜，有轨电车的班次比较少了，但我及时赶回家收拾行李，又赶回了码头。我跟三个古巴人住在同一个船舱里，四人一路上都在晕船。

我已经提过对住在德国的祖父母有什么印象了，父亲先是带我到斯瓦任兹（Schwersenz）看望他们，接着去了柏林。我对这座城市印象最深的，是勃兰登堡门（Brandenburg Tor），以及在街上随处可见的德国军官。

父亲对德国的军事精神深恶痛绝，这可能也影响到了我。看见那些身穿制服、大摇大摆的军官，我就觉得讨厌。当时我学拳击已经练得很好，自认为与随便一个军官较量，都不落下风。我跟父亲说，如果再有军官在街上从我身边蹭过，我就要打他一拳。父亲叫我别做蠢事。

母亲去拜访科恩先生，向他解释了我突然动身前往欧洲的原因；所以我回到美国后，他又好心地重新接纳了我。但我没有再在他那里干太久，我总是蠢蠢欲动，想去闯荡一番。我和迪克·林顿想在科罗拉多州的金矿和银矿快速捞一把大的，本来可能会阻止我们的母亲这次没有反对。

我们白天坐马车坐了很长一段路，到达丹佛（Denver），然后换乘驿站马车前往克里普尔溪（Cripple Creek）。那是一个开放的矿城，开设了很多酒馆、舞厅、赌场——一条龙服务应有尽有。我们入住了镇里最好的皇宫酒店（Palace Hotel），却被带到一个满是小床的大房间。由于当时已是深夜，我们不得不跨过其他熟睡的住客，才能到达自己的床铺。

镇里流传了许多形形色色一夜暴富的故事。我记得其中一个最富裕的矿场，矿主初到镇里时只是个木匠。当然，我们听说了汤姆·沃尔什（Tom Walsh）是怎样飞黄腾达的，他的女儿伊瓦林·沃尔什·麦连（Evalyn Walsh McLean）是“希望”（Hope）钻石的主人，后来我到华盛顿担任公职以后，成了她的至交好友。

我决定把我的“资本”“投资”买入“旧金山矿场”（San Francisco Mine）的股份，这是我买入的第一只股份。入股后，我和林顿再也没有钱住在皇宫酒店了，于是搬到了一栋分租房。我也收起了在纽约穿的衣服，去毗邻旧金山矿场的竖井当矸石清理工。

矸石清理工干的是矿场里最繁重、最没有技术含量的体力活，要跟着负责爆破的矿工，把爆破的岩石堆起来，铲到木桶和推车里，运到地面上。我还没干多久，一个彪壮的矿工就开始欺负我。我觉得反正迟早也要打上一架来证明自己的，还不如先下手为强。于是，我没有等他进一步挑衅，就用尽全力，一拳把他打倒在地，自此之后，再也没有人敢来骚扰我了。

我和林顿并肩工作，值的是日班，晚上有时间去逛逛赌场。我喜欢跟皇宫酒店相连的那家，那是镇里最时髦的赌场。每天晚上，小笔财富会在纸牌和轮盘桌上换手。

我认真观察了几张赌桌，觉得赌场很可能在轮盘上做了手脚。至少每次有人大笔押注时，轮盘总是在有利于庄家的位置停下。于是，我开始在大笔押注的反方向押注少量筹码，就这样，我每天晚上都能赢到几美元。

正当我以为自己发现了稳定可靠的收入来源时，赌场老板把我叫到一边，说请我不要再光顾了。

与此同时，我获提拔到爆破组，负责拿着钻孔器，另一个人会拿着大锤往上敲。这活儿比矸石清理工轻松，但我的兴趣主要还是毗邻的旧金山矿场。

我跟在那个竖井工作的矿工聊了很久，很快就发现我的股份不会像那个花言巧语的卖家说的那样会下金蛋。我吸取了赚钱的第一个经验教训——想靠采矿发财致富的人，投入矿场的钱经常比赚到的更多。

相比之下，纽约看起来还不错，迪克 · 林顿也有同感，于是我们辞去了采矿的工作，灰溜溜地回家了。我这回可学乖了，回到了华尔街，也一直做了下去，直到伍德罗 · 威尔逊总统把我带出此地。

第七章

摸爬滚打“交学费”

· 1 ·

人们对股市奇异的着迷，总是让我惊叹不已。

我年轻的时候，是华尔街活跃的投机者，很快就发现人们会千方百计地打探市场“小道消息”。他们会请你赴宴、看戏，去他们的俱乐部或乡间宅邸做客，目的只是为了套出口风。他们经常会费尽心思地在闲聊中插入看似随意的问题，想让你不小心说漏嘴，或者会抓住交谈中的只言片语，非要听出个有关市场情报的言外之意。

就因为明白了这一点，我会努力在商务往来中恪守沉默是金的原则，缄口少言的程度比得上苦修的特拉普派修道士。但我发现即便如此，也经常有人把我的缄默视为对市况的暗示。

素未谋面的男男女女会给我写信，讨教投资建议，直到现在，我还是会源源不断地收到这类信函。就在我撰写这章内容的时候，我收到一位寡妇的来信，她有1.5万美元现金，向我求助：“我应该现在投资，还是等到积累了更多资本才投资，以便退休后能有收入呢？”

经常有人问到的问题还包括：

“现在一无所有的年轻人能否像您当年那样，在华尔街赚到大钱呢？”

“您是怎么知道1929年的市场估值过高的？”

“我快要老得干不动了，您能否告诉我一种安全的投资，让我能够把积蓄投进去呢？”

“我有些余钱，可以承担亏损的风险，您建议我往哪里投资呢？”

当然，我从过往经验中学到了很多投资和投机指引，时至今日仍然适用。但从我收到的问题看来，对于许多人来说，股票市场的诱惑就像中世纪炼金术士孜孜不倦地寻求把基本金属转变为黄金的神奇方法一样。只要有了“贤者之石”，也就是获得适当的小道消息，就能够让贫困的人变得富裕，让缺乏财务保障的人变得生活无忧。

无论我写了什么，多半也无法改变世人这种想法。对许多人来说，华尔街永远是押注和赌博的地方。然而，股市远比一个装有空调的室内赛马场更为复杂。

事实上，股市可能已成为反映我们文明的整体晴雨表。股票（和商品及债券）价格会受到世上一切因素的影响，从新发明和美元汇率的变动，到变化无常的天气、战争的威胁或和平的前景等都会产生作用。但这些事件本身并不会像地震仪的震动记录一样，对华尔街产生客观的影响。影响股市波动的并非事件本身，而是人对这些事件的反应，是数以百万计的男男女女觉得这些事件可能对未来产生什么影响。

换言之，归根结底，左右股市走势的是人，是人想要预估未来。股市充满了人的特质，男男女女往里面倾注了他们互相矛盾的判断，他们的希望和恐惧，优点和缺点，贪婪和理想，正因如此，股市才充满了戏剧化的意味。

当然，我在刚进入华尔街，担任办公室助理和传递员时，并不知道这一切，对此也毫无感知。我犯下了能犯的所有错误——雄心勃勃，精力充沛，或许过犹不及。可以说，我在华尔街的整个职业生涯，就像接受了对人性的漫长教育。

进入公职后，我发现我在投机生涯中对人性的了解，同样也适用于与人有关的所有其他事务。无论是弯腰查看股票行情收报机还是在白宫里发言，无论是参加作战委员会还是和会，无论是赚钱还是控制原子能，人性始终是人性。

· 2 ·

1891年，我加入了豪斯曼公司（A. A. Housman & Company），这才算真正在华尔街起步。这家经纪公司位于交易广场（Exchange Place）52号，跟我第一份工作一样，我能应聘成功，很大程度上是靠母亲牵线搭桥。她在从事慈善工作的过程中，认识了A. B. 德弗里斯（A. B. deFreece），当时德弗里斯在管理一个游艺会，为雅各布·希夫（Jacob Schiff）创办的慈善机构“蒙蒂菲奥里之家”（Montefiore Home）筹款。我从科罗拉多州回家后，母亲安排我跟德弗里斯先生见面，他带我去见了阿瑟·豪斯曼（Arthur A. Housman）。

阿瑟·豪斯曼的弟弟克拉伦斯原来是我的同学，就是我们家刚搬到纽约，我入读小学时，领着我上学和放学的那个好心眼的小胖子。克拉伦斯在公司当会计，我担任办公室助理、传递员、校对员和打杂工，周薪五美元。

我早上负责开门，确保豪斯曼先生桌上的墨水瓶、钢笔和吸墨器摆放整齐，接着要把账簿从保险箱拿出来，放在克拉伦斯的桌上。我会抄写信件，在誊写本上编索引，帮忙编纂月度报表。我也必须随时候命，在传递员进来时，检查是否还有任务尚未完成。

那时还没有股票结算所，当天买卖的每只股票，都必须在次日下午2:15前交付。在交易广场西北角和百老汇大街（Broad Street）上，有一栋几层高的建筑，里面全是经纪人事务所。我们做传递员的，会聊着天上下楼梯，交付股票。我会把一捆证券塞进出纳员的窗口，喊道：“豪斯曼的支票准备一下。”接着就急急忙忙地到另一家交付股票。

有一天，我到朱伊特兄弟公司（Jewett Brothers）交付股票之后，又到了其他几家，接着返回朱伊特兄弟公司拿豪斯曼的支票。许多传递员围在出纳员的窗口前，而我当然比他们都高出一截。

“豪斯曼的支票在哪里？”我站在那些矮了一截的传递员身后，大声喊道。

没有人回答我，于是我又喊了一句：“快点儿，出纳员先生，把豪斯曼的支票给我。”

出纳员从栏杆后面抬起头，看见我，只是说：“从那凳子上走下来。”

我回答说：“我没站在凳子上。”

“你再惹我的话，”他说，“我就要出来扇你一耳光。”

“是吗？”我回答说。

他打开门走了出来，后面跟着公司两位合伙人。出纳员打量了一下身高六英尺三英寸的我，惊叹道：“天哪！”

他们三个人都笑了起来，又回到里面。我成为证券交易所成员后，朱伊特兄弟公司的合伙人偶尔会跟我开玩笑：“从那凳子上走下来！”

我想晋升的第一个职位是簿记员，我为父亲记过账，于是我决定入读夜校，学习簿记和合同法。即使到现在，我不需要其他人帮助，也可以看懂相当复杂的账目。

为科恩先生效力时，我懂得了深入了解所买卖证券的发行公司有多么重要。到了现在的公司，我开始定期阅读《金融纪事报》（*Financial Chronicle*），一有机会就会翻开《普尔手册》（*Poor's Manual*），把不同公司各种各样的资料塞进脑子里。

可惜那时候没有电视答题节目，选手正确回答一道问题就能赢取高达6.4万美元的奖金，不然我或许就能轻松发大财了。我可以流利地背出美国所有主要铁路的路线，这些铁路的主要收入来源是靠运输哪些商品和产品。我不用看地图也知道，如果美国某个地区发生了旱灾或洪灾，发现了新矿，或者开辟了新的定居地，就会影响到哪些铁路。

我也会竖起健全的右耳，细心留意周围的风吹草动。我自然而然掌握了很好的聆听技巧，因为没过多久，我对华尔街某些事情的了解，比我遇见的一些大人物还要多。

很快，各家公司的传递员、职员甚至是初级成员都知道我可以随时提供有用的资料。由于掌握了这些资料，我也引起了一些长者的关注，他们有问题经常会问我，而免得去书中查找答案。

我就是这样认识米德尔顿·舒尔布雷德·伯里尔（Middleton Schoolbred Burrill）的，他几乎是我认识的人中，唯一一位能在股市投机中持续赚到钱的非专业人士。他在父亲约翰·伯里尔（John Burrill）的法律事务所里执业，事务所的客户包括范德堡（Vanderbilt）家族。他也是豪斯曼公司的客户，来到我们办公室，经常会停下来问我问题，而不是去查阅《金融纪事报》或《普尔手册》。

这让我受宠若惊，也十分有用，让我更好地了解到股市作手需要了解哪些信息，也让我更积极地学习这方面的知识。有时，伯里尔先生会邀请我吃午餐，我们会前往交易广场角落和新街（New Street）上老旧的综合交易所（Consolidated Exchange）[①]地下室，坐在午餐吧前。这种时候，我会美美地吃一顿烤牛肉配土豆泥。要是我一个人吃午餐，就只能买得起一份三明治和一杯啤酒了。

我记得，当时看到其他传递员是哈佛或耶鲁毕业生，或者某位知名金融家的儿子，可以叫上一份正餐，而自己却只能啃三明治，会感到羡慕不已。

正是伯里尔先生把我介绍给了詹姆斯·基恩。在我认识的投机者中，基恩远比其他人更加高明。他很喜欢赛马，自己也拥有一匹马，后来起名叫"多米诺"（Domino）。这匹马准备在康尼岛（Coney Island）参赛，基恩想投注，但又不想让人知道投注人是谁，以免破坏赔率。伯里尔告诉基恩说，他觉得我可以替他下注。

基恩先生把我叫到他在百老汇大街30号的办公室，我回答了他一两个问题，他就认定我对赛马投注有一定了解，可以圆满完成任务，于是，他把几千美元现金递给了我——而我有生以来在一匹马上投注的赌金最多只有几美元。我坐火车到了康尼岛，在有人猜到下注人是谁之前，成功下了注。

---

① 指Consolidated Stock Exchange of New York，成立于1885年，由其他较小的交易所合并而成，1926年停业。

基恩的马轻松获胜，我的口袋都鼓起来了，乘坐34街的渡轮返回纽约市途中，一直担心有人会打晕我，把钱全部抢走。

我记得当时，汹涌的波浪打在渡轮前头，我记得自己在想，我们就要翻船了。我紧紧地扣上了外套的纽扣，心想一旦沉船，我会游到远离众人的地方，以免有人把我拽下去。后来我意识到这些想法是多么傻气，但由此可见，我决心安全地把钱送到基恩先生手中，而不是要找借口向他解释为什么他赢来的奖金少了一截。

· 3 ·

我在百老汇大道的霍尼希曼—普林斯公司（Honigman and Prince）开立了一个小小的保证金账户，开始自己投机买卖股份。现在要在交易所买入股份，必须预付股份买入价的70%，但当年买入股份时，只需要预付股价的10%至20%做“保证金”，经纪人会垫付余下的金额。当然，如果股价下跌令保证金耗尽，我就必须追加保证金，不然经纪人会强行平仓。

我一般会在综合证券交易所一次买卖10只股份，大多是正在进行破产接管的铁路股，以及一些工业股。

当然，我有时候也会赚到钱。新手也有赚钱的时候，可悲的是，身为外行人的我在尝到甜头以后，往往深受鼓舞，而投入更多的钱。但每每在赚到几百美元之后，我却又会亏得一干二净，连本金也血本无归。

我亏的不只是自己的钱，还有父亲的钱。有一次，我觉得有个在码头和伊利湖（Lake Erie）岛普特因湾（Put-in-Bay）酒店之间设立高架电车线的项目是稳赚不赔的，项目发起人是约翰·卡罗瑟斯（John P. Carrothers），他富有个人魅力，我和父亲在1890年从欧洲乘船返回美国时认识了他。听了他的大力推介，我高兴得忘乎所以，还劝说父亲给项目投资了8000美元，这笔钱占了他所有积蓄中的很大一部分，这笔钱全亏了。

父亲并没有责怪我，但我心里还是沉甸甸的。比起钱，父亲向来更看重人的价值，但我比他更难接受亏损的事实。

就在电车线项目失败后不久，我跟母亲说，如果我有500美元，就可以投资田纳西煤铁公司（Tennessee Coal & Iron）赚点钱。

"你怎么不问你父亲要呢？"她怂恿我。

我反对说，经过普特因湾项目的惨痛失败，我再也向他要不到一分钱了。

几天后，父亲拿了一张500美元的支票给我，记忆有时会跟我们开个小小的玩笑，我已经不记得当时有没有接受这笔钱了。更为重要的是这件事的意义，就算我害他亏了这么一大笔钱，父亲还是相信我，这维护了我的自尊心。

毋庸置疑的是，父亲好像是一位心理学家，明白我心里的挣扎。我当时的心理处于一种平衡状态，只要轻轻一推，就可能让我转到另一个方向，我整个职业生涯的走向。

在此情况下，有些人会变得孤注一掷，而我却变得审慎。我养成了分析亏损案例的习惯，判断我是否犯了错误，这个习惯一直坚持到今天。随着我操作的资金越来越多，我的分析也逐渐变得越来越有系统。每次做完一次重大交易，尤其是失败的时候，我都会抛开华尔街的纷纷攘攘，独自去一个安静的地方，回顾我所做的一切，分析哪里出了差错。在这种时候，我绝不会为自己找借口，而是一心想着怎样避免重蹈覆辙。

无论是在私人还是政府事务上，我们都需要这样定期自我反省。无论是个人还是政府，都应该停下来仔细想一下，我们是否应该像过去那样盲目地向前冲呢？是否出现了新的情况，需要调整方向或步伐？我们是否忽视了关键的问题，只是在细枝末节上浪费精力？我们吸取到了哪些经验教训，可以避免重蹈覆辙？此外，我们对自己的失败了解越多，就越能够理解其他人，明白他们为什么会那样做。

早期，要明白自己哪里做错了并不是太难，我犯下了股市新手几乎都会犯的两大错误。

首先是对所买卖的证券缺乏确切认识，对公司管理层、盈利和未来增长前景了解太少。

第二个错误是想以小博大，操作规模超出了自己的资金实力，这是我一开始犯下的主要错误。我起步时根本没有什么“资本”可言，我买入股份时，只交付少量的保证金，只要股价下跌几点，我就会赔光出局。实际上，我的做法相当于赌一只股票会上升还是下跌。或许有时候我赌对了，但一旦股价发生大幅振荡，我就会亏掉所有保证金。

在进行这些投机操作的同时，我也成为了豪斯曼公司的债券销售和客服，那正好是美国金融形势的一段关键时期。1893年恐慌[①]爆发后，许多工厂和矿场倒闭，全国一大部分铁路陷入了破产接管程序。但到了1895年，金融形势出现了好转的曙光。

在此之前，我从未经历过经济萧条，但当时也隐隐约约地开始意识到，现在正处于走出经济萧条的阶段，会出现绝好的获利机会。

在经济萧条时期，人们以为情况永远也不会有好转，绝望的心情蒙蔽了他们的眼睛，他们看不到拨云见日的美好未来。在这种时候，只要你对国家的未来抱有基本的信心，买入并持有证券，等到经济恢复景气再卖出，就有望获得丰厚的回报。

从我的所见、所听和所读，了解到金融界和产业界的巨头正是这样做的，他们对出现无偿债能力的公司进行分析，判断哪些公司在经济状况恢复正常、胜任的管理层掌管之后，将会具有偿债能力，而悄悄收购这些公司的股份。我也动用自己有限的资源，尝试去做同样的事情。

我对无偿债能力的铁路证券特别感兴趣，或许一部分原因是由于小时候货运火车经过外祖父在温斯伯勒的家，制动员常常朝我挥手，使铁路在我心中留下了温馨的回忆。也是在这段时期，美国的铁路过度建设造成浪费之后，正在

① 1893年恐慌是美国一次严重的经济衰退。——译者注

进行整合，提高效率。

目前主要问题在于要判断清楚哪些证券能够重组成功，那么那些证券的价值会大幅提升，而那些重组失败企业的证券将会一文不值。

起初，我犯下了一些错误，没选对证券，这使我更认真地研究相关的铁路公司。

我列了一份正在重组的铁路公司清单，选出我认为值得投资的证券。为了测试自己的判断是否正确，我在一个黑色小笔记本上写下了自己对这些证券的预期。

在一次记录中，我建议卖出纽黑文（New Haven）的股份，买入里士满和西点铁路（Richmond and West Point Terminal），后者后来重组为现在的南方铁路系统（Southern Railway System）。我对艾奇逊、托皮卡和圣塔菲铁路（Atchison, Topeka & Santa Fe）和北太平洋铁路公司（Northern Pacific）的判断也有先见之明。我的黑色小本子中还有一个成功的预测，那就是如果以当时的股价买入联合太平洋铁路公司（Union Pacific），等公司完成接管，铁路修建完成后，投资会取得100%的回报。

我研究了这些铁路证券后，下一个问题就是让人有兴趣购买这些证券，这不是容易的事。我当时只是无名小卒，豪斯曼公司是一家小公司，当时市场还不景气。我推荐证券的所有铁路公司都面临无偿债能力的状况，股东也损失惨重。公众投资者非常警惕，在资产廉价时投资者都是这样的。

由于我几乎不认识有钱做投资的人，只好去翻查企业名录找投资者。我精心撰写了几十封信，然后把这些信誊抄下来，把信发了出去，收到的回复几乎都是否定的。

每天下午，在证券交易所收市后，我都会走遍百老汇大街，逐个办公室上门拜访，想找个能听我推荐证券的人。我不知道自己敲了多少扇门，走了多少英里的路，才卖出了第一只债券。

这第一只债券是卖给了干货商中的领袖者詹姆斯·塔尔科特（James Talcott），

当时的情景还历历在目。塔尔科特身材高大威猛，留着长长的灰色胡须，就像典型的英格兰商人。在被他的秘书一再谢绝后，于是我就坐下来，等到塔尔科特先生离开办公室。等他出现在门口，我上前自我介绍，跟随他走上人行道。他只是生硬地朝我点了点头，就再也不理会我了。

我们走在街上，我尽量礼貌地发挥我的三寸不烂之舌，塔尔科特明显很恼怒，我还是没有打退堂鼓，我把能说的话都说尽了。尽管塔尔科特多次表示对我的推荐不感兴趣，最后还是委托我买入一只票息为6%的俄勒冈州和跨大陆铁路公司（Oregon & Trans-Continental）债券，我记得当时的价格约为78美元。

我每卖出一只债券，豪斯曼公司就可以收取1.25美元的佣金，但比起佣金我更看重的是未来。如果我推荐的证券为客户带来获利，我希望能把临时客户转化为稳定的客户。

塔尔科特先生买入的债券并没有受到当时重组的影响，价格上涨，这宗交易为我们日后与塔尔科特先生之间大量的业务往来开启了大门。

跟其他客户打交道时，我也会密切留意推荐证券的走势，不时建议客户调整持仓，以防范风险或提升投资回报。虽然我在对待客户的投资时十分审慎，但在自己的账户上却会大胆投机。

后来发生了一件有趣的事，让我意识到自己在工作和私人理财方面过着的这种双重生活是非常危险的。在证券交易所收市后，我通常会参加其他时髦年轻人喜欢的各种消遣活动。桑迪·哈奇（Sandy Hatch）是证券交易所的成员，具有运动家的风范，养了一群斗鸡。当时，斗鸡比赛会在175街上，哈德逊河畔的一家酒馆举行。

有天晚上，一场斗鸡比赛正打得如火如荼，突然间有人大喊："警察来了！"

大家慌乱地从窗口和各个出口逃窜，所有人都落荒而逃，我也是一样，最后发现只是虚惊一场。大多数观众都回到了比赛现场，但我决定回家了。

我觉得，如果因为参加斗鸡比赛而被纽约地方法官传唤，这对年轻的经纪人来说可不是什么好事，会让我难以在客户中赢得保守可靠的声誉。在我印象中，我此后再也没参加过斗鸡比赛。

当然，那时我的心中正在作斗争，那是自古以来每个雄心勃勃的年轻人都会有的矛盾：是不顾一切的孤注一掷，还是要谨慎行事，希望为未来积累资源。就我本人来说，正是选择了谨慎行事，才获得了日后的成功。当然，在这过程中也经历了不少挣扎，遇到了一些挫折。

第八章

步入婚姻的殿堂

·1·

在华尔街摸爬滚打4年后，我根本没存下多少钱。我的周薪逐渐从5美元涨到25美元，这只是让我有了更多钱去做投机，但亏得也是更多。我急于想在市场上大赚一笔，于是向阿瑟·豪斯曼申请加薪。而且我开价要得很高，申请加薪到每周50美元。

“我不能给你每周50美元，”豪斯曼先生告诉我，“但可以给你公司八分之一的股份。”

事实上，公司上一年的利润是1.4万美元，所以这相当于加薪到至少每周33美元。此外，如果公司业务增加，我每周的收入可能超过50美元。

我迫不及待地答应了这个提议，在25岁那年，成为了华尔街合伙人。

我觉得既然成为了经纪公司的初级合伙人，就应该增加个人开支的预算。于是，我买了一件“艾伯特亲王”（Prince Albert）牌外套、一顶丝绸帽子以及相应的配饰。那时，在天气晴朗的星期天早上，在第五大道上漫步，是很时髦的事情。每逢星期天，我都会打扮整齐，格外用心地擦好鞋子，拿起拐杖去散步。

这样的散步并不是愉快的，因为我在街上会碰到华尔街其他年轻的学徒和传递员，他们是经纪人或银行家的儿子，有钱享受这种对我来说奢侈的活动。我在第五大道上漫步时，会看见他们打扮华丽，骑着快马飞奔而过，我经常会心生羡慕。

这是我年轻时内心经历的一番挣扎，我不能受羡慕的心情驱使，而做出鲁莽的决定，也绝不能去嫉妒比我更成功的人。

豪斯曼先生在提出让我成为合伙人之前，曾经问我为什么急于拿到高薪。我解释说，我想要结婚了。

我的未婚妻是安妮·格里芬（Annie Griffen）。我第一次见到她，大约是在大学毕业时，当时跟酒店店主的继子戴夫·申克（Dave Schenck）一起走在路上，碰到了两位十分美貌的女子，戴夫跟她们打了招呼。他告诉我，其中一位是露易丝·金敦（Louise Guindon）小姐，而另一位是她的表亲格里芬小姐。

我对身材高挑纤细的格里芬小姐一见钟情。

我想方设法打探她和她家人的情况，我了解到，格里芬小姐家住西58街41号一栋褐石外墙的房子，和父母本杰明·格里芬（Benjamin Griffen）夫妇同住。我每天步行去乘坐第六大道高架铁路线上班的路上，都会经过她家。她的曾祖父是圣公会牧师。格里芬的儿子毕业于纽约市立学院，是美国大学优等生荣誉学会会员，她兄弟跟我弟弟赫尔曼是同学。

格里芬先生做玻璃进口生意，公司名叫范·霍恩—格里芬公司（Van Horne, Griffen & Company）。范·霍恩家和格里芬家是表亲，格里芬太太的父亲是W. J. 威尔科克斯（W. J. Wilcox），做猪油生意，若干年前，我曾目睹过他的大型炼油厂着火焚毁。格里芬家养了几匹马，有一辆马车。

我千方百计地打探出这些消息，希望能跟格里芬小姐见面。但我做的全是无用功，这些信息都没能创造出我们进一步认识的机会，甚至我们兄弟上的是同一所大学也是枉然。

有一天，我走近格里芬家，看见格里芬小姐迎面而来。我鼓足勇气，赶在跟她同一时间走到她家门廊前。我脱帽致意，问她是不是安妮·格里芬小姐。

“不是！”她边说边摇了一下头，走上台阶。

我因此受到了重大打击，但戴夫·申克认识金敦小姐，最后通过她安排我们见面了。

在此之后，我经常上门拜访格里芬家。安妮的父亲反对我追求他女儿，因为他觉得我们宗教信仰的不同是不可逾越的障碍，我们终究无法获得幸福。幸运的是，格里芬太太比较接受我。

安妮和她母亲会去马萨诸塞州皮茨菲尔德（Pittsfield）度过夏天，而格里芬先生会待在纽约市。我周末会前往皮茨菲尔德探望她们，我们会跟安妮的朋友见面，去舞会上跳舞，但大多数时候都会一起骑自行车，兜上很久的风。

在纽约市，我每天上班途中都会经过格里芬家，安妮几乎每次都会站在窗口朝我挥手。我们也约定了一组暗号，如果百叶窗拉上去了，就表明她父亲出去了，我可以上门。如果百叶窗放下来了，我就会从她家门前走过。

还有些时候，我和安妮会在中央公园约会，坐在公园长凳上，我会告诉她，等我赚够足够的钱养家糊口，我们就结婚。然而希望总是摇摆不定的，头一天我的投机取得了丰厚回报，我们会看到希望；但在第二天，我们的希望又会随着市场行情下跌。

1951年，罗伯特·摩斯（Robert Moses）把我带到中央公园某个地方，告诉我他想在那里建一座亭子，让人可以在亭子里下国际象棋和跳棋。摩斯问我是否愿意资助修建亭子，我看了一眼他指的地方，就一口答应了。摩斯没想到我会这么爽快。我没有告诉他，他选中的位置正好是我和安妮以前约会的地点。

· 2 ·

我成为合伙人的第一年，公司净利润有4.8万美元，我的分红有6000美元，这比我预期中多得多，如果我能把这笔钱存下来，或许我们就能结婚了。但我过度交易的毛病还是没改过来，如果我觉得对某只股票或债券的投机买卖可以获利，就会满仓买入。一旦市场发生波动，我就会蒙受惨重损失。这样的情况一再发生之后，我才学会了避免过度交易，手中一定要持有一定资金做储备。如果我早点吸取这个教训，或许就不会因为一再亏掉所有的钱而感到心痛。

1897年春天，我成为豪斯曼公司合伙人后第二年接近尾声的时候，我东拼西凑筹到几百美元，凭保证金买入100股美国制糖公司（American Sugar Refining）的股份，这宗交易标志着我投机方式的一个重要转折点。在买入这家制糖公司的股份之前，我详尽研究了公司前景，可以说我还是在赌博，但这次我对事实进行了认真分析，对公司的未来前景有了自己的判断。

当时，美国制糖公司控制了美国四分之三的食糖生产，拥有2500万美元盈余，总能够宣派丰厚的股息，但公司的前景充满了不明朗因素。

美国制糖公司也称为“糖业托拉斯”（Sugar Trust），与咖啡商阿巴克尔兄弟公司（Arbuckle Brothers）打响了商战，两家公司都在进军对方的业务领域。

还有一个麻烦的地方，就是国会调查的威胁。当时，原糖进口缴纳的是从价关税。有传闻说，美国制糖公司低报了进口原糖的价格。最后，国会展开了调查，认为指控确有依据，勒令美国制糖公司缴纳200万美元至300万美元的补缴税款。

但我买入这家制糖公司的股份时，决定性因素在于关税。农场主尤其讨厌“托拉斯”，因此，人民党也对托拉斯怀有敌意。众议院通过了下调进口糖关税的法案。这会使美国炼糖厂面临国外竞争，美国制糖公司的股价急剧下跌。

在参议院辩论过后，我觉得考虑到西部以农业为支柱，西部各州的参议员会认为进口糖关税对美国甜菜种植者有利，所以参议院会维持关税不变。这是糖业代表在华盛顿提出的主要论点，经过长时间的辩论，争取到大多数参议员的支持。参议院通过法案，将进口糖关税大致维持不变，于是，美国制糖公司股价大幅上升，在9月初触及159美元的高位。

我把从这只股份获得的收益用于再投资，也就是说，这家制糖公司的股价上升后，我会拿收益买入更多股份。最后，我清仓时，总收益约为6万美元，在我心目中，我已经成为了像克罗伊斯[①]一样富有的人。

我第一时间打电话给安妮·格里芬，告诉她我们终于可以结婚了。她起初难以置信，不停地说："这笔钱来得有多快，去得就有多快。"我向她保证："这次我会保住这笔钱。"我告诉她，我当晚就要上门拜见她父亲。

格里芬先生彬彬有礼地接见了我，但坚决反对我们的婚事。他说，在上门拜访的年轻人中，没有人比我更讨人喜欢了，可是我的宗教信仰和安妮不同。他坚信，这就像埋下了一颗定时炸弹，我们的婚姻是不会幸福的。

我把格里芬先生的反对意见告诉了安妮，但她还是愿意嫁给我，我们把婚期定在了1897年10月20日。

· 3 ·

我刚拿到靠买卖美国制糖公司股份赚来的钱，就决定买下证券交易所的一个席位。花了1.9万美元。我把这个消息告诉母亲，我记得她当时非常高兴，她告诉我说："太好了，你会有更好的前途。"

当晚，我和母亲在玩接龙游戏，依照惯例是我接龙，母亲发牌。我们快要结束游戏时，哈特维格回家了。当时已经半夜深更。他和内瑟索尔小姐就他的续约问题谈了很久，最后不欢而散。

为了帮助哈特维格摆脱困境，我提出，如果他愿意安定下来，我就把还没有登记所有权的证券交易所席位送给他。他接受了，自此结束了舞台生涯。

当晚，我躺在床上想要入睡，这才意识到自己做了什么。就算我能够把自己的心挖出来，颤颤地放在桌上，也不会比当时失去席位的感觉更加痛苦。我大半夜辗转反侧，无法入眠，最后做出一个决定：给自己再买一个席位。

---

① 克罗伊斯是最富有的吕底亚国王。——译者注

我和安妮在她家结婚了，证婚人是理查德·范·霍恩（Richard Van Horne）牧师。他是格里芬先生的亲戚，个子矮小，留着长长的白色胡须，外表和举止都富有牧师的风范。在仪式开始之前，他告诉我，他打算在圣公会仪式中，把圣父、圣子和圣灵省去不提。我感谢他顾念到我的宗教信仰，我向他表示我并不介意，他只要如常主持仪式就可以了。

蜜月期间，我们先是悠闲地到华盛顿旅游，接着乘船到切萨皮克湾（Chesapeake Bay）的旧康福特角（Old Point Comfort）。我向来不适应海上生活，果然晕船了。接着，我们前往南部，重返我在卡姆登的出生地。

回到纽约后，我们和我父母同住了一段时间，他们当时已经买下了位于西70街51号的房子。后来，我们租下了西区大道（West End Avenue）345号的一栋小房子，屋子的宽度不到15英尺。1899年8月，就在父亲在新泽西州的夏天度假小屋里，我们的大女儿贝尔（Belle）出生，父亲亲自为她接生。

我们拥有的第一栋房子位于西86街351号，楼高四层，褐石外墙，面积宽敞，小伯纳德（Bernard）就在这里出生。这里位于电车线的终点站，全家人都跟电车司机彼得·敏诺（Peter Minnaugh）交上了朋友。每到寒冬，我们总是给他送上一杯热乎乎的咖啡。每年3月17日伯纳德生日那天，彼得总会打扮整齐，上门拜访，送给我儿子一枚金币。

再后来，我们搬到西52街6号另一栋宽敞的褐石外墙房子，最后搬到了第五大道靠近86街拐角的位置。

我一直记着妻子为了我们的婚事苦苦等候了好几年，总是送给她各式各样的礼物，希望能给她惊喜和补偿。有一次，我送给她一枚昂贵的戒指，她却说："别再送我礼物了，我想要的都已经有了。"

听了这话，我感到很高兴。

一直到我们结婚，格里芬先生都没有同意我们的婚事，缺席了我们的婚礼，但他后来还是给予了认可。我很高兴地听到他承认，他起初由于我们宗教信仰的差异，以为我们的婚姻不会幸福，但事实证明这个想法是错误的。

或许我们婚姻美满的一个原因在于，我们夫妻之间尊重彼此的宗教信仰。婚后许多年里，每到星期五晚上，妻子都会陪伴我前往犹太教堂做礼拜。我总是遵守犹太教的圣日，至今不变。妻子会上她的教堂。

大女儿贝尔在1899年出生，小女儿蕾妮（Renee）在1905年出生，我们商量好让她们接受洗礼，跟随她们母亲的信仰。儿子方面，我们会等他长大以后，让他决定自己的宗教信仰。

对宗教信仰的许多方面我都不是百分百满意，但我始终恪守的一个原则是，绝不质疑或干涉其他人的宗教信仰。我向来觉得，一个人对上帝有何想法，是十分私人的事情，应该由他或她自己决定，无论这人做出了什么决定，其他人都应该予以尊重。

第九章

第一宗大交易

· 1 ·

回想起来，从买卖美国制糖公司股份获利的经历，我开始领会到要成为成功的投机者，有什么要注意的地方。

现在许多人把“投机者”当成了鲁莽的赌徒，事实上，这个词源于拉丁语中的“speculari”，是搜集情报和观察的意思。

我把“投机者”界定为预估未来并事先采取行动的人，在所有人类活动中，这项能力都是无价之宝，要成功做到，必须有三个要点：

第一，必须了解某个情况或问题的相关事实。

第二，必须判断这些事实预示着什么。

第三，必须趁为时未晚，及时采取行动。

我听过许多人说起话来头头是道，甚至充满智慧，但一到要把头脑中的想法付诸行动，却裹足不前。

或许需要及时采取行动这一点，正是民主社会最为两难之处。在民主社会，政府治理应该尊重多数人的意志；但在许多关键问题上，如果要等到每个人都明白有需要才采取行动，就为时已晚。要让每个人都看到危险，危险可能已经迫在眉睫或处于失控状态。

有些问题要留待未来解决，但也有许多其他问题，不作为就是最糟糕的选择。

例如，我在第一次世界大战期间担任战时工业委员会主席，发现如果要在下一次战争爆发时遏制通货膨胀和投机倒把，就必须从一开始进入紧急状态时，就对所有物价、工资、租金和利润设定上限。但第二次世界大战爆发时，富兰克林·罗斯福（Franklin Roosevelt）总统和国会都决定“静观其变”。在整整两年里，美国没有实施必要的整体价格管制，等到通胀急剧升温后才采取行动。在朝鲜战争期间，政府同样在等待中错失良机。

如果在这两次战争刚爆发时，政府就采取了有效的措施遏制通胀，美国的债务负担可以减少到现在的一半以下，我们也不会遇到现在面临的许多问题。

同样，在其他政府事务中，由于迟迟不采取行动，本来可以解决的问题变得无法解决，或者必须付出过于昂贵的代价才能解决。每当回想起伍德罗·威尔逊总统想要做的事情，我就深感议和的代价在这些年里节节上升。早在1919年，伍德罗·威尔逊总统就建议美国加入国际联盟（League of Nations），许多美国人觉得这个做法过于激进。但比起我们已经为和平事业付出的代价，以及我们和子孙后代还必须为此付出的代价，那本来是多么微不足道。

在冷战时期，我们听到许多政策都是为了“争取时间”，但我们还没有问过自己：我们要争取时间来干什么呢？随着时间流逝，和平进程也会向前推进吗？如果不是的话，我们要怎样确保和平进程向前推进？

一个人进入股市后，很快就会体会到兵贵神速的道理，我想起一次难忘的经历。

在美国独立日（7月4日）那个周末，我和父母在新泽西州朗布兰奇度假村相聚。星期天深夜，阿瑟·豪斯曼打来电话，说有报社记者告诉他，雪利（Schley）少将在圣地亚哥摧毁了西班牙舰队。在此之前，杜威（Dewey）上将已经在马尼拉湾（Manila Bay）战役中获胜，所以这个消息预示着美西战争有望很快结束。

第二天是美国独立日假期，美国交易所是休市的，但伦敦交易所照常开市。

如果伦敦交易所一开市，我们就买入美国股票，就有望大赚一笔。要做到这一点，我们必须赶到纽约，在天亮之前往伦敦发电报。

但那时已经是星期天深夜，火车已经停止运行。我找了一些铁路工作人员，租用了一个带煤水车的火车头，和后面挂着的一节车厢，坐火车到哈德逊河新泽西州岸边，换乘渡轮。当时刚过凌晨两点，我和弟弟赛林还有克拉伦斯·豪斯曼坐着疾驰的火车，冒着夜色赶到纽约。

那是我第一次乘坐火车专列，那是多么刺激的经历！沿途的城镇和村庄早已沉沉入睡，我们的火车专列呼啸而过，我感觉就像小小地重复了传说中内森·罗斯柴尔德（Nathan Rothschild）亲身奔赴滑铁卢战场，利用情报斩获大笔财富的壮举。

由于英国政府未能承兑威灵顿（Wellington）公爵的英镑汇票，罗斯柴尔德运送金块为威灵顿公爵兑换汇票，相当于把财富押在推翻拿破仑上。威灵顿公爵出征比利时后，一开始节节败退，消息拖累英国证券下跌。为了获得第一手情报，罗斯柴尔德渡过了英吉利海峡，据称站在了滑铁卢战场上，第一手了解到战事的逆转和拿破仑的兵败。他比官方信使早几个小时把消息传回伦敦，让罗斯柴尔德家族能够赶在股价回升之前大手笔买入。

我们的火车在夜色中飞速前进，历史仿佛重演了。想到美国军队环绕半个地球从古巴到菲律宾，美国陆军和海军都大获全胜，我心中涌起一个帝国崛起的壮志豪情。我当时万万没想到，在未来许多年里，“美帝国”会带来多少问题和责任。

我们赶到曼哈顿下城区的办公室，发现忙中出错，我居然没有带钥匙，幸好门上横梁是开着的。赛林只有大约150磅重[①]，于是我把他的身子托起来，让他钻进门去。太阳还没升起，我就发出了电报。

伦敦开市后几分钟，我们掌握了基本情况。阿瑟·豪斯曼比我们晚一点赶到

① 折合约136斤。——译者注

了办公室，不停地给正在度假的客户打电话，把他们从睡梦中吵醒。他向来是一个乐观主义者，很适合这份工作。我忙着发电报时，隐隐约约、断断续续听到他兴奋的话："美国取得伟大的胜利……美国成为世界强国……占有新的财富……新的市场……与英格兰媲美的帝国……股市多年未见的繁荣景象……"

几乎接到他电话的每位客户都下了指令，我们在伦敦证券交易所大笔买入美国股票，既有为客户执行指令，也有自营买入持有。第二天早上，纽约证券交易所开市，股市全线上涨，我们在伦敦交易所买入的持仓顿时获利丰厚，我们基本上打败了纽约其他所有经纪公司。除了快速获利之外，这次意外的成功还让豪斯曼公司赢得了随时掌握最新情报、及时采取行动的美誉。

· 2 ·

我不知道是否是因为我们公司声名鹊起的缘故，在几个月后，阿瑟·豪斯曼收到了一份提议，这成为了我职业生涯的一大转折点。

我由此接触到进入华尔街以来的最大宗交易，让我以全新方式看待股市操作；也让我结识到当时的金融界巨头托马斯·福琼·瑞安，开启了我们长久以来的亲密友谊。

瑞安身高六英尺一英寸[①]，身材魁梧，但说话十分悠游缓慢，带南方口音。他想要给人留下深刻印象时，甚至会窃窃私语，轻若无声。但他的行动快如闪电，是我在华尔街最足智多谋的朋友，好像什么事都不会让他感到意外。

瑞安的父亲是弗吉尼亚州贫穷的农民，瑞安是白手起家，劈荆斩棘才取得了巨大的财富和权力。许多人批评他冷酷无情，不值得信赖。在大都会电车公司（Metropolitan Street Railway Company）破产后，警方调查了他在其中扮演的角色，大陪审团裁定他无罪，但认为"许多事情值得严厉谴责"。但我觉得他

---

① 折合约185厘米。——译者注

在跟我做的所有交易中，都十分严谨。

我认识他的时候，瑞安已经是坦慕尼协会（Tammany Hall）举足轻重的人物，控制了纽约市运输系统（New York City Transit System），他还准备“入侵”詹姆斯·杜克（James Duke）的烟草帝国。

杜克可不是好惹的，有一个故事可以说明他有多么强势。有一次，他有几个熟人通过詹姆斯·基恩买入美国烟草公司（American Tobacco）的控股权益。杜克直言不讳地告诉他们，他们虽然拥有公司，但却不拥有他杜克本人，他会出去成立一家烟草公司，跟美国烟草公司打对台，杜克的对手都退让了。他们聪明地知道，没有了杜克的头脑，掌控美国烟草公司也是没有用的。

接下来，杜克吞并了一家又一家的竞争对手，到1898年，只有三家较有实力的烟草公司没有被吞并到他的“托马斯”。第一家是博威公司（W. T. Blackwell & Company），其知名的“达勒姆公牛”（Bull Durham）品牌是喜欢自卷香烟人士的最爱；第二家是国家烟草公司（National Cigarette），其名下的“海军上将”（Admirals）品牌和杜克名下的“芳香的烟叶”（Sweet Caporals）有得一拼；第三家是利吉特和梅尔烟草公司（Liggett & Myers），其“明星”（Star）品牌嚼烟比杜克名下的“战斧”（Battle Axe）品牌更加畅销。当时有报道称，杜克每年投入100万美元来宣传“战斧”品牌。

虽然现在卷烟占烟草销售的大半江山，但在1898年，美国烟民主要还是喜欢嚼烟、烟斗、雪茄和沾烟。在这三家独立烟草公司中，利吉特和梅尔烟草公司拥有实力雄厚的嚼烟业务，是最重要的公司。当时，女性烟草消费者来自乡间，主要集中在南部，她们喜欢用玉米烟斗来抽烟，或者吸鼻烟或嚼烟。当年，教堂和主日学校大力宣传香烟的危害。其实，其中许多高尚的宣传是由咀嚼烟草和雪茄利益集团秘密资助的，目的是利用单纯的“十字军”来打击竞争对手，我希望这个消息没有令读者对人的用心产生怀疑。

对于我自己来说由于嚼烟会让我感到恶心，我已经放弃了，拿“达勒姆公牛”品牌烟草自己做卷烟感觉最好。

杜克向利吉特和梅尔烟草公司、博威公司和国家烟草公司多番提出了善意收购的提议，三家公司都拒绝了；杜克也通过减价竞争和狂轰滥炸的广告宣传，企图抢走三家公司的生意，迫使他们歇业，但都没有得逞。

在1898年秋天，由托马斯·福琼·瑞安牵头的辛迪加财团收购了其中一家独立公司——国家烟草公司。随后，国家烟草公司并入了新成立的联合烟草公司（Union Tobacco Company），虽然联合烟草公司的特许成立很不起眼，但实际控制人却是多位大名鼎鼎的人物，包括瑞安、威廉·惠特尼、P. A. B. 维德（P. A. B. Widener）、安东尼·布雷迪（Anthony N. Brady）和威廉·埃尔金斯（William L. Elkins）等。公司总裁是威廉·巴特勒（William H. Butler），他此前曾担任美国烟草公司的副总裁，但和杜克关系破裂了。

大约在这段时间，我们公司收到了这场酝酿中的烟草大战的宝贵线索。提供线索的是C. W. 海瑟廷（C. W. Hazeltine），我们管他叫海瑟廷中尉。海瑟廷是美国海军学院（Annapolis）的毕业生，从海军退伍，进入收入更丰厚的商界。在短暂的美西战争期间，他曾经返回海军服役，但现在又退役了。

有一天，他来到我们的办公室见阿瑟·豪斯曼。两人聊了一会儿，把椅子挪到我的办公桌前。海瑟廷解释说，他听说联合烟草公司计划收购利吉特和梅尔烟草公司，强强联合，会与杜克的公司形成有力竞争。海瑟廷强调说，他跟利吉特和梅尔烟草公司的人很熟，可以把我们介绍给他们。

我首先拜访了乔治·巴特勒（George Butler），他的兄弟威廉·巴特勒是美国烟草公司前高管、联合烟草公司现任总裁。接着我拜访了瑞安先生，我跟两人都是素未谋面的。

他们起初怀有戒心，但我想海瑟廷说对了，他们确实想收购利吉特和梅尔烟草公司。此外，有了海瑟廷给我的情报，我可以说服他们，我在收购事宜上或许能帮上忙。

我从巴特勒兄弟那里了解到，他们要正式向杜克宣战。巴特勒的目的是以联合烟草公司为旗帜，联合三家大型的独立烟草公司，这会让杜克的日子很不好过。

不久之后，在1898年12月初，联合烟草公司宣布收购了博威公司及其知名的“达勒姆公牛”品牌，这样一来，利吉特和梅尔烟草公司就成为了唯一一家不受杜克或瑞安控制的大型独立烟草公司。

不管之前对巴特勒的反叛有何看法，杜克现在都意识到自己面临着一场恶战。利吉特和梅尔烟草公司的主要股东恰巧大多是圣路易斯（St. Louis）人，于是，杜克的代理赶到圣路易斯，开始游说利吉特和梅尔烟草公司的股东，提出诱人的收购要约。

瑞安把我叫到他的办公室，把我介绍给他的律师威廉·裴吉（William H. Page）。瑞安叫我们前往圣路易斯，抢在杜克的代理之前，收购利吉特和梅尔烟草公司的股东手中的股份，我和裴吉一起坐火车去。

跟我的情况一样，这也是裴吉第一次为瑞安先生办理重要事务。到达圣路易斯，我们在南方酒店（Southern Hotel）下榻，乔治·巴特勒已经到了。我们首先去拜访利吉特和梅尔烟草公司总裁摩西·韦特莫尔（Moses Wetmore）上校。

摩西上校和蔼可亲而又精明敏锐，是一个有趣的人物。他拥有种植园主大酒店（Planter's Hotel），在那里开了一间公寓套房，我们在那里度过了愉快的夜晚。

另外，绰号为“比尔警探”（Gumshoe Bill）的威廉·斯通（William J. Stone）也十分活跃，我不记得他是利吉特和梅尔烟草公司的律师，还是摩西·韦特莫尔上校的律师了。“比尔警探”曾经担任密苏里州州长，后来担任美国参议员，在美国卷入第一次世界大战之前，为了拖延威尔逊总统推动允许美国商船有权装备武器的法案通过，在参议院发表冗长的演说，是坚决阻挠议事的11位参议员之一。

商谈持续了几周时间，奇怪的是，我并没有留下多少印象，我们仅有的策略首先是要跟对方套好交情。

圣路易斯至少当时还算是半个南方，高压政策是行不通的。巴特勒是摩西上校的老朋友，很会打牌和讲故事，裴吉也是一样。几乎每天晚上，他们都会到上校在种植园主大酒店的公寓套房里聚会，其乐融融地喝上一杯酒，打牌消遣。我和海瑟廷中尉负责与利吉特家族的一些继承人保持联系，他们是利吉特和梅尔烟草公司的大股东。借用裴吉的话来概括我们的作战计划再适当不过，“我们用和气的态度跟摩西上校磨，磨到他心软为止。”

报纸对谈判的过程做了很多报道，我有生以来第一次成为公众关注的焦点。对于一个28岁、第一次参与重大交易的年轻人来说，这自然令人窃喜。前一天，报纸会报道说托拉斯代表获胜了。第二天，又会报道局势尚“不明朗”。第三天，报纸又会报道说摩西·韦特莫尔上校已经把全部股份卖给我们。

当地人为此群情激奋，圣路易斯人为利吉特和梅尔烟草公司感到自豪，希望公司保持独立，特别敌视托拉斯。有一次，当地杂货商协会组织了大约100位成员，游行到利吉特和梅尔烟草公司的工厂门口，戴着徽章、高举标语：“反对托拉斯。”摩西上校亲自接见了他们，没有许下任何承诺，就打发他们高高兴兴地离开了。

结果，利吉特家族继承人和其他股东给了摩西上校他们所持股份的期权。有了这份期权，加上他大量的个人持股，摩西上校有权决定事态发展，他选择站在我们这边。双方达成了协议，摩西上校给予我们利吉特和梅尔烟草公司过半数股本的期权，价格略高于660万美元。

在草拟协议时，涉及谁来支付大约20万美元律师费的问题，裴吉和威廉·斯通州长决定抛硬币。我们抛硬币输了，但和圣路易斯烟草业的人结下了深厚友谊，所以一切都是值得的。

· 3 ·

到这时，瑞安等人和杜克之间的战火已经蔓延。在这场斗争中，杜克新成立了一家新的子公司，名叫大陆烟草公司（Continental Tobacco Company），其股份在场外交易所（Curb Exchange）[①]买卖。

当年，场外交易所位于纽约证券交易所门外的露天马路边上。经纪人会聚集在百老街上，无论风吹日晒雨打，无惧暴雪或热浪，都进行露天交易。经纪人通常在附近设有事务所，职员会在窗口给他们打手势，示意买卖指令，经纪人执行指令之后，也会做手势向职员示意。

为了骚扰杜克，向他展示联合烟草公司的力量和资源，瑞安决定打压大陆烟草公司的股价。他把我从圣路易斯叫回来，让我负责这次操作。在圣路易斯，我只是整个团队的一员，但回到纽约，我成为了负责人，只听令于瑞安。

我每天早上都会向他汇报，他住在西72街，离我们家只有几个街区，我前往市中心上班的途中，会先到他家一趟，这时候，瑞安先生通常还没起床。他通常会把我叫到卧室里，有时候会边剃胡须边跟我说话。

多年后，瑞安和妻子分居的消息传得沸沸扬扬，但当时他们夫妻俩似乎还很恩爱。瑞安确实心无旁骛地投入到商务中，而他的妻子与之相反，忙于家务和照顾日益壮大的家庭。他们家孩子很多，全是男孩，在屋里跑来跑去。那年冬天，她还给我幼小的女儿贝尔织了一件小毛衣。

买卖大陆烟草公司的股份是我在场外交易所的第一次大操作，也是我在这家交易所的少数操作之一。当时，我不是一流的场内交易员，后来也没有成为一流的场内交易员，不知何故，我就是缺乏这方面的天赋，幸好我及早发现了这点。许多人会为了节省几美元的佣金，做自己的经纪人，却因此亏了几千美元。

在这次操作中，我委聘了两位经纪人，瑞安先生给我设定了最多20万美元的亏损额度。在1899年新年过后不久，我就开始操作。

大陆烟草公司当时的股价是45美元，我花了六个星期，把股价打压到30美元。如果不是因为市场忧虑烟草大战一触即发，大陆烟草公司会蒙受损失，股

---

① 指美国证券交易所，成立之初，主要交易那些不能在纽约证券交易所挂牌的企业的股票，交易地点是在路边。——译者注

价也不会跌得这么快。

卖空的经纪人通常在股价下跌时还会继续卖出股份，以便进一步打压股价。但我的策略是在股价下跌后买入，等股价回升后再卖出。因此，虽然我成功打压了大陆烟草公司的股价，但我还是净赚了一笔。

我的操盘格外成功，一天，瑞安先生匆匆赶到我们的办公室，叫我停下来。他问我亏了他多少钱，我告诉他，我没有亏钱，反而为他的账户赚了不少。

“我希望你让他们心烦意乱，但不是要毁了他们。”他告诫我，但我知道他心里很高兴。

通过大量抛空大陆烟草公司的股份，瑞安展示了自己的实力，令杜克的托拉斯为之震动。瑞安刚叫我停止操作，华尔街就传出了杜克和瑞安达成谅解的消息。

1899年3月1日，美国烟草公司召开了董事会会议，授权收购联合烟草公司，连同联合烟草公司旗下博威公司的“达勒姆公牛”品牌、国家烟草公司，以及利吉特和梅尔烟草公司的期权，瑞安、维德和安东尼·布雷迪获选为美国烟草公司的董事。总的来说，整宗交易的结果是瑞安等人为美国烟草公司的垄断补上了最后的缺口，自己获利甚丰，也打进了杜克的小圈子。

巴特勒兄弟成立联合烟草公司的初衷是联合几家独立烟草公司，打败杜克的托拉斯，但瑞安看到了另一个解决方案，也得偿所愿。有人指控说，瑞安从一开始就和杜克秘密勾结。我不知道事实真相，但考虑到瑞安指示我打压大陆烟草公司的股价，这个假设是很难说得通的。

烟草股大战结束后，美国烟草公司及其子公司的股价飙升，收复了此前暂时的失地有余，杜克和瑞安都大赚一笔。

还有一点值得一提，过了相当长的一段时间后，美国政府不顾杜克的坚决反对和极度不满，迫使他的烟草托拉斯分拆开来。若干年后，我碰到杜克。“虽然当时我坚决反对分拆烟草托拉斯，”他告诉我，“但我现在更会坚决反对重新建立一家烟草托拉斯。我们分拆之后，有了竞争，反而赚了更多的钱。”

垄断经常就是这样的，就连垄断组织的经营者本身，也未必知道垄断的弊端。

· 4 ·

经过这次烟草股的操盘，我和托马斯·瑞安建立起业务往来，也交上了朋友，一直到他1928年去世为止。瑞安是一个难以捉摸的人，在有些人看来，他性格反复无常，有时候慷慨大方，有时候却冷酷无情。

我只愿意和他在某些交易上合作，避免其他方面的牵扯，也坚持按自己的规矩行事，而不是听从他或其他人的规矩，有好几次因为这样，惹他发怒了。

就因为我这种保持独立的态度，我们早期的关系受到了考验。瑞安和威廉·惠特尼想让詹姆斯·基恩锒铛入狱，于是控告他损害了他们持股的某家银行的利益，他们想让我上庭作证，但我拒绝了。

过往的商战充满了血腥意味，敌对双方你死我活，绝不会手下留情，也不会求对方怜悯。

我拒绝上庭作不利于基恩的证供之后，本以为瑞安会跟我断交，但经过这件事，他似乎反而更加信任我了。瑞安和基恩是死对头，但我却能赢得他们两人的信赖，对此颇为自豪。

早年里，瑞安先生新成立了莫顿信托公司（Morton Trust Company），有一天他把我叫到他的办公室，他的办公桌在内室。我问他，由于大都会电车公司破产一事，他受到了不少抨击（也是有理有据），他对此有何感想。他如常缓慢平静地低声说："哦，你看也没有人往那扇窗里扔砖头呀。"

接着他站了起来，走到一个大保险柜前，说道："这里有很多东西，我想让你拿出来卖掉。"

保险柜里装满了佐治亚太平洋铁路公司（Georgia Pacific）第一优先债券、第二优先债券和第三优先债券，随意丢放在里面，好像一文不值似的，我记得当时这些债券的平均价格约为9美元。

我雇了一辆马车，车厢底下堆满了债券，我坐在座椅上，脚都没处放了，就这样坐马车回到了办公室。我开始研究佐治亚州的那条铁路，吸引人们对这些债券的兴趣。

有一天，债券价格约为30美元，瑞安先生打电话过来，问我为什么还没把债券卖掉。我告诉他，我是遵从他的指示，等到最佳时机才卖掉，而我认为这些债券的价格还会上涨。他后来又再三催促我，于是我在大约50美元的价位卖掉了。最后，债券价格几乎上涨到面值水平。

在利吉特和梅尔烟草公司的交易过后不久，瑞安先生委托我收购诺福克和西方铁路（Norfolk & Western）的控股权。我没把股价推高多少，就成功在大宗交易中为瑞安买入了许多股份，但不足以掌握控股权。

还有一次，瑞安先生叫我收购沃巴什铁路（Wabash Railroad）的控股权。当时我已经凭自己的能力成为了知名的交易员，为其他人执行指令，可以做到不会令人怀疑我或许不是为自己买入。事实上，有时候给我下买入指令的人会说“我好奇巴鲁克是为谁大量买进这只股份”，以此扰乱好事者的视听。

我想，从这次买入沃巴什铁路的股份，可以看到经纪人之间是怎样合作的。我走近沃巴什铁路的交易台，看见戴夫·巴恩斯（Dave Barnes）坐在那里。戴夫是我在朗布兰奇度假村认识的一个好朋友，他和几个朋友喜欢在脖子上挂着威士忌小酒瓶，在海里游泳，不时啜饮威士忌取暖。

那天，戴夫在卖出沃巴什铁路的股份，对普通股的卖出报价为每股3或4美元，对优先股的卖出报价约为每股17美元。如果我从戴夫手上买入股份，我知道他转过身去就会开始买入沃巴什铁路的股份，再转手加价卖给我。

我走过去，坐到他身边，说道："戴夫，听我说一句，别卖这只股份了，今天到此为止，回去吧。"

"好吧，伯纳儿。"他回答说，起身就走了。不知何故，戴夫总是管我叫伯纳儿。

接下来，我买入沃巴什铁路的普通股和优先股，戴夫并没有过来干预。如果我想跟他耍小聪明，可能会让我的客户付出数千美元的额外代价。我只是叫戴夫歇一歇，让我执行指令。他知道总有一天，我会为他做同样的事情，这就是当时相互认识、相互信任的经纪人的相处之道。

我参与利吉特和梅尔烟草公司的交易中，豪斯曼公司收到了15万美元的佣金，考虑到这宗交易的规模和重要性，佣金并不算多，但我当时并没有经常赚那么多。无论如何，15万美元对豪斯曼公司是一大笔钱，当年公司利润有50.1万美元，这笔佣金占了很大一块。由于阿瑟·豪斯曼慷慨地把我的持股比例从八分之一上调到三分之一，所以我拿到了三分之一的分红。我们搬到百老街20号宽敞的办公室，逐渐发展成为金融区内的大型经纪公司。

第十章

在股市中酿下大错

· 1 ·

有了那一年丰厚的分红，我又在证券交易所上买了一个席位，花了3.9万美元，比两年前买下后又送给哈特维格的第一个席位时花的1.9万美元多了1倍，但我不介意多花了钱。

看到自己的名字列在证券交易所成员名单上，我心里美滋滋的，充满了自豪感和自信心，开始寻找新的投资机会。但我很快发现，赚到钱不等于能保住钱。事实上，保住钱经常比赚钱本身更难。

我当时犯下的错误，即使是股市最菜鸟的新手也是不该犯的。我听说美国制酒公司（American Spirits Manufacturing）值得买入，托马斯·福琼·瑞安是这样说的，或者更准确地说，瑞安先生的熟人是这样告诉我的。我相信瑞安先生的远见卓识，于是就买入了这只股份。

美国制酒公司的前身是蒸馏及离产公司（Distilling & Cattle Feeding Association），又称为“威士忌托拉斯”（Whiskey Trust），在1893年恐慌中破产了，美国制酒公司是这个托拉斯的残留，或者说宿醉的产物。我买入这只股份时，美国制酒公司还是美国最大的酒类生产商和分销商。我听说美国制酒公司计划与其他三家大型酒类公司合并，合并后，基本上会包揽了美国的威士忌业务。于是，我满仓买入了美国制酒公司的股份。

几家公司即将合并的消息公布了，但出乎意料的是，美国制酒公司的股份似乎利多出尽，出现颓势。由于我已经没有现金储备，只好卖出其他持仓来追加保证金，最后事实证明，这是赔了夫人又折兵。

在利吉特和梅尔烟草公司的操作圆满成功，我还为此沾沾自喜的几周后，我又把钱都亏掉了。

这是我亏得最快的一次，也是按占总资产比重计亏得最多的一次。此前我给妻子买了一辆闪亮的黑色敞篷车，车上配有平板玻璃车灯，还雇用了两名穿制服的仆人。现在我不得不告诉她，我们必须变卖车辆、辞退仆人，推迟实现其他梦想。

我窘迫地告诉瑞安先生，我为什么会变得如此落魄。

“我有叫你去买那只威士忌股吗？”他问道。

我说没有，我从来没有问过他，但从他一个喜欢我的熟人口中听说，瑞安看好这只股份。

“不要听信别人告诉你我对他说过的话。”瑞安先生静静地回答，“很多问我问题的人都没有权利得到回答，但你有这个权利。”

这次投资威士忌股失利，让我吸取了很大的教训，让我知道有时候给出所谓“小道消息”的人，是有意地想把小鲦鱼引进网里，供大鱼大快朵颐，而我就是一条小鲦鱼。

我在华尔街从业越久，就越不相信各种小道消息和“内幕”消息。我相信，如果长期按内幕消息操作，就连英格兰银行或美国财政部也会破产的。

并不是说内幕消息经常是编造出来的，目的只是为了误导轻信的人，而是说即使内部人士知道自己公司在做些什么，也很可能正因为自己知道的情报，而犯下严重错误。

内幕消息似乎会让一个人丧失逻辑思考能力。一方面，人们知道的情况未必属实，但只要自认为知道别人不知道的事情，都会非常倚重这点。一个没有内幕消息渠道的人会研究某个情况的经济事实，根据分析结果，冷静地采取行动。如果你给了同一个人内幕消息，他就会自以为比其他人都聪明得多，从而对最明显的事实也置之不理。我见过在几乎每一个人都清楚看到应该卖出某只股份时，内部人士仍然坚持持有。

长远而言，我发现依赖自己对经济事实冷静超脱的判断，比听信内幕消息更靠谱。知名银行库恩洛布公司（Kuhn, Loeb & Co.）的奥托·卡恩（Otto Kahn）喜欢给人讲这么一个故事：有一天，联合太平洋铁路公司的股份在市场上交投活跃，他碰见我，开口要告诉我些什么，我当即制止了他，说道："请不要告诉我联合太平洋铁路公司发生了什么事，我不希望你的话影响到我的判断。"

美国制酒公司让不少人倾家荡产。詹姆斯·基恩后来告诉我，那家公司某些关联人士的行事作风很不老实。这不是我给自己找借口，也不是我亏钱的理由，唯一能怪的是我自己判断失误。

我的做法违背了每一条明智的投机法则，我只经过肤浅的调查，就根据未经验证的情报，贸然采取行动，就像无数过来人和后来者一样，损失惨重，咎由自取。

· 2 ·

在投资威士忌托拉斯一败涂地之后，我过了几个月才重新鼓起勇气，但重新入市正是时候。我正寻找机会，开始留意到前州长罗斯威尔·弗劳尔（Roswell P. Flower）的行动。

亨利·克卢斯（Henry Clews）曾说，弗劳尔看起来就像膘肥体壮、在星期天盛装打扮的农民，这个描述非常恰当。弗劳尔确实在纽约上州的一座农场里长大，年幼丧父，不仅要自己赚钱糊口，还要在家中承担男人的责任，他曾经担任国会议员和纽约州州长。

弗劳尔先生是经验丰富的企业高管，他曾任职于芝加哥天然气公司（Chicago Gas）与芝加哥、岩岛和太平洋铁路公司（Chicago, Rock Island and Pacific Railroad），这两家公司本来经营不善，但他接手后，能够实施先进的管理方法，提升公司盈利。弗劳尔州长极具威望，据说，他只要跟华尔街的朋友重复说，某只股份势必会上涨，就会吸引大量买盘涌入，推高股价。

在我刚开始了解他的时候，弗劳尔州长掌管了布鲁克林捷运公司（Brooklyn Rapid Transit Company），公司股价大约为20美元。弗劳尔州长宣称布鲁克林捷运公司之前经营不善，在胜任的管理层管理下，公司有能力提升盈利，届时估值应该可以达到每股75美元。他开始理清公司事务，公司收入增加了，股价也随之上涨。

1899年春天，布鲁克林捷运公司成为龙头股。我在股价上涨时买入了一些持仓，但开始感到担忧。该公司的声明并没有应有的那么清晰。直觉告诉我，有点不对劲。

但迄今为止，弗劳尔州长所做的预测都成真了。股价上升到20美元时，他宣称股价还会涨到75美元；股价上升到50美元时，他预测股价还会涨到125美元，每一项预测都成真了。

4月份，股价触及137美元的高位后，开始回落。市场人士纷纷议论说，或许股价涨势过快，即使盈利前景良好，估值也过高了，我也有同感。

1899年5月12日的早报发表了一份弗劳尔州长署名的声明，表示布鲁克林捷运公司的盈利稳步增长，前景理想，消息刺激了股价上涨。

但到了下午，不知道哪里传到交易所的消息，说弗劳尔州长病重，生命垂危，消息拖累股价急跌。当天收市后的傍晚，《华尔街日报》（*Wall Street Journal*）发表了一篇安抚人心的社论，标题为《前州长弗劳尔并无大碍》（*Ex-Governor Flower All Right*）。文章说，他只是消化不良。但等报纸上街时，弗劳尔州长的病情发生了变化，他已经奄奄一息。

劳累过后，他前往长岛（Long Island）的乡村俱乐部，准备钓一天鱼。天气暖和，他如常吃过丰盛的午餐（他称之为正餐，而非午餐），喝了一壶冰水，几乎马上就病倒了。当晚10点半，他死亡的消息传出。

次日早晨，证券交易所陷入了一片恐慌，若非有大户组织起来护盘，可能会爆发股灾。参与护盘的大户包括J. P. 摩根（J. P. Morgan）、范德堡家族、达柳斯·米尔斯（Darius Mills）、约翰·洛克菲勒（John D. Rockefeller）、亨利·罗杰斯（Henry H. Rogers）和詹姆斯·基恩。

股价跌至100美元，但在大户护盘的消息传出后，缓慢回升到115美元。接下来，大户在避免市场陷入严重恐慌后，开始暗中抛售布鲁克林捷运公司的股份。尽管大市普遍上涨，布鲁克林捷运公司的股价却持续下跌，在9月份跌至面值水平。为了在面值水平为股价提供支撑，I. & S. 沃姆泽（I. & S. Wormser）合伙人的儿子、运动员阿利·沃姆泽（Allie Wormser）以面值出价买入两三千股，我瞬时间就卖出给他了。

股价跌破了面值之后，就再也没有回升到这个水平。还没到年底，布鲁克林捷运公司的股价就跌到了60多美元。在整宗布鲁克林捷运公司交易中，我获利大约6万美元，我开始恢复信心。

· 3 ·

很快，我重拾的自信心受到了重大考验。1901年春天，也就是我31岁那年，统一铜矿公司（Amalgamated Copper Company）的创办人联合起来，想推高股价。统一铜矿公司成立于1899年，是一家联合集团，希望像洛克菲勒通过标准石油公司（Standard Oil）垄断石油市场一样，联合垄断铜市场。在1905年出版的巨作《疯狂的金融》（*Frenzied Finance*）中，托马斯·劳森（Thomas Lawson）讲述了这家公司是如何成立的奇怪故事。

统一铜矿公司的创办人先是从马库斯·戴利（Marcus Daly）手中收购安纳

康达铜业公司（Anaconda Copper）和其他公司，作价3900万美元。据劳森所述，戴利和他的朋友收到了一张3900万美元的国民城市银行（National City Bank）支票，双方约定晚些时候再兑现。

接下来，统一铜矿公司的股份开始接受认购，总股本为7500万美元，劳森负责招揽公众投资者的兴趣。广告宣称，美国金融界一些赫赫有名的人物是这家公司的保荐人，包括亨利·罗杰斯、威廉·洛克菲勒（William Rockefeller）和国民城市银行的詹姆斯·斯蒂尔曼（James Stillman）。因此，股份发行获得超额认购，发行价达到每股100美元。劳森接着写道，有了这7500万美元，创办人告诉戴利先生说，他可以兑现支票了。

于是他兑现了支票，公司账目余下了3600万美元，创办人没有拿自己的一分钱去冒险。

但在1901年春天，这些细节都不为人知，统一铜矿公司的创办人开始设法控制全球铜市场的供应。到6月份，他们把股价从面值左右推高到每股130美元。华尔街人纷纷议论说，股价可能会上涨到150美元或200美元。

但当时，我恰巧跟著名咖啡商赫尔曼·西尔肯（Herman Sielcken）有过一番长谈，很多人都喜欢在各种商业事务上征询他的意见。当时他刚过中年，风华正茂，身高六英尺多，身材壮实，黑色的眼眸闪烁着犀利的光芒。他喜欢炒股，但金额相对较小，更多是为了测试自己的判断，而不是为了赚钱，毕竟他的咖啡生意已经非常成功了。

他住在华尔道夫酒店（Waldorf），有一天下午，我上门拜访，聊着聊着，话题转到了铜市场。西尔肯先生详细阐述了铜市场的状况，他认为，当前铜价居高不下，遏制了全球铜市场的需求，市场变得供过于求，美国的铜出口正在下滑。此外，几年前曾经有人想在法国通过囤积居奇操纵铜市场，记忆犹新。西尔肯先生预测，统一铜矿公司想要推高铜价，会像在法国囤积居奇的同行一样，栽一个大跟头。

我把西尔肯先生的话翻来覆去地想了一阵，自己做了调查，发现他的忧虑很有道理。在七八月份，统一铜矿公司的股价开始下跌。1901年9月6日，威廉·麦金莱（William McKinley）总统出席在布法罗（Buffalo）举行的泛美博览会（Pan-American Exposition）时遇刺。证券交易所差点陷入恐慌，多亏了J. P. 摩根出面救市，借助其权势和威望，股市急跌后回升了。大约在这个时候，我决定卖空统一铜矿公司的股份。

当然，我之所以决定卖空统一铜矿公司的股份，是因为相信无论公司创办人如何想方设法拉升股价，股价都会下跌。如果股价持续上涨，我就不得不以高价买回股票，蒙受损失。

我才刚开始操作，托马斯·瑞安就找上了我，说道："伯纳德，我听说你在卖空统一铜矿公司。我想告诉你，那些大户会让你吃不了兜着走。"

与统一铜矿公司合作的"大户"包括詹姆斯·基恩，瑞安的话和基恩的立场自然会让我停下来想一下。但经过再三考虑，我还是深信统一铜矿公司创办人的做法是企图违背供求法则。我回想起在纽约市立学院求学期间，纽科姆教授的教导，觉得既然铜市场很可能供过于求，价格必然会下跌，于是我继续卖空操作。

起初我赚到钱了，在J. P. 摩根救市后不久，股价回落到106美元左右。但没过多久，统一铜矿公司的股价又在上涨。

虽然最权威的消息来源都在传麦金莱总统康复的消息，但在9月14日，他还是不治身亡，消息利空市场气氛。此外，华尔街有传闻说，统一铜矿公司的一些内部人士想卖出股份，我审慎地增加空头仓位。

听见重要的内部人士大呼小叫，我反而更加深信自己的持仓具有充分理据。有人告诉我，如果我继续卖空这只股份，只会与位高权重的大户为敌。我年少气盛，借用鲍勃·菲茨西蒙斯的话回答说："走得越高，跌得越惨。"也有人跟我说，我卖空这只股份，毁掉一家建设性的企业，这种行为太缺德了。

当然，这都是无稽之谈。如果统一铜矿公司创办人不是对公司资本估值过高，接着又拉升股价，股价就不会上涨到这么高的水平，接下来也不会跌得这么惨。让这只铜矿股股价下跌的，是不可抗拒的经济引力，牵引着股价回归合理水平。

我不是说他们居心不良，很多时候，这类企业的管理者都有建立产业帝国的雄心壮志，如果宏大的愿景可以实现的话，股价估值高昂也算是合理。但我觉得，统一铜矿公司管理者的做法违背了经济学原理，他们人为地哄抬铜价并非明智之举。我拿自己的钱来支持自己的判断，并没有押上其他人的钱。

面对这些攻击，我沉默以对，知道如果自己的判断正确，我就会赢。如果判断错误，我就会输。

或许我不应该采取沉默的态度。或许我应该以其人之道还治其人之身，指出批评者判断的错误，甚至发起人格攻击。但我在华尔街整个职业生涯期间，都采取了沉默以对的政策。或许我是过分沉默了，但我希望能够单枪匹马地进行投机操作，而不希望其他人听了我的话去跟风。

统一铜矿公司即将举行的董事会备受瞩目，他们会继续宣派8%的股息吗？还是会下调股息？还是干脆不宣派股息？

如果他们继续宣派8%的股息，我们这些“空头”可能蒙受损失。这是既刺激又不明朗的一星期，9月19日（星期四），麦金莱总统的葬礼举行，交易所休市。纽约的财经评论员一致认为，股息会维持不变。

董事会在1901年9月20日（星期五）举行。收市后，传来了石破天惊的消息，股息从8美元下调至6美元。在星期六短短的交易时段，统一铜矿公司的股价下跌了大约7点[①]，收报略高于100美元。我预计在星期一，我的操作就到了紧要关头。

接下来，发生了一件奇怪的事，让我凭着与聪明才智或远见卓识无关的原因，在很短的时间内赚到了一大笔钱。母亲打电话过来说：“儿子，你知道赎罪日快到了吧？”赎罪日刚好是在星期一，也就是休市后第一个交易日。

① 文中股票升跌1点（point）=1美元。——译者注

我的心沉了下去，赎罪日是犹太人最重要的圣日，我知道母亲会期望我过节，放下所有的世俗事务。

我做出了决定，然后为了可能会出现的行情做好准备。埃迪·诺顿（Eddie Norton）是为我卖空这只股份的经纪人，我叫他继续卖空操作。接着，为了防范股价可能上涨带来的风险，我告诉另一位经纪人哈里·孔唐（Harry Content），如果统一铜矿公司的股价上涨到某个水平，就开始买入这只股份。我几乎确定股价是一定会下跌的，但谁也说不准某些大户会使出什么办法护盘。因此，我要未雨绸缪，以防不测。

然后我留言说，在星期一，无论是什么商业事务，一律不要找我，我概不处理。

尽管如此，到了星期一，我的电话开始响了。我们还在新泽西州南埃尔伯朗大道（South Elberon）夏天度假的房子，纽约的人找不到我，于是找上了朗布兰奇度假村的经纪人，叫他们去找我，但我不肯听任何留言。下午，我和妻子到大约一英里外的母亲家看望她，电话也打到了她家里。

日落后，赎罪日结束了，我才知道发生了什么事。统一铜矿公司的开盘价为100美元，在短短一小时内就下跌了2点，接着进一步下跌，随后股价反弹，在中午之前维持在97美元以上。如果我当时在交易大厅，很可能就会平仓了结，获利相对较少，事情就此结束。但到了下午，股价稳步下跌，收报93$^{3}/_{4}$美元，让我获利颇丰，也为防范股价上涨的风险提供了良好的安全边际。

我因此更加坚信统一铜矿公司的股价会进一步下跌，于是让利润滚动起来。到12月份，股价跌到60美元。

我不记得自己是在什么价位平仓了，但获利大约70万美元，这是到那时为止，我在单笔操作中赚到的最大一笔钱。能做到这一点有两个条件，一是我听从了母亲的话去过宗教节日，二是统一铜矿公司的人犯下了企图违背供求法则的错误。

从我投资威士忌股失利到卖空铜矿股获利，都可以清楚看到一个道理：投资者不可依赖小道消息、内幕消息，也不能一厢情愿，而是必须清楚了解所面对情况涉及的事实。我发现，在查找事实的过程中，必须像外科医生一样冷静客观。只要掌握了正确的事实，就可以对自己的判断抱有信心，而不是盲目听信所谓专家的信口开河。

后来，我在担任公职时，发现这个道理也同样有效和适用。每次政府给我指派一项任务，我都会首先针对所面对的情况，孜孜不倦地查找事实（威尔逊总统曾管我叫“事实博士”），我努力根据这些事实来提出建议。在第二次世界大战期间和战后，我多年奋力遏制通胀的过程中，好多次都有朋友走过来告诉我：“伯纳德，你怎么不讲讲道理呢？你提出的建议在政治上是行不通的。”

即便如此，我还是会坚持立场，我认为，如果根据事实必须采取某些措施，就不能打任何折扣。我还是坚信，没有任何总统或国会可以让二加二不等于四。

第十一章

当市场陷入恐慌

· 1 ·

经常会有人问我，世纪之交时在华尔街叱咤风云的金融界巨头，现在为什么已经看不到了？难道美国人变成了新的物种，没有以前那么强了吗？

有一部分原因当然是与摩根、洛克菲勒、爱德华·哈里曼等人的年代相比，当今股市已经发生了巨大变化。政府加强了监管，就在1929年还盛行的许多做法，如今已经成为非法操作。无论是我在托马斯·瑞安与詹姆斯·杜克的烟草大战中所做的交易，还是我对统一铜矿公司所做的操作，现在都成了违规行为。

当然，现在的税率也比以前高得多，无论投资者获利多少，一大部分会进入政府的口袋。

但我还是认为，我年轻时代所见证的个人伟业，在当今华尔街之所以不复存在，主要原因还在于现在的市场活动涵盖了更为庞大的经济利益，其广度和范畴都不可同日而语。

反过来，这一转变也反映了美国从一心要征服大陆的拓荒者，变成了整个西方文明的主要稳定力量，这是同样惊人的变化。

或许可以说，这一改变反映了美国从几乎不受约束的个人主义时代，进入了承担起全球责任的时代。我想在本书后文中再讲一下这一转变的意义，因为这涵盖了一大部分的美国历史，仍是我们以史为鉴、展望未来的一大关键。

我自己的职业生涯几乎横跨了这两个时代，这不是因为我多么有先见之明，主要是因为我在历史洪流中，不由自主地为这一转变做出了贡献。我进入商界和金融界时，恰好见证了金融界泰斗的权势达到顶峰，他们树立的示范和经历的挣扎营造出当时的氛围。在这一环境下，我在第一次世界大战期间临危受命，担任战时工业委员会主席，必须处理美国承担起全球责任所面临的种种问题。

第一次世界大战结束后，其他人寻求回归“正常”，但我继续担任公职，从伍德罗·威尔逊总统在巴黎和会上的顾问，到美国驻联合国原子能委员会的代表，在各个岗位上应对这些问题。

事实上，在大约40年间，我都在努力调和早年间学到的商业知识，与在这个距离渐近的世界里日新月异的国家和全球需求之间的矛盾。

华尔街已经发生了翻天覆地的变化，所以现在的人可能很难想象，早在50年前，几位大人物是多么举足轻重，呼风唤雨。昔日的风云人物大多是金融家，报纸和星期日特刊给“他们”的一举一动染上了神秘而又引人入胜的色彩——“他们”就是摩根家族、哈里曼家族、瑞安家族、洛克菲勒家族和其他金融界“巨鳄”。

我记得丹·雷德（Dan Reid）有一个好笑的故事，可以说明当时一些大人物在市场上是多么翻手为云，覆手为雨。雷德是美国钢铁公司（U. S. Steel）的董事，但有时还是喜欢扮演大空头的角色。

有一天，股市大幅下跌，雷德大量抛空了一只又一只的股份，最后似乎完全控制了整个市场。事实上，他之所以能够“大量抛空”，是因为当时市况不合理，给了具有异常勇气的投资者短暂的优势，而这种优势是不会长久的，没有人比雷德更清楚这一点。尽管如此，就连最有实力的银行家也惧怕雷德会做出什么举动。

雷德恰巧很喜欢亨利·戴维森（Henry P. Davison），戴维森能力出众，当时是J. P. 摩根最重要的初级合伙人。有一天，雷德打电话给戴维森，问道：

“亨利，你知道我要做什么吗？”

“不知道。”戴维森先生回答。

“你想知道我要做什么吗？”

“我想。”戴维森急切地说。

“你真的想知道吗？”

“真的。”戴维森说，做好一切心理准备。

“哎，”雷德回答说，“我什么都不会做。”

市场几乎马上就回归了合理水平。当然，现在没有人能单凭一己之力在市场上卷起腥风血雨，哪怕是短短几天，也没有人能光靠打一个电话就能稳定市场行情。

或许更能说明昔日股市圈子有多么的小，是古老的华尔道夫—阿斯托里亚酒店（Waldorf-Astoria），当时位于帝国大厦（Empire State Building）现在的位置。当年，在交易所收市的铜锣声敲响后，大多数经纪人都聚集在华尔道夫酒店。当你获得“华尔道夫圈子”的接纳，就证明你在华尔街有了一席之地。我在利吉特和梅尔烟草公司收购案中声名鹊起，因而有资格进入这个圈子。

在华尔道夫酒店度过一两个下午，你可能接触到许多名人，包括理查德·哈丁·戴维斯（Richard Harding Davis）、马克·吐温、莉莲·拉塞尔（Lillian Russell）、詹姆斯·科比特（Gentleman Jim Corbett）、杜威上将、马克·汉纳（Mark Hanna）、肖·迪皮尤（Chauncey Depew）、钻石大王吉姆·布雷迪、埃德温·霍利（Edwin Hawley），以及无数家银行和铁路公司的总裁，美国钢铁公司总裁埃尔伯特·加里（Elbert Gary）法官、查尔斯·施瓦布（Charley Schwab）和詹姆斯·基恩都住在这家酒店。在华尔道夫酒店的一个私人晚宴上，我看见约翰·盖茨在百家乐中豪赌100万美元。

在华尔道夫酒店，你可以看到华尔街几乎每一个重要人物，因此，这里是研究人性的绝佳实验室。我在后文中会提到，有一次，我以此对人的心理做了一个实验，仅仅是凭着出示一张保付支票，就成功化解了一家公司的融资难题。

华尔道夫—阿斯托里亚酒店有许多个“厅”，帝国厅（Empire Room）、孔雀巷（Peacock Alley）、台球厅、知名的桃花心木吧台四面环绕的男士咖啡厅（Men's、Café）……就像一个个的展览馆，人的每个特性都展露无遗。

坐在这些厅里，分辨哪些是做实事的人，哪些是夸夸其谈的人，哪些是真诚的人，哪些是虚伪的人，总是很有意思的事情。我永远不会忘记一天晚上，华尔道夫酒店陷入一片恐慌，从一个时髦人士精心打扮后交际的场所，变成一群受惊动物的藏身之处。

这是我第一次见识到恐慌，也只持续了一晚。我后来经历的一些恐慌对经济造成了更惨重的影响，例如1907年恐慌①和1929年华尔街股灾②。然而，1901年5月8日的这场恐慌似乎更发人深省，或许是因为这场恐慌来得快、去得也快，或许是因为这次我恰巧是置身事外的旁观者，而非不幸的受害者。

· 2 ·

正如金融市场陷入恐慌的大多数情况一样，事前市场人士寄予了不切实际的希望，津津乐道“新时代”的到来。乐观情绪的上扬是由于多项因素所致，我们在美西战争中取胜，令人构想帝国主义的美梦，预测进军外国新市场带来的美好前景，公众投资者的股市参与度达到前所未有的水平。

我相信就是在这个时候，无数女士首次进入股市。她们坐在华尔道夫酒店玻璃环绕的棕榈厅（Palm Room）里，啜饮着一杯茶，高谈阔论美国钢铁公司或联合太平洋铁路公司或统一铜矿公司必定会采取什么行动。无论是行李员、侍应还是理发师，每个人都有“小道消息”可以告诉你。由于股市在上涨，每个看好市场行情的小道消息都成真了，每个给出小道消息的人都俨然成为了预言家。

① 1907年美国银行业危机，以尼克伯克信托公司倒闭为导火线，多家银行和信托公司破产，美国股市一泻千里，银行挤兑风潮席卷全美。——译者注

② 美国史上最严重的股灾。——译者注

有好几次，市场升势好像已经到头，准备出现健康的回落。接着人们又会炒作一只新股，行情又出现一轮上涨。在1901年4月最后一天，市场日成交量创下历史新高，达到3,270,884股，相当于在交易所开市的5小时内，平均每分钟有100万美元的股份换手，单是经纪公司获得的佣金就合计高达80万美元。

5月3日，市场下跌了7~10点，包括我在内的许多人都认为这预示着期待已久的市场回调到来了。但到5月6日（星期一），市场出现了奇怪的新因素——北太平洋铁路公司的股价出现了惊人的上涨。

我在证券交易所的整个职业生涯中，再也没见过类似这样的开盘。北太平洋铁路公司的开盘价为每股114美元，相较星期六的收盘价高开4点，第二笔交易的成交价跳升到每股117美元。接下来，在全天交易中，股价出现间歇性的飙升，华尔街—诺顿公司（Street & Norton）的场内交易员埃迪·诺顿在市场上买进，把所有筹码纳入囊中。

好像没有人明白这轮涨势是什么引起的，北太平洋铁路公司的董事解释不了，银行家解释不了，大量买进的埃迪·诺顿噤口不言。

机缘巧合之下，在那个重要的星期一早晨，我是世上少数知道北太平洋铁路公司股价为何涨势惊人的人——这不仅仅是因为市场操纵所致，而是爱德华·哈里曼和詹姆斯·希尔（James Hill）以其各自的银行家库恩洛布公司和J. P.摩根为代表，对铁路控制权的一场激烈争夺战。

我是无意中得知这一信息的，在讲这个故事之前，我先来解释一下两位竞争巨头之间的问题。

爱德华·哈里曼刚进入华尔街时，只不过是办公室助理，他的崛起早已成为摩根先生的眼中钉。在哈里曼初露锋芒时，他曾经和摩根交过手并打败了摩根，不只是一次，还有两三次。两人之间结下了冤仇，摩根先生习惯管哈里曼叫“那个两美元经纪人”①，更是火上加油。

① 两美元经纪人是指独立经纪人，名称源于初期执行指令时收费两美元。——译者注

在90年代末，联合太平洋铁路公司名下的铁路似乎是美国最无可救药的。在摩根拒绝重组之后，哈里曼买下了铁路的控制权，进行修复和延长。他不仅从中获得了丰厚回报，还使之成为希尔—摩根控制下的大北方铁路公司（Great Northern）和北太平洋铁路公司有力的竞争对手。

接下来，哈里曼收购了南太平洋铁路公司（Southern Pacific），他的行动如常悄无声息，快如闪电，对手还没收到风，他就完成了交易。于是，“那个两美元经纪人”成为了世上最有实力的铁路巨头之一。

我们公司刚巧为哈里曼先生进行了一次重要操作，这先是由阿瑟·豪斯曼经手，后来是由克拉伦斯·豪斯曼经手。1906年，查尔斯·埃文斯·休斯（Charles Evans Hughes）与威廉·蓝道夫·赫斯特（William Randolph Hearst）竞选纽约州州长，哈里曼委托豪斯曼公司重金押注查尔斯·埃文斯·休斯胜选。豪斯曼公司押注了几十万美元后，停了下来。哈里曼听到消息，打电话过来。

“我不是叫你们押注吗？”他质问，“继续呀。”

克拉伦斯·豪斯曼告诉我，他前往哈里曼的办公室，向他汇报已经押注了多少钱。在办公室里，他见到了民主党在布法罗的大亨威廉·康纳斯（“Fingy” Conners）。或许康纳斯是到那里谈布法罗的货运码头合约的，但我们对他的在场有更愤世嫉俗的解释。

哈里曼收购南太平洋铁路公司，主要也是通过豪斯曼公司运作的，埃德温·霍利负责其中大部分操作。但我当时并未参与这宗交易，也不认识哈里曼先生。

但我记得有一天，我在交易所的交易大厅里看见一个个子矮小、有点罗圈腿的男人，他戴着大大的圆形眼镜，神色紧张。我转身问一位交易员：“那个个子矮小、大量买进联合太平洋铁路公司优先股的男人是谁？”

那位交易员告诉我，那就是爱德华·哈里曼。我不知道那天他为什么会亲自来到交易所的交易大厅，在此之后，我再也没在那里见过他。

既然哈里曼掌握了联合太平洋铁路公司和南太平洋铁路公司的控股权，希尔—摩根势力则需要进军芝加哥，于是，他们收购了伯灵顿铁路公司（Burlington）。哈里曼也看中了这家公司，想要收购三分之一的股权，但摩根断然拒绝了。哈里曼做出了华尔街史上最大胆的回应之一——他秘密在公开市场上买入北太平洋铁路公司1.55亿股普通股和优先股之中的多数股份。

在拒绝哈里曼参股伯灵顿铁路公司之后，摩根在4月初乘船前往欧洲。哈里曼和库恩洛布公司的高级合伙人雅各布·希夫（Jacob H. Schiff）开始买入北太平洋铁路公司的股份。

在买盘的带动下，北太平洋铁路公司的股价上涨了大约25点。但由于整个市场都在普遍上扬，这并未引起特别的关注。具有讽刺意义的是，市场人士普遍认为，这是由于北太平洋铁路公司收购了伯灵顿铁路公司，公众投资者憧憬公司会取得优势地位而买入，才导致了股价上涨。就连一些摩根和北太平洋铁路公司的内部人士也经不起股价上涨的诱惑，卖出了所持的北太平洋铁路公司股份。

4月底，大北方铁路公司的资深总裁詹姆斯·希尔觉得不对劲。希尔先生当时远在西雅图，订了一列特别火车和一条空闲轨道，特意赶回纽约，打破了最短的行车时间纪录。他在5月3日（星期五）到达纽约，如常下榻荷兰酒店（Netherlands Hotel）。当天晚上，希夫先生通知他，哈里曼掌握了北太平洋铁路公司的控股权。

这位头发粗长蓬乱的西部人士拒绝相信这个消息，向来文质彬彬的希夫先生向他保证，这是真的。

但原来希夫先生的话也不全对，哈里曼持有优先股的多数股权，也持有总股本（普通股与优先股之和）的多数股权，但并未持有普通股的多数股权。第二天是星期六，哈里曼打电话给库恩洛布公司，要买入4万股北太平洋铁路公司的普通股，买入后就会掌握普通股的多数股权。当时，希夫先生在犹太教堂，合伙人记下了留言，等着问希夫先生的意见，希夫先生叫他不要当天买入。

但到了星期一，为时已晚。跟希夫谈过后，希尔找上了J. P. 摩根公司（J. P.

Morgan & Company）的罗伯特·培根（Robert Bacon），发电报给远在欧洲的摩根先生。5月5日（星期天），摩根先生回复了，授权在市场上买入15万股北太平洋铁路公司的普通股。希夫忽略了一点：北太平洋铁路公司的董事有权注销优先股，因此，只要掌握了普通股的多数股权，还能保住铁路公司的控股权。

这时，我收到了股权之争的风声，以下就是我得知情报的经过。

· 3 ·

在科恩的公司担任办公室助理时，我养成了一个习惯，要在交易所开市前一两个小时到达市中心，看一下伦敦交易所的报价，寻求获取套利利润的机会。尤其是周末可能会有新消息，影响到星期一的市场行情，所以在星期一，我会特别留意把握套利机会。

就在北太平洋铁路公司股价出现奇怪走势的那个星期一早上，我站在套利交易台前，这里也是收发伦敦电报的地方。我身边站着塔尔博·泰勒（Talbot Taylor），他是一名优秀的经纪人，也是詹姆斯·基恩的女婿，摩根家族要进行复杂的市场操作时，通常会委托他进行交易。

我向泰勒指出，北太平洋铁路公司股份在伦敦的买入价，要比在纽约的买入价低几点。

泰勒睁大褐色的眼眸，全神贯注地看着我，他面无表情。

“伯纳德，”他用铅笔头点着嘴唇，跟我说，“你要买卖北太平洋铁路公司的股份吗？”

“是的，”我回答说，“我在告诉你怎样拿这只股份赚点钱。在伦敦买入，在纽约卖出，获取套利利润。”

泰勒继续用铅笔点着嘴唇，接着又点着额头，过了好久之后才开口：“如果我是你的话，我就不会进行套利交易。”

我没有问他为什么，如果泰勒想让我知道的话，就会告诉我了。我提出说，我之前在伦敦买入了一些股份，如果能帮上忙的话，我可以给他。

“好吧，”他同意说，“你可以在伦敦买入北太平洋铁路公司，但如果我需要这只股份的话，我希望你以我定下的价格和利润卖给我。”

我同意了，泰勒在原地站了一会儿，然后握住我的手臂，把我带到其他人都听不见的地方。

“伯纳德，”他窃窃私语，“我知道你不会妨碍我执行指令。现在各方在争夺这家公司的控股权，基恩先生在代表J. P. 摩根行事。”

“小心，”泰勒最后说，“不要卖空这只股份。我买入的股份必须立即交付，在伦敦买入的股份是不行的。”

当然，有了这条珍贵的情报，埃迪·诺顿在当天稍晚时间的买入在我意料之中。我本来可以告诉其他人发生了什么事，如果我说出去了，或许后来的很多事就不会发生，但那等于辜负了泰勒的信任。一旦消息传出去了，泰勒就会更难为公司执行买入指令。

经纪人经常会暗地里把他们要执行的指令告诉我，他们知道我会保守秘密，不会妨碍他们的操作。为免出现尴尬的局面，我通常会尽量避免听到这样的秘密。有好几次，我被迫放弃原本已经决定好的行动，以免对方觉得我利用了他们给我的机密信息，损害了他们的利益。但这一次，这位经纪人的信任对我来说意义重大。

我沉思着基恩的女婿告诉我的话，从套利交易台前走开。既然摩根和哈里曼都急于买进每一只股份，北太平洋铁路公司股份的供应不足，很可能很快就会出现“轧空”。预计股价下跌而卖空这只股份的交易员无法回补到足够的筹码，将会被迫以极高的价格买入北太平洋铁路公司股份。为了填补亏损的资金，他们不得不抛售其他证券。换言之，一旦北太平洋铁路公司股份出现轧空，就会导致大市崩盘。

于是，我决定卖空市场上其他几只龙头股，以便在这些证券遭到抛售时获利，我决心不去买卖北太平洋铁路公司的股份。事实证明，当证券交易所出现有史以来最疯狂的状况时，旁观才是最好的选择。

第二天，也就是5月7日（星期二），这只股份显然出现了轧空，基本上没有人愿意卖出北太平洋铁路公司的股份。在交易时段，股价触及149美元的高位，收报143美元。但在三点钟的铜锣声敲响后，真正疯狂的争抢才掀开了序幕。

根据当时证券交易所的规则，当天买卖的所有股份都必须在次日交付。如果有人卖空一只股份，常规做法是在必要时从经纪人手中借入股票，并为此支付权利金。如果一个交易员借不到需要的股票，已经从他手上买入这只股份的人就可以到市场上，以任何价位买入这只股份，被轧空的交易员都必须按这个价格支付。

但在北太平洋铁路公司的情况下，市场上根本没有足够的股票，无法满足所有卖空的交易员买入股票平仓的需求。当收市的铜锣声敲响，抓狂的交易员围在北太平洋铁路公司的交易台周围，争相提高出价，竞投奇货可居的北太平洋铁路公司股份。

我翻看了《纽约先驱报》的文章，以此回顾当时的情景。以我的记忆判断，《纽约先驱报》描述当天疯狂争抢的场景，并无夸大其词。

每当有经纪人走进人群里，其他交易员觉得他可能有北太平洋铁路公司的股份，就会冲上前去，挤得他背靠栏杆。

“放开我，好吧？”他嚷道，“我没有那该死的股份，你们以为我装在口袋里了吗？”

接着，赫茨菲尔德—斯特恩公司（Herzfeld & Stern）的阿尔·斯特恩（Al Stern）大步穿过这绝望的人群。他是一位精力旺盛的年轻经纪人，是代表库恩洛布公司过来的，哈里曼买入北太平洋铁路公司的股份，就是委托库恩洛布公司执行的。斯特恩轻快地问道：“谁想借入北太平洋铁路公司的股份？我有一批可以借出。”

先是有人震耳欲聋地大喊了一声，微小的停顿过后，好像看到救命稻草的经纪人朝着斯特恩冲过来。他们拼命挤到他身边，喊出自己的出价，把股票行情收报机也踢倒了。身强力壮的经纪人把瘦弱的经纪人推到一边，无数双手在空中挥舞和颤抖。

斯特恩把便笺本放在椅子上，凑到上面，开始记录交易。他会向一个人嘟囔着说："好的，就是你的了。"接着向另一个人抱怨："天啊，别把你的手指戳到我眼睛上。"

有一位经纪人弯过腰去，抓起斯特恩的帽子，拿帽子不停地敲着他的头，想引起他的注意。

"把我的帽子戴回去！"斯特恩尖声喊道，"不要那么该死的激动，或许就会先轮到你。"

但那群交易员继续推推搡搡，你争我抢，快要爬到其他人的背上，拼命挤到斯特恩跟前。他们就像口干欲裂的人要争抢一口水，最高大、最强壮、嗓门最大的人可以得偿所愿。

很快，斯特恩就借出了最后一只股份，他脸色苍白，衣衫凌乱，好不容易才挤了出去。

第二天，5月8日，市场人士意识到北太平洋铁路公司的股份出现轧空，恐慌情绪蔓延开来。空头知道自己必须在当天收市之前买入股份平仓，疯狂地出价。股份开盘价高开155美元，比前一天的收盘价高出12点，股价很快就上涨到180美元。

当天，希夫先生公布哈里曼掌握了北太平洋铁路公司的控股权，但希尔—摩根势力拒绝投降。他们指望自己的陆军元帅詹姆斯·基恩会做出正确的判断，而詹姆斯·基恩是当时最出色的股市作手。

在这一次和其他任何一次的操作中，基恩都没有在交易大厅出现过，事实上，他不是交易所的成员。在北太平洋铁路公司的股权争夺战中，他始终待在塔尔博·泰勒的公司的办公室里，不与外人接触。要向基恩汇报，埃迪·诺顿必须传话给哈里·孔唐，而哈里·孔唐听完以后，会先在房间里转几个圈，然后走到泰勒面前，把情报告诉他，再由泰勒转告基恩先生。

在交易所的交易大厅里，恐惧已经完全淹没了理性。大家疯狂地抛售股份，股价纷纷暴跌10~20点。有传闻说，其他股份也出现了轧空。

当市场陷入恐慌，想要置身事外殊非易事。但这次我事先做好计划，能够做到旁观者清，保持冷静。当股份出现崩盘，我趁机买入，当天我净赚到的钱超过了之前或之后的任何一天。

我还认为，不会再有其他股份出现轧空了，因为铁路银行家已经受够了，很快就会出手干预，平复市场的恐慌气氛。我认为整个局势取决于两大巨头，他们迟早必须妥协，而我认为用不了多久。

但在那天下午和收市后的晚上，双方的战火似乎正熊熊燃烧，看不出和解的迹象。

从下午三点到四点半，借入股份的交易员乱成一团。当阿尔·斯特恩再出现时，交易员冲上去要续借前一天借入的股份，把他推搡到了一根柱子上。斯特恩站上一张椅子，大声叫交易员保持距离，听他说话。

等汹涌的人群终于安静下来，斯特恩说出了一个晴天霹雳的消息：借入了他股份的人必须归还，他不能续借了。

我要解释的是，这并不是像杰伊·古尔德（Jay Gould）在1872年芝加哥和西北运输公司（Chicago & Northwestern）出现轧空时那样，为了对空头逼仓，让他们付出最大的代价。这是由于哈里曼和摩根的势力在争夺北太平洋铁路公司的控股权上，进入了对决阶段。在拿到实际的股票之前，谁也说不准双方持有多少附有投票权的股份。

那天晚上，华尔道夫酒店的大厅和走廊里挤满了人，但与几天前这座休闲愉悦的殿堂里的人们有着天壤之别，女士们消失不见，男士们顾不上穿上正装。

你留意过在天气晴朗的日子里，在没有危险威胁的情况下，动物会有怎样的表现吗？它们会舔舐自己的皮毛，用喙整理羽毛，昂首阔步唱着歌，务求要把其他家伙比下去。人也是一样，跟动物一样，当恐惧袭来，他们会忘记优雅的姿态，有时甚至顾不上基本的礼节。

只要看到华尔道夫酒店当晚的情景，你就会明白我们其实与动物相差无几。华尔道夫酒店这所华丽的宫殿变成了走投无路的人们的藏身之所，人们漫无目的地在一堆堆人里面溜转，急切地想听到局势是否发生了变化。有些人害怕得滴水不进，有些人害怕得只能借酒消愁。简言之，驱使这群人的行为的，只剩下无理的恐惧、冲动和欲望。

只有最顽强的人才能够强装镇静，我看见阿瑟·豪斯曼和人称“豪赌一百万”的约翰·盖茨在一起，这位直率而又自信的芝加哥人还是那么虚张声势。他否认自己有卖空北太平洋铁路公司的传闻，说自己没有亏掉一分钱，就算有亏损也不会抱怨。

就算前半句不是真的，后半句也是真的。事实上，盖茨巨大的财富岌岌可危，他和其他大户都在问一个问题：当晚双方能达成妥协吗？

· 4 ·

次日早晨，一群神情紧张、脸色苍白、几乎沉默不语的人围住了北太平洋铁路公司的交易台。敌对双方的上将和作战部长闭门谈判，但并未传出妥协的消息，看不到停战的希望。

嗡嗡的议论声淹没了开市的铜锣声。开市一小时内，北太平洋铁路公司的股价飙升到每股400美元；中午之前，飙升到每股700美元；下午两点过后不久，300股的成交价为30万美元现金，折合每股1000美元。

我恰巧知道埃迪·诺顿本人卖空了这只股份，他后来告诉我，他在赌股价不可能维持在这么高的水平，否则会发生极其严重的股灾。

当北太平洋铁路公司股价飙升时，其他股份出现崩盘，卖盘不顾一切地抛售，跌幅高达60点。银行向经纪人发放的活期拆借利率开盘报40%，后来触及60%。对价值的感觉和理性都荡然无存。

埃迪·诺顿站在那里，想到许多朋友马上就要破产，不禁黯然神伤，疯狂的传言在市场人士间流转。我后来听说，有一份发往伦敦的电报称，阿瑟·豪斯曼在我们办公室里猝死了。为了辟谣，他不得不在交易所的交易大厅现身。

各家经纪公司也像交易大厅一样愁云惨淡。H. B. 霍林斯公司（H. B. Hollins & Company）的弗雷德·埃迪（Fred Edey）是我的朋友，他赶到J. P. 摩根的办公室，警告说，如果拿不到贷款，会有20家经纪公司在一夜之间倒闭。埃迪逐个拜见银行家，央求和劝说他们出手救市。在他的游说下，数以百万计的美元流入交易所，避免了灾难的发生。

两点十五分是空头必须归还前一天卖出的股票、以作平仓的截止期限。在这之前几分钟，库恩洛布公司的代表阿尔·斯特恩来到交易大厅。他站到一张椅子上，大声宣布，他的经纪公司不会对前一天买入的北太平洋铁路公司股份实施强制交付。

接下来，埃迪·诺顿也宣布，他的经纪公司也不会对8万只股份实施强制交付。

危机结束了，北太平洋铁路公司的股价急跌到300美元，大市走势平稳下来。

当天傍晚五点钟，聚集在华尔道夫酒店的人们如释重负地从股票行情收报机听到公告，摩根和库恩洛布公司会以每股150美元的价格向空头提供股份。这比大多数空头预期中要慷慨得多，恐慌情绪结束了。

没有人比故作潇洒的盖茨更如释重负，他无法再隐藏自己持仓的真相。当天晚上，他在华尔道夫酒店的男士咖啡厅里，一左一右是他的律师马克斯·帕姆（Max Pam）和阿瑟·豪斯曼，一群人围住他，想挤到他跟前。他神色欢快，但应该是强颜欢笑。

“盖茨先生，你对这阵小风暴有什么看法？”有人问他。

“小风暴？”他反驳道，“如果这算是小风暴，我可不想遇到龙卷风。”

“你破产了吗？”有人鲁莽地问道。

“只是伤筋动骨，”这位久经沙场的老将回答说，“我感觉就像以前在伊利诺伊州养的一条老狗。那只狗挨过很多人的踢打，走路歪歪斜斜的。最后它习惯了有人一脚踢来，不再介意，就学会直着走路了。我不久之前还走路歪歪斜斜的，伤筋动骨，但到了今晚日落时分，我已经重新学会直着走路了。现在我能够笔直地走路，同时眼观四面。”

大约一天以后，盖茨先生乘船远赴欧洲，在外人看来，他已经把整件事抛诸脑后。

尘埃落定以后，究竟谁掌握了北太平洋铁路公司控股权的问题浮出水面。哈里曼是一头雄狮，随时准备好战斗。但摩根和希尔已经受够了，为免再出现剑拔弩张的局面，他们愿意妥协。双方达成协议，哈里曼获得伯灵顿铁路公司和北太平洋铁路公司的董事席位，这已经超出了他原本想要达到的目的。

第十二章

出入华尔道夫酒店的风云人物

·1·

在历史学家笔下，北太平洋铁路公司股份的轧空标志着金融界巨头年代到达顶峰。随后多年里，还有其他所谓的“巨头”争权夺利，但都远远比不上哈里曼与摩根之间这场大战的规模。

这场大战的某个方面尤其值得注意。表现上看来，这似乎是两个大人物之间的冲突，但深究一层，双方想要实现的其实是同一个目标，也就是更有效地整合美国铁路系统，斗争的焦点只是方法的差异。

摩根和哈里曼都是参与美国经济增长的一分子，或许影响了增长的形式，但即使没有他们，经济增长也不会止步。

回想起来，或许这正是我在华尔道夫—阿斯托里亚酒店见证的场景最重要的地方。许多风云人物出入华尔道夫酒店，自诩为主戏的演员，但其实在美国发展史这场大戏中，难道他们不是外表光鲜却匆匆过场的配角吗?

在华尔道夫酒店，有许多人趾高气扬，夸夸其谈，但我怀疑没有多少人会把他们的话当真。例如，经纪人埃迪·沃瑟曼（Eddie Wasserman）人不错，只是有一个缺点——他喜欢夸大自己操盘的规模，而雅各布·菲尔德（Jacob

Field）是华尔街最精明的交易员之一。有一天，沃瑟曼走到雅各布面前，问道：

“雅各布，你猜我今天做了多少交易？”

“你说的得打对折吧。”雅各布马上回答。

雅各布个子矮小，操德国口音，没有受过教育。他有时会把交易详情写错，所以在交易大厅走动时，他的经纪人会寸步不离。

有一次，几位欣赏雅各布的朋友请他用晚餐。他是贵宾，一左一右是两位迷人的女士。她们不知道有什么话题可以跟他聊的，最后，其中一位女士问他是否喜欢巴尔扎克。雅各布像平常不知道该说什么时那样，捋着胡子回答说：“我从来不买卖这些非上市股[①]。”

雅各布不认识这位大名鼎鼎的法国作家，却对华尔街了如指掌。在这次晚宴上，他送给在场的每位女士100份雷丁铁路公司（Reading）的半股。当时，每份半股的价格约为4.5美元。他叫这些女士持有这些股份，不久后每份半股的价格就会上涨到100美元。他说错了，价格上涨到200美元。

出入华尔道夫酒店的人物数之不尽，但我对其中三个人特别感兴趣：钻石大王吉姆·布雷迪、詹姆斯·基恩和约翰·盖茨。人性的谜团在他们身上有不同的体现——在公众形象的外表之下，一个人真正的个性是怎样的？

· 2 ·

现在，每当看到一个衣着奢华的人，我都会想，这人若是站在钻石大王吉姆·布雷迪身边，将会相形见绌。吉姆喜欢使人大吃一惊，成为人们津津乐道的话题。他从来不会用旧纸币，如果他收到起皱或肮脏的纸币，就会到银行换崭新的纸币。每次在大庭广众之下亮相，他总是穿着正装，通常挽着一位美丽的女士。

---

① 女士问他是否“liked Balzac”，“like”在投资中有“看好”的意思。——译者注

吉姆虽然喜欢炫耀，但心地善良，很够朋友，在他身上找不出一丝的恶意。

当时，世人以为吉姆深深地爱上了莉莲·拉塞尔。事实上，他多年来追求的是埃德娜·麦考利（Edna McCauley），而向莉莲·拉塞尔大献殷勤的，其实是铜业巨头莱维森家族的明确继承人、高大英俊的杰西·莱维森（Jesse Lewisohn）。这四人频频一起出入社交场合，似乎是形影不离的朋友。有一天，吉姆过来告诉我："伯纳德，有一个很糟糕的消息，杰西跑去和埃德娜结婚了。"若干年后，莉莲·拉塞尔嫁给了亚历山大·穆尔（Alexander P. Moore），穆尔成为了美国驻西班牙大使。

吉姆是优秀的铁路设备销售员，通过异常的努力积累了大笔财富。一方面，吉姆·布雷迪是稳健保守的商人，另一方面，"钻石大王"吉姆却是百老汇的表演家，两者之间要如何调和，就留待比我更懂心理学的人判断了。

吉姆非常善于言辞，说起话来犹如行云流水，也懂得自嘲。他有一次告诉我："有人想跟我打赌，他能吃下比我更多的火腿。在打赌之前，我先问好他能吃下多少。"

吉姆不喝茶和咖啡，也不沾烟酒，但他一个人能吃下比随便三个人更多的东西。他吃起冰激凌来以夸脱计，吃起橙子来按打计。出外旅行时，他会带上一箱箱的橙子。我见过他在餐前品尝开胃小吃，一口气吃下三四打生蚝。

一磅糖果对吉姆来说，只不过是塞塞牙缝。事实上，他是裴吉一肖糖果公司（Page and Shaw）最大的客户。他们专门为吉姆配了一个什锦糖果盒，里面有10~12个品种，每个品种大约有四分之一磅。

吉姆身高大约六英尺一英寸[①]，肥胖过人，却喜欢跳舞。他和我最小的弟弟赛林是很好的朋友，喜欢一起去参加跳舞比赛，赛林经常获奖。有一次，吉姆在西86街的单身住所举办舞会，我夺得最优雅舞者奖，奖品是一枚尺寸硕大、更像为女士设计的手表，表壳上还镶嵌着珍珠。

---

① 折合约185厘米。——译者注

吉姆大多数时候都是在公开场合宴请，但有一次我跟他说，我和妻子想跟一些朋友一起参观他的珠宝。他说定好时间后，他会为他们准备好晚宴。我们邀请了大约12人，那是我吃过最精致绝伦、服务最周到的一顿宴席。每上一道菜，席上的每位女士都会收到一份新奇的礼物或者珠宝。

在这种场合，吉姆吃得绝不会比客人更多，他会在客人到达之前吃饱喝足，到朋友家赴宴时，他也会吃饱了再去。

那天晚上，吉姆让人从保险库里取出私人珍藏的珠宝，向我们一一展示。珠宝总共有25还是30套，每一套都包括领扣、饰钉、袖扣、背心扣、围巾针、表链和坠饰、眼镜和纸牌盒、吊带扣、腰带扣、戒指、铅笔和可拆卸的拐杖头，这些物件都镶嵌着钻石、翡翠、红宝石、蓝宝石、珍珠、月光石和多种其他珠宝的组合。吉姆解释说，其中有一整套炮铜制品是专门为出席葬礼准备的。

接着，吉姆向我们展示了他的衣橱，整整一个衣架挂满了珠灰色、海军蓝、紫红色和黑色的大礼服和晚宴服，我从未在商店以外的地方见过这么多件西服和这么多双鞋子。衣橱里挂着一排排带“佩斯利”（Paisley）漩涡花纹的围巾。客人套房的洗手间有一个纯银浴缸，更衣室里有一个黄金做的马桶。

吉姆有一匹马，名叫“金蹄子”（Gold Heels），参加了郊区障碍赛（Suburban）还是布鲁克林障碍赛（Brooklyn Handicap）。“没事，”吉姆向朋友们保证，“金蹄子会赢一个街区的。”金蹄子确实是夺冠大热门，赔率为16∶5。那天，在吉姆的包厢里，朋友们簇拥着吉姆，表达钦佩之情，而他容光焕发，不停地说金蹄子会赢一个街区。

结果，这场是我见过最激烈的赛马之一。进入冲刺的赛道，两三匹马齐头并进，吉姆挥舞着手臂，张大了嘴，却发不出声来。杰西·莱维森在金蹄子身上押了重注，站在那里，擦着眉毛上的汗珠。

金蹄子以一个马鼻的领先优势险胜，吉姆的朋友们围上去恭喜他。莱维森还是脸色苍白，抱怨道：“你不是说这匹马会赢一个街区吗？”

吉姆的脸色涨红起来，他指着公布胜者的公告栏，憋了半天之后脱口而出：

“最后赢的是谁来着？”

有些人你千辛万苦地引导他们取得成功，而他们却因过程艰难曲折而抱怨不已，我常常想把同样的回答说给像他这样的人。

· 3 ·

要说谁可以称得上真正的“华尔街巫师”，就非詹姆斯·基恩莫属。在我见过的人中，他市场操作的能力是无人能及的。他受摩根委托操作美国钢铁公司的股份，是做市的杰作。

在这个钢铁托拉斯成立时，必须为价值5亿美元的普通股和5亿美元的优先股做市。绝大多数人都认为，向公众投资者发售10亿美元证券，肯定会导致这只钢铁股或整体股市下跌。但基恩具有混合买入指令和卖出指令的超凡能力，市场反应都在他掌控之下。他对发售股份的推广做得非常成功，摩根公司只需要出资2500万美元，其余的资金都由公众投资者提供。

要补充一句，在美国证券交易委员会（SEC）的监管下，基恩的做市方法现在已经变成违规操作了。

基恩是自学成才的，也是靠自己奋斗成功，不过其实所有人都要靠自己奋斗。他在英格兰出生，在美国西岸长大，曾经做过牛仔、骡夫、矿工、报纸编辑，后来在旧金山矿业交易所（San Francisco Mining Exchange）买下了一个席位，从此在金融界如鱼得水。

他身材中等，总是打扮得一丝不苟，但不会过于讲究。他留着短短的灰色胡须，总是像刚剪过似的，故有“银狐”（Silver Fox）之称。只有在他激动的时候，吐出一连串加利福尼亚州当地的脏话，才会让人察觉到他贫贱的出身。在这时候，配上尖细的嗓音，他的脏话显得特别犀利。

基恩在19世纪70年代来到纽约，当时，杰伊·古尔德的操作到达了鼎盛时期。等我认识基恩时，他已经历经几度发迹、几度败落。每次经历亏损，他都面不改色。有一次，他不得不变卖家中物品，但即使在这时，也不寻求其他人的同情，谢绝任何人的帮助。

在准备金融交易活动过程中，基恩比我认识的任何人都更加谨慎，快速果断地予以执行的能力无人能及。他只要认定自己的想法是正确的，就会保持极度的耐心。但如果他发现自己原本的想法错了，也会马上改弦易辙。

他有一次操作让我对为人处世有了深刻理解。基恩在推广美国线缆公司（U. S. Cordage Company）的股份时，发现这家公司的盈利实际上低于预期，因此估值过高。于是，基恩很快就停止买入，并开始卖出他代表其他作手组成的资金池买入的美国线缆公司股份。我钦佩的不仅是他多么果断地决定卖出股份，更是他先卖出其他交易员的股份，再轮到保护自己。

还有一次，市场对美国制糖公司股份的投机气氛浓厚。交易所收到一份报告说，运载原糖、刚入港的一艘船上，船员患上了黄热病，美国制糖公司的股价开始下跌。但基恩对这只股份有信心，不仅没有抛售，反而下了买入指令，为股价带来支撑。

当时，米德尔顿·伯里尔（读者或许会记得，是他把我介绍给基恩）问基恩，这份黄热病报告会对市场有什么影响。“嗯，”基恩带着英国人拐弯抹角的方式说道，“我不会说这确切来说算是利多的消息。”

基恩通常是站在看多或看好市场行情的一方操作，有些作者以为“第五大道的宅邸不是由空头建成的”这句话是我说的，但其实第一次说这句话的是基恩。

有一次，有人问基恩，既然他已经赚了那么多钱，为什么还要继续在华尔街投机操作呢？他回答说：“一只狗为什么要追第1000只兔子？人生就是投机，投机的精神与生俱来。”

基恩喜欢赌博，他拥有多匹著名的赛马。“福克斯霍尔”（Foxhall）以基恩的独生子命名，赢得了1881年举行的“巴黎赛马大奖赛”（Grand Prix），基恩最心爱的马是赛森比（Sysonby）。

赛森比死了以后，基恩把它的骨架捐给自然历史博物馆（Museum of National History）的名马展厅。有一次在马展上，基恩突然想念起赛森比，于是和几位朋友一起离开了马展，前往博物馆，在那待了好几个小时，不停地追念赛森比创下的佳绩。

有一天，市况欠佳，收市后我见到了基恩，他或许已经喝了一两杯酒，但外表还是整洁清爽，如常地泰然自若。有一次，我跟他说市场行情有多糟糕，他回答说："有时我会身心俱疲，但还是会卷土重来。"

这句话成了华尔街的一句名言，每当有人投资失利，就会重复这句话。我自己在遇到逆境时，也常会想起这句话，像基恩一样，决定要"卷土重来"。

· 4 ·

基恩沉静内敛的性格不仅与钻石大王吉姆·布雷迪截然不同，也与约翰·盖茨迥异。盖茨打扮奢华，操着大嗓门，为人自负，也无疑是我在市场内外见过的最大的赌徒。

他具备一个成功的赌徒一切应有的特质，可谓万中无一。成功的赌徒是极其罕见的，盖茨胆子够大，总是泰然自若。在粗犷的外表下，他冷静大胆，聪慧过人。

盖茨是以做销售起家的，想必是那种奔走各地的典型中西部销售员，穿着花哨的背心，煞有介事地挂着表链，头上斜戴着一顶圆顶高帽。盖茨一直到最后也脱离不了销售的身份，他对自己所售货品的描述说不上百分百准确，但其他大大小小的销售员也是如此。他对美国的未来有着惊人的信心，相信自己国家的发展会超过所有人的期望，他乐观的精神极具感染力。

我喜欢盖茨，也享受我们之间的商务往来和私人情谊，不过很早我就发现，当他搂住你的肩膀说"伯纳德，我来帮你一个忙"的时候，你最好赶紧躲开他。凭盖茨敏锐的直觉，他肯定也知道我采取了审慎的措施，小心防范他致命的乐观精神，但这并没有影响到我们之间的关系。

在华尔道夫酒店，盖茨最喜欢流连的是桃花心木吧台和台球厅，他经常会拿着一杯酒，让人以为他嗜好杯中之物，但这其实是假象。盖茨会尽情吃个痛快，但很少喝酒。

有一次，盖茨重创了一家知名的连锁投机商号。我不敢说他是出于什么目的，是伸张正义，是想赚钱，还是为了寻找刺激。

当年，投机商号只不过是一个赌场，主顾可以押注在纽约证券交易所上买卖股份的升跌，证券所有权并没有易手。有些大型投机商号在主顾在某只证券上发出较大的"指令"之后，会在交易所上操作，故意推高或压低股价，让主顾血本无归。

盖茨连同另外几个人，决定以其人之道还治其人之身，治治这些投机商号。他们在一家超大型投机商号里，对一段时间以来表现平稳的股份发出大笔"指令"，接着在交易所突然拉升股价。他们派人去结清账户和收取赚到的钱时，发现这家投机商号的玻璃门上写着一家新公司的名字。盖茨威胁要提起诉讼，曝光他们的行径，这才迫使这家投机商号的经营者支付了部分损失。

盖茨精力充沛，赌博对他来说是一种放松的消遣。他坐火车在芝加哥和纽约之间往返时，全程都会打扑克牌或惠斯特牌，输赢大笔的钱，抵达时还神清气爽。

我记得在伦敦碰见过盖茨和艾克·埃尔伍德（Ike Ellwood）上校，那天天气炎热，我们三人在英国皇家爱斯科赛马会（Ascot）上碰面，按照皇家看台的着装规定，都戴着高高的帽子，穿着"艾伯特亲王"牌外套。我在看台外，漫步走到庄家台前，看见盖茨站在那里，高高的帽子推到脑后，"艾伯特亲王"牌外套和背心的纽扣都松开了。

"约翰，你对这场赛马有什么特别看好的吗？"我问道。

"没有呢，伯纳德。"他回答道，"我这次只押了一点小钱。"

他所谓的押一点小钱就是7000英镑。

健谈的赌徒通常说多了就会输钱，盖茨不一样，他说多了别人就会输钱——在泥鸽靶射击赛中也是一样。盖茨的泥鸽靶射击能力也不错，但还没强到难逢敌手的地步。但盖茨会押自己赢，然后打败枪法比他更好的人。他会喋喋不休地说话，一再提高押注，让对手心里发颤。完了以后，盖茨会仰头大笑，说自己把射击比赛变成了说话比赛，以此获胜。

“同花顺”（Royal Flush）在1990年问鼎“古德伍德杯”（Goodwood Cup）的惊人故事流传甚广，印象中，我从盖茨口中听来的版本是这样的。

约翰·德雷克（John A. Drake）的父亲赫赫有名，是艾奥瓦州州长，他自己是一名运动员，也是我认识的人中除了盖茨之外最大的赌徒。他把几匹马带到了英格兰，盖茨想找点乐子，就买下了一半权益。

在英格兰，他们聘请了一位驯马师，赢了几场比赛。在赛道上，他们看中了一匹名叫“同花顺”的马。“同花顺”从来没有赢过一场比赛，但他们还是买了下来，交给了驯马师。

不久，盖茨了解到，这匹籍籍无名的马脚程飞快，盖茨请来了著名驯马师约翰·哈金斯（John Huggins）秘密试跑。盖茨讲这个故事时告诉我，哈金斯走路一瘸一拐的，还学着他走路的样子给我看，更会手舞足蹈地重现试跑时的情景——“同花顺”摆着头，跑到了山顶上，而哈金斯挥起了双手喊道：

“天啊，没有马可以跑得这么快！”

但所有人都保守了秘密。“同花顺”参加古德伍德杯时，庄家起初定下的赔率是50∶1。夺冠大热是“阿梅里卡斯”（Americus），马主是坦慕尼协会会长理查德·克罗克（Richard Croker）。

接下来，盖茨和德雷克开始押注，从英格兰到南非，从阿姆斯特丹到澳大利亚，在全球各地给“同花顺”下注。即使如此，体育兄弟会还是收到了风声。没有人能给出合理的理由，解释为什么一匹籍籍无名的马居然会获得这么大的支持，但赔率还是降下来了。

比赛那一天非常激动人心，盖茨告诉我，就在比赛之前，他对一位庄家说，他想在“同花顺”身上“押一点小钱”，赌它能进入前两名，问庄家是否愿意接受4∶5的赔率。每当盖茨提到“押一点小钱”，你就得小心了。庄家说“可以”，于是盖茨说：“我要押5万英镑。”那相当于接近25万美元。

没有人知道盖茨和德雷克在这场比赛中赢了多少钱。世人怀疑“同花顺”赢得古德伍德杯另有内情，对此议论纷纷。如果我没记错的话，官方随后展开了调查，最终裁决这匹马及其马主和相关人士都不得再在英国参赛。

但撇开这些趣闻不谈，约翰·盖茨在构建美国当今产业结构方面，厥功至伟。他对美国的未来发展抱有鼓舞人心的愿景，我相信他是第一位构想创立市值10亿美元以上企业的人。一天晚上，他在华尔道夫酒店打台球时，提出了这个设想，这也很符合他的个性。我要补充的是，这还不是后来市值10亿美元的公司变得不那么稀罕的年代。

有些人觉得盖茨的想法天马行空，异想天开，但没有人比老J. P. 摩根更爱追逐看似遥不可及的愿景，老摩根觉得他的想法切合实际，结果，美国钢铁公司成立了。

艾克·埃尔伍德上校成立了第一家刺钢丝生产商，而盖茨曾经是这家公司的明星销售。不久后，盖茨自立门户，成立了一家刺钢丝生产商，与原东家竞争，迫使埃尔伍德收购了这家公司。随后，盖茨进行了一系列合并交易，把多家公司合并为美国钢铁和线材公司（American Steel & Wire Company），再卖给摩根，并入了美国钢铁公司。

摩根从卡内基钢铁公司（Carnegie Steel Company）请来37岁的查尔斯·M. 施瓦布（Charles M. Schwab），委任他担任新公司总裁。几年后，伊利诺伊州律师兼钢铁行业高管埃尔伯特·加里接任了公司总裁一职，最初是由盖茨把他介绍给摩根的。摩根在加里身上看到了与施瓦布和盖茨有天壤之别的特质，跟摩根也截然不同。在我印象中，埃尔伯特·加里是完全不追求人生乐趣的。

坊间对究竟摩根怎么会成立美国钢铁公司，有过很多议论。在我印象中，其直接原因在于钢铁行业打响价格战的威胁。但究竟是由于弗里克（Frick）、施瓦布、盖茨还是其他人的劝说，摩根才启动了整合的过程，至今仍然是一个不解之谜，每个说法都有其支持者。

无论如何，盖茨自认为有权进入董事会，但摩根并没有给他董事会的席位，两人之间由此结下嫌隙，盖茨在有生之年都没有释怀。在他们至少一场金融大战中，我不由自主地扮演了重要的角色。

第十三章

我今生最大的遗憾

· 1 ·

我的人生基本上没有什么可抱怨的了，但有一点很抱憾的地方，就是我从来没有拥有或运营过一条铁路。

小时候，夏洛特—哥伦比亚—奥古斯塔铁路线的货运火车经过外祖父在温斯伯勒的家中花园时，我会朝着制动员挥手，从那时起，我就萌生了拥有一条铁路线的雄心壮志。

我最接近实现这个梦想是在第一次世界大战之后，我跟詹姆斯·杜克和托马斯·瑞安一番长谈，向他们指出南部经济发展面临着多么重大的机遇，而连接纽约和佛罗里达州的大西洋海岸铁路（Atlantic Coast Line）会大大加速经济的发展。

瑞安对杜克说："不如我们给伯纳德买下这条铁路，让他负责运营吧？"

不久之后，我和妻子到杜克位于78街和第五大道的家中做客。用过晚餐之后，我们打起了桥牌，我跟大西洋海岸铁路公司总裁亨利·沃尔特斯（Henry Walters）坐在同一张桥牌桌前。我们正打着一手牌，不打桥牌的杜克走到沃尔特斯身旁说："我想给伯纳德买下大西洋海岸铁路公司，他就坐在这里，你想卖多少钱？”

“啊？”沃尔特斯吃了一惊，说道，“每股165美元吧。”

“成交。”杜克毫不犹豫地说。

但第二天早晨，沃尔特斯找上了J. P. 摩根，摩根否决了这宗交易。后来我听说，摩根家族觉得我可能把这条铁路的融资转给库恩洛布公司。我是不会这样做的，哪位银行家能给出最具吸引力的条件，融资业务就该交给谁。

奇怪的是，这不是摩根公司第一次阻挠我运营一条铁路的梦想。第一次是在1902年，我想掌握路易斯维尔和纳什维尔铁路公司（Louisville and Nashville Railroad）的控股权。也就是在这次操作中，据说约翰·盖茨通过虚张声势，让摩根为掌握铁路控股权以高价买入股份，以此获利750万美元。其中某些细节至今仍未发表，或许我来补充一下还为时未晚。

1901年夏天，华尔街还在从北太平洋铁路公司轧空风波引起的恐慌中恢复元气，我通过自己的研究，相信路易斯维尔和纳什维尔铁路具备成为一条很好的铁路的所有条件，或许是证券交易所最值得买入的股份。我开始买入这只股份，当时的股价不到100美元，我打算投入手中大部分自由资本——所有人都应该谨记，未经十分审慎的考虑，是不应该这样做的。

我知道单凭自己的资金还不足以取得控股权，于是邀请几位朋友加入，其中一位是埃德温·霍利，我十分敬重他在铁路事务上的丰富经验和卓越能力。他是明尼阿波利斯—圣保罗都会区铁路公司（Minneapolis and St. Paul）和艾奥瓦中央铁路公司（Iowa Central）的总裁，还曾经为爱德华·哈里曼买入亨廷顿（Huntington）对南太平洋铁路公司的持仓。

首先，我向霍利解释说，相比在交易所上市的其他铁路公司，路易斯维尔和纳什维尔铁路公司的估值有多么便宜。接下来，我向他描绘了设想中的扩张前景：与芝加哥和东伊利诺伊州铁路公司（Chicago & Eastern Illinois）合并，进军芝加哥，与大西洋海岸铁路、南太平洋铁路公司或滨岸铁路（Seaboard）合并，把握南部的发展机遇。

我向霍利指出，路易斯维尔和纳什维尔铁路公司的股份主要是由罗斯柴尔德家族在海外持有的，罗斯柴尔德家族在美国的代表是奥古斯特·贝尔蒙特。由于大股东缺席，运营松散，阻碍了这条铁路的发展。一旦由美国人掌握控股权，就可以换上积极进取的新管理层。

霍利是我见过的人中，少数天生长了一张扑克脸的，他脸色苍白，面部宛如浮雕，说话时嘴唇也几乎一动不动。这次，他没有给我直接的答复，我以为自己没有打动他。

雅各布·菲尔德和另外几个朋友加入了。雅各布此前在北太平洋铁路公司股份的轧空中赚了很多钱，这次买入1万股。有一天，雅各布留意到我采取“买平均低法”[①]分批买进，说道：“这个做法太傻了，我总是喜欢在第一批买入后，待股价升到一定价位再买入第二批，等股价再上升一定幅度后买入第三批。”

换言之，雅各布愿意为自己的判断买单，但他的判断必须马上得到印证才行，一般来说，雅各布的理论是合理的。

当我的朋友开始买入，他们的买入活动吸引了其他买家跟风，推高了路易斯维尔和纳什维尔铁路公司的股价。很快，此前听了我建议买入的大多数人都决定获利抛售。我极力劝说雅各布·菲尔德不要卖出，但他还是坚持卖出了。这样一来，我就成为了除了罗斯柴尔德家族之外的最大股东之一。我又开始寻找财务盟友，同时继续买入。

· 2 ·

从1902年1月至2月，路易斯维尔和纳什维尔铁路公司的成交量只是不温不火，然后突然间，这只股份的成交量火爆起来。

有一天，我坐在路易斯维尔和纳什维尔铁路公司的交易台前，开始感受到

① “买平均低法”是指在第一次买入股票后，待股价下降到一定价位再买入第二批，等股价再次下降一定幅度后买入第三批，也称为“向下摊平法”。——译者注

市场人士对这只股份的兴趣增大。我惊讶地看到另一位买家发出指令，我认定这位买家的目标是一大批股份。他每次开始买入，我都会给出更高出价。后来我才知道，原来委托买入的是芝加哥和东伊利诺伊州铁路公司的人。

接着，约翰·盖茨出手了。他大批量买入，先是通过华盛顿经纪人W. B.希布斯（W. B. Hibbs），再是通过他儿子在纽约新成立的哈里斯—盖茨公司（Harris, Gates & Company）操作。盖茨的买入引起了人们的怀疑，让人觉得路易斯维尔和纳什维尔铁路公司股价的上涨只不过是投机操作的结果。

就在这样成交活跃的气氛下，3月份某一天，下午三点刚过，埃德温·霍利来到我的办公室。他还是如常面无表情地说：

"伯纳德，你可以为我买下路易斯维尔和纳什维尔铁路公司的控股权。"

我指出，买下控股权需要一大笔钱，也问他的联系人都有哪些人。他说有乔治·克罗克（George Crocker）、H. E. 亨廷顿（H. E. Huntington）、科利斯·亨廷顿（Collis P. Huntington）太太、亚当斯快递公司（Adams Express Company）总裁L. C. 韦尔（L. C. Weir）、铁路公司律师托马斯·哈姆林·哈伯德（Thomas Hamlin Hubbard）准将和我的合伙人阿瑟·豪斯曼，这些持股人及其持仓连同我的一起，后来都成为了公开披露资料。

原来，我最初跟霍利谈起路易斯维尔和纳什维尔铁路公司的前景，还是留下了比我意想之中更深刻的印象。

在同意为霍利及其联系人行事之前，我向他披露了我自己买入了路易斯维尔和纳什维尔铁路公司多少股份。我提出，可以把我的持仓和我之后为他买入的股份汇集到一起，计算为他的股份和我的股份支付的平均价格。他说，我本来已经从买入的股份中获利了，这样做会令我获利减少，所以对我不公平。但霍利还是叫我持有自己的股份，以备他在获取控股权时需要，我同意了。

当天晚上，我大半夜都是醒着的，规划接下来的交易活动。有了霍利及其联系人的协助，我或许能实现运营一条铁路的梦想。与此同时，我也能看到有了盖茨、霍利和其他人参与其中，事情可能发生意想不到的转折。无论如何，第一步是尽量买入路易斯维尔和纳什维尔铁路公司的股份，越多越好。我决定，首先最好在伦敦买入大批股份的期权。黎明时分，我已经到了办公室，发电报联系伦敦，买入2万股股份的期权，权利金大约为7万美元。

当天上午，霍利来到我的办公室。当时我在交易所的交易大厅，用接线电话向他解释了我的操作，他不喜欢我在伦敦买入的期权。

我可以理解他的迟疑。我们支付了7万美元权利金买入期权，只是让我们有权在90天内买入这只股份，行权价为期权合约订立当天市价加上利息。这意味着，等行权时，股价必须有足够的涨幅，超过了权利金与利息之和，这才划算。例如，如果市价为107美元，股价必须上涨到大约111美元，我们行权才能打平。

我告诉霍利，我认为股价会上涨到130美元左右——后来事实证明，这个判断是正确的。买入期权的一大好处在于，我们可以暗中吃进很多股份，而不会像在市场上直接买入股份那样，快速拉升股价。

我建议霍利拿下全部2万股股份的期权，如果他不想要的话，我自己会拿下其中一半，找另一个人拿下其余1万股。霍利最后拿下了1万股，我想主要是因为他不想表现出对我的判断缺乏信心。我听从了他的建议，拿下了另外1万股。

受到买盘涌入的刺激，路易斯维尔和纳什维尔铁路公司的成交量飙升，4月1日，成交量只有几千股，但到4月4日和5日，日均成交量超过了6万股。接着，在4月7日至4月10日这四天，成交量攀上了巅峰，超过了60万股，差点像北太平洋铁路公司那样出现“轧空”。

北太平洋铁路公司的股份之所以会出现轧空，一大促成因素在于，哈里曼在星期六就发出了买入普通股的指令，但雅各布·希夫错在没有立即执行，结果到星期一为时已晚。奇怪的是，路易斯维尔和纳什维尔铁路公司的股份差点出现轧空，也是由一个人犯下的严重失误引起的，这次是罗斯柴尔德家族代表、路易斯维尔和纳什维尔铁路公司主席奥古斯特·贝尔蒙特。

路易斯维尔和纳什维尔铁路公司刚好有5万股未上市的库存股，看到公司股价上涨，贝尔蒙特觉得可以趁此机会以高价卖出这些股份，为铁路募集额外资金。4月7日，在他的建议下，路易斯维尔和纳什维尔铁路公司董事会授权发行这5万股股份。贝尔蒙特先生似乎没想到，有人想在他鼻子底下收购路易斯维尔和纳什维尔铁路公司的控股权。

我建议在贝尔蒙特的股份发售时尽快买入，霍利同意了，盖茨一伙人也采取了同样的策略。

根据证券交易所的规则，这些新股在30天后才能上市。这意味着贝尔蒙特家族无法交付新股，除非能够借入股票交付，否则在技术上已经出现了“轧空”。

盖茨起初想对贝尔蒙特家族轧空，我不想这样做。我和霍利每天下午碰面，讨论第二天的策略。我告诉他，如果我们把贝尔蒙特家族逼入困境，就会出现轧空，我本人不希望11个月前北太平洋铁路公司股份出现轧空、引发市场恐慌的情景重演，也不会同意为此推波助澜。我和霍利同意以合理的价格向贝尔蒙特家族借出股份，供其交付。盖茨后来宣称，他无意让轧空的局面出现。

在此之前，盖茨阵营和我们的阵营一直站在敌对的立场，我们觉得盖茨在妨碍我们以合理的价格取得铁路公司的控股权。但到这时，局势已经明朗化，我们不得不与盖茨达成谅解。

· 3 ·

我和霍利在华尔道夫酒店的男士咖啡厅里，看见盖茨坐在附近的桌前。我建议霍利过去找盖茨，看一下如果汇集双方资源，我们能否掌握路易斯维尔和纳什维尔铁路公司的控股权。霍利和盖茨谈过以后，发现集合两人的资源，他们差一点就能掌握控股权。于是，双方当场达成了协议，盖茨阵营和我们会共同行事，取得控股权，在此之后，由我们负责铁路公司的运营，这正是我想要的结果。

我们距离掌握控股权还差4万股，于是在第二天早晨，我们委托经纪人科尼·普罗沃斯特（“Corney” Provost）买入这4万股股份。

与此同时，看到路易斯维尔和纳什维尔铁路公司股份差点出现轧空、成交量激增，J. P. 摩根公司感到不安，他们在南部也持有不少铁路公司的权益。摩根先生当时在法国，但摩根公司合伙人乔治·珀金斯（George W. Perkins）找上了盖茨，问我们要价多少，才愿意出让路易斯维尔和纳什维尔铁路公司的控股权。

这些谈判仍在进行，一天清晨，塔尔博·泰勒告诉我，在摩根先生的指示下，珀金斯已经在前一天晚上咨询了詹姆斯·基恩的意见。基恩建议说，即使报价再贵，珀金斯也要拿下这些股份。听到这个消息，我飞快地跑去找霍利。他的办公室在13楼，我记得当时在想，电梯怎么走得这么慢。

我赶到霍利的办公室，他正戴上帽子，穿上外套，准备前往摩根公司，与盖茨一起跟珀金斯先生会晤。我强调，我根本不想卖出股份；但如果霍利和其他人想卖的话，就应该打定主意，要到一个好价钱。

霍利从摩根公司回来时，心情很愉快。霍利到达摩根公司时，盖茨已经达成了协议，霍利只要点头就可以了。摩根公司会以每股130美元的价格买入我们三分之一的持仓，其余的三分之二，我们会给予他们期限六个月的期权，行权价为每股150美元，我拥有一条铁路的梦想也就落空了。

出乎霍利意料的是，我告诉他，我不喜欢这宗交易。确实，考虑到我们前三分之一持仓的平均买入价不到110美元，现在能以每股130美元的价格卖出三分之一持仓，获利颇丰。但如果经济状况恶化，摩根先生放弃行权呢？那也是他的权利，届时，股份就会落到投机者的手上，他们会想卖出。他们可能会抛售这只股份，造成灾难性的后果，但霍利对我的忧虑嗤之以鼻。

“如果你觉得这宗交易不怎么样，”他告诉我，“大可在公开市场上卖出你持有的股份。”

“你是说真的吗？”我惊讶地问道。

“当然是说真的。”霍利回答，“既然你不喜欢我们达成的协议，我们也没有事先征求过你的意见，我愿意让你退出。我希望你能留下1万股，表示你的诚意和对我的认可，我不希望盖茨和其他人纳闷你为什么不想跟他们共同进退。”

我同意了这项安排，我只留下了1万股，卖出了其他股份，不久之后，摩根从我手上买下了余下的三分之一，我只留下了6666股。

· 4 ·

虽然失去了运营这条重要南部铁路的机会，让我大失所望，但我的财务状况非常好。我的公司还参与其中，包括阿瑟·豪斯曼的个人持仓，以及我们为霍利一些联系人持有的大量股份。

我努力向豪斯曼解释，如果摩根先生放弃行权，他和其他人的处境会有多么危险。豪斯曼先生是乐观主义者，不同意与摩根公司达成的协议存在风险。

很快，盖茨的儿子查利（Charley）知道我卖出了对路易斯维尔和纳什维尔铁路公司股份的几乎全部持仓。我没有告诉他为什么要这样做，我只告诉过霍利和阿瑟·豪斯曼，因为我觉得有责任告诉他们俩。但盖茨自己盘算出我这样做的理由，我想这多半不会让他有多么安心。

5月底，就在期权到期日之前，J. P. 摩根公司宣布为路易斯维尔和纳什维尔铁路公司和南方铁路收购莫嫩铁路（Monon Route），也就是芝加哥、印第安纳波利斯和路易斯维尔铁路（Chicago, Indianapolis and Louisville Railroad）。

得知这个消息，我建议霍利致函摩根公司，表示由于在未事先征询我们同意的情况下，摩根公司用路易斯维尔和纳什维尔铁路公司的信贷做质押，收购莫嫩铁路，我们把这一行动视为表面证据通知，通知摩根将执行我们余下三分之二股份的期权。

发出这封信函后，我睡了自买入路易斯维尔和纳什维尔铁路公司股份之后的第一个好觉。我们所有人都非常高兴，莫嫩铁路收购案把摩根的期权变成了买入股份的合约。

1902年8月份下半个月，摩根先生从欧洲返回美国，请霍利过去，霍利和查利·盖茨一起赴会。在此之前，我跟他们聊过，整体金融形势日渐出现了阴霾。

“如果他提出执行期权以外的其他主张，”我说道，“你们应该拒绝。由于莫嫩铁路收购案，你们可以坚持按约定卖出股份。”

果然，摩根先生请求把期权到期日延长六个月。随后，双方举行了几次会议。在一次会议上，摩根先生告诉盖茨，等待一段时间，我们可以以更高的价格卖出持仓。当时，西奥多·罗斯福总统对北方证券公司（Northern Securities Company）提起了著名的诉讼，摩根表示，如果法庭裁定北方证券公司胜诉，他或许会成立一家南方证券公司（Southern Securities Company），届时，南部铁路股的价值将会上涨。

我相信霍利本来是会同意延长期权到期日，或通过某种形式延迟行权的，但盖茨坚守立场。标的股份总共有30.6万股，摩根之前买入了三分之一，他现在以每股150美元的价格买入了余下的20.4万股。接下来六个月里，美国金融形势掀起了一场风暴，谁也说不准如果那么多的路易斯维尔和纳什维尔铁路公司股份在市场上被抛售，会酿成什么后果。

由于我在与摩根先生订立的期权批次中只留下了6666股，我自己在最后一部分操作的获利相对较少。但从头到尾，我在整宗交易中大约净赚了100万美元。这比这场操作中其他任何一个人的获利多半丝毫不差，甚至更多。由于我比其他人买得更早，我所持股份的平均买入价比其他人低了15点。

当时广为流传、后来也经常为人传颂的说法是，盖茨及其联系人在这笔交易中赚了750万美元。世人也把这宗交易称为盖茨典型的成功案例：虚张声势地像要掌握一条铁路的控股权，迫使摩根收购铁路，以免铁路落入信誉欠佳的股东之手。想到人们觉得他打败了摩根，盖茨总是乐不可支，而摩根本人肯定也相信了这个说法，因为他的手下也在散播这个故事。

但盖茨是为了羞辱摩根才参与这场操作的说法，并不属实。事实上，最初买入路易斯维尔和纳什维尔铁路公司股份的是我，盖茨是在时机成熟之后才介入的。我的初衷是想要拥有或运营一条重要的铁路，当这个希望破灭，出现了最初意想不到的斗争，我的目标变成了让我方阵营全身而退。在后来卖给摩根的30.6万股股份中，我们持有三分之一，而盖茨及其联系人持有余下的股份。

在路易斯维尔和纳什维尔铁路公司这场交易结算后，我成为了有钱人，我取得的成功吸引了金融界某些有心人的关注。其中，安东尼·布雷迪向我抛来了橄榄枝，邀请我担任中央信托公司（Central Trust Company）执行委员会成员，让我欣喜不已。

如果我接受了这项邀请，就跟弗雷德里克·奥尔科特（Frederic P. Olcott）、阿德里安·艾斯林（Adrian Iselin）、小詹姆斯·斯皮尔（Jr., James Speyer）、C.N.布利斯（C. N. Bliss）、奥古斯塔斯·朱利亚德（Augustus P. Juilliard）和詹姆斯·华莱士（James N. Wallace）等人搭上了联系。这是很大的诱惑，我是一个跟公司毫无联系的操盘手，能收到这样的邀请，也是十分罕见的。

不久之后，凤凰人寿保险公司（Phoenix Life Insurance Company）也邀请我加入董事会。我两项邀请都拒绝了，我向布雷迪先生解释说，我打算继续在市场上投机，而我相信，身为一家银行或保险公司的董事，是不应该参与投机的。

我没有告诉布雷迪的是，我开始对自己是否还想留在华尔街产生了强烈的怀疑。

第十四章

投机者的转折点

· 1 ·

我永远也不会忘记我走到父亲面前，告诉他我已经成为百万富翁的那一天。他和蔼的脸上露出疑惑的表情，好像不太明白100万美元是怎么回事。我以为他可能会质疑我有没有算错账，提出要把证券拿给他看。

“不用，”他说道，“我相信你。”接着就改变了话题。

或许我早该料到父亲会有这种反应。父亲向来认为，比起道德价值观和对社会的贡献，赚钱是次要的。无论是在南卡罗来纳州，母亲抱怨他宁愿牺牲开诊的时间也要投身于实验性的“农场”，还是在我在普特因湾铁路的投机操作中亏掉了他的积蓄，但他为了表达对我的信心，不惜拿更多的积蓄给我冒险，他始终是抱着这样的态度。

但看到父亲的反应，我不禁反思起多番困扰我的问题。如果一个人不能用100万美元来做出有意义的事情，那么他拿100万美元又有什么用呢?

凡是有价之物，我想要都可以买到，但正是这时候，我意识到有多少东西是金钱买不到的。我忍不住拿自己的职业生涯和父亲相对比——我赚了钱，而他在医药和卫生领域取得了辉煌成就，帮助了别人。

我不禁后悔放弃了学医的初衷，我羡慕已经成为医生的弟弟赫尔曼。

我决定至少要在某个方面和父亲看齐，当时，父亲经过一番努力，在纽约市利文顿街率先开设了公共澡堂，他就水疗法写的两本书翻译成了德语和法语。但父亲还是干着普通医生的辛劳工作，赶着马车上门给人看病，难得有一天能整夜睡个好觉。他和母亲跟朋友聚餐时，经常还没吃完就要赶去给突发的病人治病。他们去戏院看戏，也得给售票员留下他的名字，以防万一。

我从未听过他有一丝怨言，但这些事情显然开始让他身心俱疲。在1900年7月，他60岁生日那天，我叫他放弃执业，我会给他一笔退休金，让他可以专注于医学实验和研究，这样一来，他会享受到从未有过的自由。父亲动心了，也很高兴儿子能够提出这样的建议。在此之前，他对我有钱这件事毫无兴趣。

但父亲还是犹豫不决，有几个病人是他放不下的，他对他们的病情了如指掌，不放心把他们转介给其他医生。他继续为这些病人服务，不分日夜，只要他们有需要就上门诊治。

我希望自己为父亲提供的退休金让他能够腾出时间，推进在水疗法领域的开创性工作。1906年，他成为美国水疗法领域公认的最高权威。从1907年到1913年，他在哥伦比亚大学医学院担任水疗法教授。

在那些年里，许多医生觉得水疗法是旁门左道。直到20世纪40年代末，我才体会到父亲不得不克服的障碍。当时，我向多所大学和医学院捐出巨款，推进康复医学的研究。我还帮助贝尔维尤医院（Bellevue Hospital）在纽约设立康复和复健所（Institute for Physical Medicine and Rehabilitation），为全球各地树立了典范。

在推进康复医学进步的过程中，我发现必须努力消除美国医学会（American Medical Association）某些人的偏见，才能让这门医学得到应有的认可。1957年春天，我很高兴地听到，美国医学会向小亨利·维斯卡迪（Henry Viscardi, Jr.）颁发了“卓越服务奖”（Citation for Distinguished Service），嘉奖他在康复医学领域做出的卓越贡献。维斯卡迪出生时就没有了双腿，但他帮助许多残疾人复建，让他们可以参加工作。他长期坚持的工作正是我父亲发起的，这个工作终于得到医学界的认可。

回想1900年夏天，能够帮助父亲在医学界做出更大贡献，给了我莫大的满足感。但帮助其他人做事并不能真正填补自己内心的空虚，一个人只有通过自己的行动，才能够让人生变得丰富。我还是对纯粹的赚钱感到不满足，我还意识到，向有意义的事业捐钱固然是好事，但只有亲身参与有意义的事业，才能带来更大的满足感。

· 2 ·

纵然内心感到躁动和不满，但我并没有为此采取行动，直到一年多以后，我在华尔道夫酒店参加一场晚宴，才又唤醒了这些念头，这场晚宴是为钻石火柴公司（Diamond Match Company）总裁O. C. 巴伯（“Hi” Barber）举办的。

在用过冷餐自助之后，百家乐的桌子摆好了，约翰·德雷克和房地产运营商洛亚尔·史密斯（Loyal Smith）联合坐庄（在古德伍德杯中，约翰·德雷克曾经与盖茨一起给“同花顺”下注）。我们坐下来，买好筹码。白色筹码是最小的，每个1000美元。

我和盖茨面对面坐着，在几轮2000美元、3000美元和5000美元的下注过后，他开始管我们叫小气鬼，也开始加注。哈里·布莱克（Harry Black）和赫迪·赫德森（“Huddie” Hudson）跟注跟到2.5万美元，赫德森就不肯再跟了。看到盖茨鲁莽的下注行为，我给自己的下注设定了5000美元的上限。至少还有两位客人也跟我一样小心防范，包括后来成为美国驻法国大使的休·华莱士（Hugh Wallace），以及威利斯·麦考密克（Willis McCormick）。

这样一来，坐庄的洛亚尔·史密斯就不高兴了，庄家输赢是他在赔付和收走筹码，“真受不了你们这班小气鬼。”他说，“你们自己动手收付筹码好了。”

下注金额提上去了——每局加到5万、7.5万美元。

是什么让普通的下注变成鲁莽的赌博？其中一个因素是一个人在输了很多钱之后，会想要孤注一掷。我也见过有人在连赢了好几把之后，被一时的运气冲昏了头脑，想着要是加大赌注，那该能多赢多少钱。但这一次，没有人赢了很多，也没有人输了很多。整个晚上的走势都比较奇怪，无论下注多少，大家总体来说都是打平。谁都是输了又赢，赢了又输，没有人连赢很多或连输很多。

或许就是这样不上不下的感觉，让盖茨感到心烦意乱。无论如何，他一下子扔出了两个黄色筹码，每个价值5万美元。庄家接受了下注，其他闲家也加注了，但我坚持自己下注最多不能超过五个1000美元筹码。

这是我有生以来第一次看到一开牌就是10万美元的输赢，有那么一刹那，我在想，那是真钱吗？看到德雷克和史密斯的表情，我知道那是真钱。

盖茨还不满意，他往桌上扔了四个黄色筹码。庄家商量了一会儿，接受了这个包含挑衅意味的下注，没有人跟注。一局20万美元，我们所有人都成了小气鬼。盖茨这样赌了几把，却还是打平。

接着，他拿起筹码，在手中磨蹭了一会儿，短粗的手指灵活地把筹码分成等高的两叠，一叠押他自己的牌，一叠押我的牌，每一叠都有10个黄色筹码那么高——总共有100万美元！

"押一点小钱。"盖茨说道，满怀希望地抬起头，看庄家的表情。有时候，他兴奋时会呼吸加重，但这次我完全没察觉出来，也没听出他的语调有什么变化。

我们其他人也在看着庄家，史密斯抗议说，他不能赌这么多钱。

"来吧，"德雷克怂恿道，"给他点颜色瞧瞧。"

德雷克劝说了一会儿，史密斯同意接受下注。德雷克发牌，他脸色苍白，但双手保持稳定。史密斯站在他身后，面无血色，豆大的汗珠从额头上滴下来。

我查看自己的两张牌，总点数是9点，属于天然赢[①]，于是我很快开牌了。

① 闲家或庄家任何一方总点数是8点或9点的，马上决定胜负，这种情形称为天然赢。——译者注

盖茨在我的牌和他自己的牌上都下了注，先赢了50万美元。

接下来，盖茨在桌子对面开牌，点数不好，博第三张牌，结果输了。盖茨和庄家打平。

德雷克是我见过最大胆的人，就连他也对这个结果表示满意，但盖茨不满意，他下注就是为了赢。

当晚接下来的时间进入了反高潮，庄家宣布不再接受50万美元的下注。我们继续玩了一段时间，下注的金额对我来说正合适。事实上，还是太高了，所以我只是拿白色筹码应酬着下注，一次也不会超过五个。

奇怪的是，输赢各半的情况持续下去。赌得大的人基本上打平，输得最多的人倒是在场所有人中最输不起的，我自己收手时，输了1万美元。

· 3 ·

第二天早上，我如常来到埃德温·霍利在57街和百老汇大道的单身公寓，跟他一起坐车前往市中心。他告诉我，盖茨和德雷克之所以来到纽约，是在与基恩、丹·雷德、霍利和其他几个人组成一个资金池，想要推高股市，我一言不发。

霍利接着解释说，他们打算投资于多只股份，买入30万股。前往市中心的路上，霍利一直在详细介绍这个资金池的建议，也邀请我加入。

我还是不予置评，心里想着，几个投机者组成一个资金池，是市场疲软的迹象。走到豪斯曼公司所在的百老街20号台阶前，霍利问道：

“哎，伯纳德，你想要多少权益？”

“或许25%吧。”我回答道。

霍利扬起眉毛。“我们应该不能让你买入这么多。”他回答。

“我什么也不想买入，埃德温。”我说道，“我想卖出。”

接着我解释说，在他说这番话的同时，我想到了前一晚在华尔道夫酒店的赌局，我为此感到困扰，也从中得到了启发。我从中领会到，当钱来得太容易，就会发生什么事情，这样的钱好像不是真的。

当人们在押注、纸牌和赛马上一掷千金，就意味着他们已经完全丧失了对价值和经济的感觉。我告诉霍利，在这样的人手中，市场是不稳定的，也是不真实的。

我继续说道，股市已经处在高位，说实在的，股价已经太高了。

霍利归根结底是一个理性的人，或许听进了我的话，但当时他还是反驳了我的观点。他留下的最后一句话是，除非我想玩火，否则不要看跌。

我走上台阶，发出卖出指令。我的合伙人阿瑟·豪斯曼向来都是乐观主义者，不同意我的看法。当天下午，华尔道夫酒店一片唱好的人狠狠地反驳了我的观点。但在揶揄的背后，我察觉到他们底气不足，好像是为了掩饰心中的软弱，才故作强势。

我转身跟霍利说："谁要想和他们搅和在一起，那人肯定是傻子。"

"唉，"他承认，"或许你说得有道理。"

起初，资金池的大量买进刺激股市上涨，但股市很快就由升转跌。

"那只是空头作梗。"有些人看似胸有成竹地说，"跌势不会持续的。"

但股市继续下跌，有一天，股市跌幅特别大，我坐在华尔道夫酒店酒吧的桌前，听见一些交易员在自我安慰，也在卖空的雅各布·菲尔德一个人说了我们两个人的话。我从来不会跟人争论市场接下来的走势，而是等待结果来证明。过了不久，詹姆斯·基恩走了过来。

"绅士们，你们对豪斯曼公司这家伟大的公司有何看法？"他操着尖锐的嗓音问道，"一边是咆哮的公牛，而另一边是龇牙咧嘴、伸出利爪的熊！"

把自己的损失说成都是空头作怪，或许可以安抚一下他们受伤的自尊心。但其实导致股市崩盘的当然不是我的卖出，而是当时买盘把股价推升到过高水平，这样的高位在经济学上无论如何都是不合理的。其实，空头的批评和操作避免了股市出现不可持续的进一步上涨，否则，股市终究只会出现更惨烈的崩盘，所以，空头反而是拯救了鲁莽的投机者和公众投资者，让他们免受更惨重的损失。

即使是老练的操盘手也难以明白，操纵只会对市场产生有限而又短暂的影响。归根结底，决定市场走势的永远是真实的经济事实，是价值。只有在多头把股价推高到不合理的过高水平时，空头才会赚到钱。

在美国，乐观主义是我们深厚的文化传统，所以多头永远比空头更受欢迎。可是，当一个人过度乐观时，通常就会鲁莽行事，可造成的危害比悲观主义者更大。

要享受到自由市场带来的好处，就必须既有买家又有卖家，既有多头又有空头。如果一个市场没有空头，就等于一个国家没有新闻自由。没有人提出批评意见，遏制盲目乐观情绪，就必然会酿成灾难性的后果。

· 4 ·

大约在这时候，我也开始对身为经纪人，要为其他人操作投机账户一事感到反感。我在拒绝加入中央信托公司的执行委员会时，向安东尼·布雷迪解释过，我认为投机者不应该成为公司董事。我也开始觉得，投机者应该单枪匹马地操作，而后来发生的事更印证了我这个想法。

道理很简单，市场上没有什么是可以“打包票”的。我不想为其他人听从我的判断而负责，即使是最优秀的投机者，也肯定会有一定比例的操作是错误的，必须为此做好准备。在这种情况下，他必须当机立断，快速、娴熟、悄无声息地撤退。

如果他犯下诱导大批跟随者和他一道同行的错误，那就做不到这点了。如果他承担起这个责任，起码要给予他们和自己同等的逃脱机会。有几次，我面临着这种尴尬的处境，最后只有两个办法，要么为所有人行事，要么马上通知其他人我打算怎样做，但这个责任承担起来实在令人心惊胆战。

我刚才提到，我当时还没有那么强烈地感受到为什么投机者应该单枪匹马地操作，但开始感觉到自己继续为其他人的账户操作，同时又自己投机的做法，有什么不对的地方。

但要停止为其他人操作账户，就等于要退出豪斯曼公司，这一步很难迈出去。

离开了公司之后，我要做些什么？对这个问题，我还很难找到答案。

32岁时，我有了想象中应该需要或想要的钱。事实上，我活了多少年，就有多少个10万美元，而且是持有现金，这笔钱是在5年内赚到的。

自美国独立战争以来，我家里就没有其他富人了，外祖父沃尔夫算是有过钱，但过世时已经变得穷困潦倒。然而，父母家族里的大多数人都过着充实而又满足的生活。我不禁在想，我何不离开华尔街，学习法律，成为辩护律师，为穷人或不幸的人伸张正义呢？

那年夏天，也就是1902年，我决定前往欧洲，好好考虑一下。

我觉得大市估值已经相当高了，于是卖出了大多数持仓，持有现金。在离开前，为了重新分配我的资本。我把一些钱从公司取出来，去国民城市银行存款。走进银行里，我没有自我介绍，就说要找总裁詹姆斯·斯蒂尔曼。当年，银行不像现在这样，副总裁一大把，接待我的是出纳员霍勒斯·基尔伯恩（Horace M. Kilborn）。

基尔伯恩先生问，他有什么可以帮到我的，我回答说，我想开户。他问我是谁。这对我年轻的自尊心是一个打击，由于我在统一铜矿公司和斯蒂尔曼先生拥有权益的其他领域展开活动，我以为银行的人都应该知道我的名字。

我感到有点羞愧，就说是咖啡商赫尔曼·西尔肯介绍我来的，可以看到，对方的态度发生了一点变化。接着，基尔伯恩先生问我打算往账户里存多少钱。我拿出一张100万美元的保付支票，接下来享受到的待遇，是自命不凡的人都会羡慕的。

和我一起乘船前往欧洲的，有我妻子、父亲和亨利·戴维斯（Henry C. Davis）。阿瑟·豪斯曼觉得我们需要一个了解美国霍博肯（Hoboken）以西地区的人，于是招揽戴维斯加入了豪斯曼公司。戴维斯几乎是我认识的人中对美国了解最多的，在豪斯曼公司很好地给我们传授了这方面的知识。我带他前往欧洲，是想投桃报李，让他加深对欧洲的了解，但结果徒劳无功。

戴维斯跟我们一起到了伦敦，就不肯走下去了。用他的话说，他不喜欢“语言不通”的地方。戴维斯不喜欢欧洲，不了解欧洲，也不想了解欧洲。

他曾在铺设北太平洋铁路的工程队担任测量员，他对股市操作知之甚少，也漠不关心。每当他想知道股价会上涨还是下跌，目光就会越过我们这些盯着股票行情收报机的人头顶上，眺望广袤的乡间景色，从中找到答案。我记得和戴维斯一起坐车，经过一大片随风摇曳起伏的谷物种植场。

“只要把土地每年长出来的胡须剃掉，”他说道，“我们所有人就能兴旺发达。”

我、妻子和父亲从伦敦出发，在欧洲悠闲自在地游玩，一直到达君士坦丁堡。接着，父亲前往维也纳、柏林和巴黎参加医学界的活动，他在这些地方的名气越来越大，我和妻子回到了巴黎。

走了这么一趟，我对未来的规划还是渺无头绪。想到要回到学校念书，在一个新的职业从头做起，要费多长时间，我就放弃了为穷人做辩护律师的想法，但我还是不知道自己想做些什么。

在巴黎，我们入住了丽兹酒店（Ritz Hotel）。一天晚上，我在熟睡中被人唤醒，原来最小的弟弟发来了电报，说我的合伙人阿瑟·豪斯曼有倾家荡产的危险，当然，这意味着我们公司也岌岌可危。我大吃一惊，差点跪倒在地上。

我马上安排把个人账户里的一些资金转入公司账户，坐上第一艘蒸汽船回美国。阿瑟·豪斯曼到码头接我，他告诉我，两只铁路股的股价急跌，分别是明尼阿波利斯—圣保罗都会区铁路公司、科罗拉多和南方铁路公司（Colorado & Southern），他和埃德温·霍利都投资了这两只股份。我接管过合伙人的账户，注入足够的资金，以便能够继续持有这些证券，不过他的钱是被套牢了。过了一段时间，这两家铁路公司的经营状况改善，豪斯曼先生持有的证券可以获利解套了，我才把证券交还给他。

能够用自己的信用和资金帮助豪斯曼先生渡过难关，保住辛劳一生积累的财富，给了我莫大的满足感。是他带领我在华尔街起步，在我早年遇到困难的时候，给了我同样多甚至更多的帮助。

我翻来覆去地想，接下来的职业生涯要怎么走，终于做出了一项重要的决定——逐渐退出豪斯曼公司。由于我个人很喜欢豪斯曼兄弟，这是一项艰难的决定；但下定决心以后，我感觉好多了。一人不能同时伺两主，我现在可以实现和维持绝对的财务独立了。

我把自己的想法告诉了托马斯·瑞安，他说我这样做是对的。后来，他有好几次想拉我入伙，但我重复了他之前给我的建议，告诉他我想独立操作。

1903年8月，我彻底退出了豪斯曼公司。我搬到百老汇大道111号的办公室，一直到我不再是纽约证券交易所成员为止，都在这里办公。我33岁了，但能够搬进自己的办公室，还是无比兴奋，就像我在几个垒上都有人时击出了全垒打；就像菲茨西蒙斯告诉我，我具备冠军的素质；就像我找到第一份工作，卖出第一只债券，第一次从自己的债券上剪下息票——票息为5%的佐治亚太平洋铁路公司第一按揭统一债券（Georgia Pacific First Mortgage 5% Consolidated Bond）。

我新办公室开业那一天，母亲给我发了一份贺电，我用相框保存起来挂在墙上。她也送给我一只绿色皮毛、红色斑点的陶瓷猫，至今仍然放在我的办公桌上。父亲送给我一张他自己的照片，上面写着："愿坚定不移的诚信品格成为你的终生格言。"

我为自己订立的第一条规矩是"不为其他人操作账户"，除了少数几次破例之外，我都坚持遵守这条规矩。有一次破例是为了罗得岛州参议员尼尔森·阿尔德里奇（Nelson Aldrich），我是在一家橡胶勘探和开发公司和他结成生意伙伴的。有一天，我们在橡胶公司开完会，参议员阿尔德里奇问我，投资什么可以赚点钱。我告诉他，由于美国有望迎来商业复兴，预计钢铁公司会接到大笔订单，所以我觉得美国钢铁公司的估值低廉。他叫我为他买入一些股份，但我说不会为其他人操作账户。

参议员阿尔德里奇与我父亲年纪相仿，曾经在北方联邦军队服兵役，他露出容忍的表情，看着我说道：

“孩子，你给我买入这只钢铁股，登记在我名下，我会告诉第一个有权知道的人，我要买入这只钢铁股，给你下了指令。”

我买入了这只股份，交付给他。不久后，他把这件事告诉了跟美国钢铁公司有联系的一些朋友。他们说，恐怕他是买错了。参议员回答说，他是听了年轻朋友巴鲁克的建议。

“噢。”美国钢铁公司的人说。据说，他们接下来就不说话了。

我对参议员阿尔德里奇的某些政治观点不敢苟同，但在他有生之年，我们都是很好的朋友。我很高兴地注意到，我为他买入的股份成为了他留下的遗产。

但除了有几次给朋友帮个忙之外，我不会为任何人操作账户。我成立自己的公司，就是为了能够单枪匹马地投机，即使判断失误，也不会给其他人造成损失。

费了很大功夫，我可以更自由地投机，奇怪的是，我的投机操作比起以前不增反减。1903年秋季过后，我越来越少关注市场的起起伏伏，而是把注意力转向新的领域，越来越多的时间投入到建设性的企业和投资项目。

第十五章

我的橄榄枝：古根海姆家族

· 1 ·

1889年，母亲不让我前往墨西哥，为古根海姆家族学习矿石采购业务，无疑改变了我的人生轨迹。16年后，古根海姆家族又向我抛来了橄榄枝。在这16年间，古根海姆家族从在科罗拉多州两个矿场拥有一半权益的矿主，发展成为采矿业最举足轻重的势力。

在这16年间，我自己也脱胎换骨，不再是那个高高瘦瘦、笨拙窘迫，向丹尼尔·古根海姆谋求第一份工作的年轻人。我对金融市场的判断经常与当时的大市走势相反，也屡屡经受住了考验，更有多家公司邀请我担任董事，证明我谈判和市场操作的能力赢得了越来越多业内人士的尊重。

我还积累了自己的资本。在1893年恐慌爆发后，我感觉到若是低价买入证券，等待股价出现必然的反弹，再获利抛售，就可以赚到钱。但当时我根本没有钱去做投资，就算发现了机会也无从把握。

当1903年恐慌爆发时，我的情况截然不同。在1902年，我感觉到市场估值过高，卖出了大部分持仓，所以当市场下跌时，我可以用持有的现金买入证券，等待美国未来的增长。事实上，我不仅能够扩大自己的经济权益，还能够主动成立新的企业。

或许在1893年恐慌过后，金融界最大的成就就是整合了美国的铁路。1903年恐慌过后的那些年里，美国各行各业快速增长，需要的原材料极大地增多。在第一次世界大战前的10年间，我投资于多家勘探多种材料新供应来源的公司，包括铜、橡胶、铁矿石、黄金和硫。我天性安定不下来，一旦一家公司发展到派息阶段，我通常就会卖掉股权，寻找新的项目。我尤其喜欢这些企业的一点在于，它们是通过辛勤努力从地球获取新的资源，供人类使用。简言之，这些企业创造了真正的财富，不是靠钱滚钱，而是通过提供真正有用的东西来赚钱。

我从这些投资中学到的知识，也在第一次世界大战爆发后，伍德罗·威尔逊总统委任我在美国国防委员会顾问委员会任职时，派上了很大用场。我的第一个任务是负责确保备战计划有充足的原材料供应，因此又成为了战时工业委员会主席。

我第一次进入原材料行业，是以古根海姆家族代理的身份。他们家族很了不起，老迈耶尔·古根海姆（Meyer Guggenheim）是一家之主，也是我父亲的病人。我从未跟他说过话，但时不时能看到他，记得他总是抽着雪茄，烟灰掉到外套上也浑不在意。

从他儿子爱讲的一个故事，可以看出老迈耶尔的为人。有人拿着一个号称能赚钱的项目，找上了迈耶尔·古根海姆，鼓吹着："看到了吧，古根海姆先生，这个项目会给你带来多少财富，多大权力！"

老人捋着连鬓胡子，回答道："那又如何？"

古根海姆家族的人都是这样的，他们相信做项目不只是要赚钱，还要有更大的意义。他们也热心于慈善事业，把大笔家族财富投入到支持艺术、音乐、航天事业发展和成立奖学金。

老迈耶尔50多岁时，才对采矿业产生兴趣。家里主要是靠生产蕾丝和刺绣起家的，但迈耶尔觉得这一行前景黯淡。在一个店主和客户的鼓励下，迈耶尔·古根海姆买下了科罗拉多州莱德维尔（Leadville）一个铅和银矿的一半权益，名为A. Y. 和明妮矿场（A.Y. and Minnie）。

1881年，他决定去视察一下这个矿场，发现里面被水淹没了。老迈耶尔出资购置设备，排空了积水，结果矿场带来了滚滚财源。

迈耶尔·古根海姆着手了解采矿业，命令七个儿子也一起研究，家族的凝聚力是一股强大的力量。黄金、银、铅、铜和锌的开采和冶炼是紧密相关的，在同一个矿中，经常会发现这些金属和其他金属混在一起。事实上，如果一个矿包含了不同金属的适当组合，会比较容易冶炼。古根海姆家族的每个人都学习采矿业的不同方面，整个家族就像训练有素的军队一样，听令于总司令老迈耶尔。

例如，他第六个儿子西蒙（Simon）在欧洲度过了两年，学习西班牙语和法语，以便能够更好地为家族在墨西哥的权益服务。接着，他收拾行李前往科罗拉多州，在普韦布洛（Pueblo）的一家精炼厂担任计时员。

丹尼尔很快展示出比父亲更强的能力，成为家族的领袖人物。在20世纪30年代过世之前，他一直称霸采矿业，许多故事广为传颂。我想，其中一个故事能展示出他真正的品格，第一次世界大战期间，他向其他实业家树立了爱国主义的榜样。

当时，美国还没有参战，但开始加强国防部署，军队立即需要大概4500万磅铜。身为美国国防委员会原材料专员，我必须确保有充足的铜供应。我面临的一个问题是，要决定政府支付怎样的价格才算合理。

我找上了小尤金·迈耶（Eugene Meyer, Jr.），他对铜业务了如指掌，也十分诚实守信，乐意为公共服务效力。迈耶建议说，拿战前10年间的平均价格作为政府采购价，计算得出每磅16.66美分。当时，铜价为每磅36美分。

采矿业愿意给出这么大的折扣吗？当年，丹尼尔·古根海姆住在瑞吉酒店（St. Regis Hotel），每个星期天下午五点钟接见客人，只要是想上门拜访的朋友，都可以在那个时间去，他肯定在家。于是，我和迈耶来到瑞吉酒店，求见丹尼尔先生，说想跟他私下说话。

我告诉丹尼尔先生，通过为备战计划采购材料，我们想树立一个榜样，激励全国民众。美国参战的可能性越来越大，许多美国家庭可能很快就要送儿子上战场。我们不应该让这些家庭觉得打仗是为了让富人或大公司赚大钱，我希望政府采购铜的价格可以打一个很大的折扣，让大家看到产业界已经准备好扛起一份重担。

丹尼尔先生静静地听我和迈耶尔说完，说道："我必须跟几兄弟商量一下，再找其他铜生产商谈一下。"我们问要多久才能等到他的回复，他说道："明天你们到市中心上班时，顺路过来接我。"

第二天，我们过去接他，丹尼尔先生一上车就说："你要的铜，我可以给你。"

我讲这个故事，是为了说明古根海姆家族的品格，我相信，正是因为具备这样的品格，他们才在采矿业取得了成功。

入行大约一年后，他们了解到采矿与冶炼相结合，才是最赚钱的，于是，在科罗拉多州普韦布洛投资125万美元，建了一家精炼厂，在这个精炼厂冶炼的许多矿石是从墨西哥进口的。当国会通过了禁止进口墨西哥矿石的禁令，古根海姆家族便在墨西哥建立了一家冶炼厂。

19世纪90年代，银和铅业务面临困境，在1899年，18家公司并入了美国熔炼公司（American Smelting and Refining Company），亨利·罗杰斯（H. H. Rogers）、洛克菲勒家族和莱维森家族是公司大股东，或许还掌握了控股权。古根海姆家族收到加入这个"托拉斯"的邀请，但表示除非他们能掌握控股权，否则拒不参股，其他人不肯把控股权拱手相让。

之后，古根海姆家族和这个托拉斯在经济领域殊死交锋，古根海姆家族赢得了几乎每一次交手的胜利。1901年，托拉斯向古根海姆家族投降，接受了对方提出的条件。丹尼尔成为美国熔炼公司执行委员会主席，他有四个兄弟成为董事，家族成员掌握了控股权。

· 2 ·

在这次整合过后的一段时间，我对美国熔炼公司的股份产生了兴趣。在所罗门·古根海姆（Solomon Guggenheim）的协助下，我研究了这家公司。我开始买入这只股份，也把它推荐给朋友做投资。结果是大量买盘涌入，在18个月内，美国熔炼公司的普通股从每股约36美元上涨到每股约80美元，这一波涨势还是在1905年开始的大量投机操作推动股市全线上涨之前。

但古根海姆家族与洛克菲勒家族之间的竞争还没有完全沉寂下来。1904年，洛克菲勒家族收购了联邦采矿和冶炼公司（Federal Mining & Smelting）和加利福尼亚州铅业公司（Lead Company of California）。美国西岸有另外两家大型冶炼公司，分别是华盛顿州塔科马冶炼和精炼公司（Tacoma）和加利福尼亚州塞尔比冶炼和铅业公司（Selby Smelting & Lead）。一旦标准石油公司收购其中一家公司，就会在美国西岸和当时新开辟的阿拉斯加成为古根海姆家族强劲的竞争对手。当时，人们把阿拉斯加的远大前景想象得很美——就连迄今为止的发展都还没达到当年的憧憬。

古根海姆家族几度尝试收购塞尔比公司和塔科马公司，都没有成功。我向丹尼尔·古根海姆提议，我来努力促成这宗交易。

我的朋友亨利·戴维斯跟威廉·拉斯特（William R. Rust）很熟，拉斯特是塔科马冶炼公司的总裁兼首席运营官。戴维斯告诉我，拉斯特本人对古根海姆家族并没有偏见。如果我向他摊牌，戴维斯觉得拉斯特会愿意帮助我的。

这是一宗好消息，但我首先要争取的人就在纽约，离我办公室步行不到5分钟。他就是富甲一方的达柳斯·奥顿·米尔斯（Darius Ogden Mills），曾经参加过1849年加利福尼亚淘金潮，80岁高龄还积极掌管广泛的商业事务。他营商效率很高，例如，他建起米尔斯酒店（Mills Hotels）帮助有需要的人，每晚房价不过20美分，餐费15美分。由于运营得当，竟然还小有利润。

达柳斯·米尔斯是塔科马公司的最大股东，也是塞尔比公司的重要股东。

我到他在百老汇大街米尔斯大楼（Mills Building）的办公室拜访他，他带着老派人的庄重和客气接见了我。他留着连鬓胡子，但上唇和下巴都剃得干净。看到他的外表和举止，我就想起了在南卡罗来纳州的外祖父、种植园主赛林·沃尔夫。

我们先是聊了很长时间，米尔斯先生追忆起在淘金潮中，他经常在马车底下睡觉的日子。转入正题，我说想要他对塞尔比公司和塔科马公司所持股份的期权。他拒绝给我期权，叫我尽管去谈判，与此同时，他不会跟洛克菲勒家族做交易。

1905年1月初，我和亨利·戴维斯乘火车前往美国西岸。陪同我们的有威廉·裴吉办公室的律师A. C. 贾普林（A. C. Joppling），读者可能还记得，我第一次承担起这类任务，也就是为瑞安收购利吉特和梅尔烟草公司，就是和裴吉一起的。我们到了位于华盛顿州埃弗里特（Everett）的塔科马公司，与拉斯特会面。我提出以每股800美元的价格收购塔科马公司的普通股，报价非常吸引，几天内，我们就签署了一份为期45天的期权。一旦行权，对方就要交付90%的普通股，与金矿签订的四份现有合约（其中三个金矿位于阿拉斯加），塔科马公司全体董事也要辞任。

接着，我们前往旧金山，开始游说塞尔比公司的人。这个任务难度更大，塞尔比公司的股东比较分散，其中有些人不想放弃在这家公司的话语权。此外，开始有消息传出说，我可能不是在为自己行事。旧金山的报纸报道说，我跟古根海姆家族有联属关系。当然，从传闻可以得出的推论大致是真的，但让我们的谈判变得更加艰难。

与此同时，洛克菲勒家族收到了风声。有一天，我收到从纽约发来的一份电报，催促我尽快与塞尔比公司签订期权协议，这本来就是我一直努力在做的事！

在收购塔科马冶炼公司的过程中，我觉得比利·拉斯特（Billy Rust）能力出众，于是请他帮忙说服塞尔比公司的人，达柳斯·米尔斯也答应我发挥他强大的影响力。我让了几个点，终于搞定了所有事情，只剩下签署协议的手续。3月份第一周，我坐上了前往纽约的火车，贾普林留下来帮我办妥收尾工作。

我回到纽约几天后，塞尔比公司的期权协议正式签署。接下来，我正要行使对塔科马公司的期权，旧金山矿业工程师弗雷德·布拉德利（Fred Bradley）却吵闹起来，威胁要搅浑谈判。接下来三星期，布拉德利及其联系人不停地往纽约发电报，让我坐立不安，但多亏了威廉·拉斯特和亨利·戴维斯帮忙，终于争取到他的支持。

通过这些期权，古根海姆家族在美国西岸和阿拉斯加下的这盘棋中给了洛克菲勒家族一个“将军”。我们事先约定，如果我能够成功促成交易，就能够获得丰厚回报。起初，丹尼尔·古根海姆计划合并美国西岸的两家冶炼公司，成立一家新公司，给我一定比例的股份做报酬。但丹尼尔改变了主意，把塞尔比公司和塔科马公司并入了美国熔炼公司。

由于有了这项新安排，我的费用结算方式就要改变。丹尼尔叫我跟萨缪尔·恩特迈（Samuel Untermeyer）讨论这件事，他是当时最精明的律师之一，我相信这是我第一次跟他展开商务会谈。恩特迈先生想要为当事人争取到最好的条款，而我的反应就像被惹毛了的猫。

如果按原计划成立了新公司，我会赚到大约100万美元。我告诉恩特迈先生，这就是我要求得到的报酬，没有讨价还价的余地。恩特迈先生问，我是不是想“打劫”美国熔炼公司。

我弯过腰去，看着桌子对面的恩特迈，回答道：“不是的，恩特迈先生，我还真没想到这个，多亏你提醒了我。”

接着我向他道别，离开了会议室。

问题转到丹尼尔·古根海姆那里，他如常干脆地解决了这个问题，“如果伯纳德说他应该得到100万美元，就给他100万美元好了。”

我拿到支票，支付了大约10万美元的法律和杂项支出，接着开出了两张各30万美元的支票，一张给亨利·戴维斯，一张给威廉·拉斯特。

拿到支票的那一刻，戴维斯和拉斯特是全美国最吃惊的人。他们都说自己不能接受，我说这是他们应得的，必须接受。确实如此。如果没有他们的帮助，我不可能完成这宗交易。

· 3 ·

我之所以匆匆忙忙地从加利福尼亚州赶回纽约，一个原因是美国熔炼公司的股价持续上涨。从1月初到3月初，我不在纽约的两个月期间，股价从80多美元上涨到100美元以上。我在终结塞尔比公司和塔科马公司的期权时，美国熔炼公司的普通股股价突破了120美元，我觉得这个升幅是不正常的。我此前曾把这只股份推荐给朋友，如果涨势持续下去，我担忧其中许多人会蒙受损失。于是，我找上了古根海姆家族，说出了自己的忧虑，也告诉他们，我必须建议朋友卖出。

听到我这么说，古根海姆家族自然不是很高兴。他们不同意我认为美国熔炼公司股价过高的看法。他们的反应再度证明了“内部人士”是很难对自己的公司做出客观判断的，即使极其成功的商人也可能对股市知之甚少。世上没有人比古根海姆家族对采矿业的了解更深，但他们对股市的了解却比不上我。

伟大的实业家很少会掌握股市的技巧，爱德华·哈里曼是一大例外。但大北方铁路公司总裁詹姆斯·希尔面对市场操作，却与孩童无异。我知道，很少人能精通多个领域，所以不相信所谓全才的人。

告诉古根海姆家族之后，我就卖出了股份，我有些朋友也卖出了所持的美国熔炼公司普通股。有些朋友没有理会我的建议，尤其是跟古根海姆家族相熟的人。

1905年和1906年的牛市持续上涨，我私下的警告没有影响到行情。美国熔炼公司普通股的股价曾一度短暂下跌，但随后又攀升，起初升势较为缓慢，但后来加速上涨。1905年8月，股价升穿130美元；11月初，股价突破140美元，还不到月底，股价就达到了$157^1/_2$美元。

这绝对是不正常的。

古根海姆家族对我看空其股份的态度感到不满，但看到我悲观的预测似乎落空了，也感到自得。所罗门·古根海姆出于对我的信任，向我透露，他想要收购国家铅业公司（National Lead Company），完成美国熔炼公司在铅业称霸的伟业。

国家铅业公司是实力最强劲的独立生产商，但资本较小，我印象中只有15万股。正常情况下，这只股份的成交量很小，但由于公司发布了良好的业绩声明，加上股市全线上扬，国家铅业公司的股价在1905年10月份和11月初持续上涨。

话说回来，我告诉所罗门·古根海姆，要收购国家铅业公司，最好的办法是在公开市场上买入大多数股份。他委托我帮他买入，我叫他不要告诉任何朋友，包括公司成员，知道的人也越少越好。

第二天早上，我指示王牌经纪人哈里·孔唐在市场上买入国家铅业公司的控股权。我叫他先快速拉升股价，令其他买家却步。我觉得，我们等得越久，能买到足够股份、掌握控股权的概率就越小。

交易所在10点钟开市时，我坐在办公室里，看着股票行情收报机，手边放着的电话可以直接连线证券交易所的交易大厅。国家铅业公司的开盘价大约是57美元。随着孔唐买入，股价上升了大约3点。接着孔唐告诉我，有其他买家持续竞相买入。

我马上叫他停止买入。不久后，孔唐告诉我，不知道是谁在买入，买家都害怕起来，停止买入，接下来，之前竞相买入的买家开始卖出。于是，我叫孔唐再次快速拉升股价，让其他买家不敢跟进。我知道这会引发抛售，吓退其他买家。

收市的铜锣声在三点钟敲响时，古根海姆家族掌握了控股权，这么多股份都是在一个交易日之内买入的。孔唐的操作极为巧妙，收盘价只有64美元多一丁点，比起开盘价上涨了不到8点。

试问还有哪个经纪人能做到这一点吗？

收购国家铅业公司之后，美国熔炼公司的股价创下新高。1906年1月，股价触及174美元，接近公司管理层的人们欢呼雀跃地谈论着股价声称会上涨达到200美元。

接下来，股市全线下跌。美国熔炼公司的普通股下跌到每股161美元，出现反弹后又再急跌。古根海姆家族的经纪人努力止住跌势，但徒劳无功。

当自己身上发生了不幸的事情，所有人都倾向于责怪别人，觉得是别人的错，这样就可以保护自己的自尊心，是人性深处的本能。有人传说，美国熔炼公司普通股的急跌不是由于股价过高，而是由于伯纳德·巴鲁克的“做空”操作。股价上涨到120美元时，我曾经提醒过一些人，之后也多次警告过他们，但正好是其中某些人被失望蒙蔽了眼睛，以讹传讹。

这完全是无稽之谈。卖空跟我有过紧密关系的股份完全违背了我为人处世的原则，我从来没有违背过这一原则。古根海姆家族给了我宝贵的机会，是我的贵人，我绝不会“大量抛空”他们名下公司的股份。

难听的传闻传到了古根海姆家族耳中，他们家几兄弟开始避开我。我感到非常难受，但还是决定，除非有古根海姆家族的人这样说，否则我不会去反驳这些指控。我静静等待，最后，我听说所罗门·古根海姆说我卖空了他们的股份。

我去见他，好不容易按捺住平静，概述了美国熔炼公司普通股股价升跌的整个经过，指出他对我的指控是毫无依据的。我离开时，他还在生气，但我想更多是因为他忽视了我的建议，而不是相信我“大量抛空”了他的股份。

这次痛苦的会面后，第二天，一个与古根海姆家族有亲戚关系的经纪人告诉所罗门，他和其他人弄错了，我并没有卖空。所罗门·古根海姆立即找到我，向我道歉。

这场小风暴还没有结束，华尔街开始流传一个残酷的传闻，质疑古根海姆家族的财务稳定性。在这种时候出现这种传闻，除了让人心里饱受折磨，还对公司造成了很大影响。一天下午，我找上了古根海姆家族在百老汇大道71号的办公室，在场有他们家三四个兄弟。我问他们是否愿意接受50万美元的存款，证明我对他们的公司充满信心。丹尼尔先生含着热泪，代表他自己和家人感谢我。我问还有什么可以帮忙的，他说道："没有什么了，只要向大家保证公司经营正常就行了。"

我要做到这点，最好的方法是买入美国熔炼公司的股份，于是我买入了。

还有另一件事加深了我和古根海姆家族的关系。古根海姆探勘公司（Guggenheim Exploration Company）拥有犹他铜业公司（Utah Copper Company）的大量股份，想要卖出。有人建议说，古根海姆探勘公司可以向古根海姆家族拥有权益的一个辛迪加财团出售股份，从中获利。丹尼尔·古根海姆把情况告诉我，然后说道："你知道，我们把你当成了兄弟。"

"既然你把我当成兄弟，"我回答道，"我就像兄弟一样直说了。"

接着我告诉他，古根海姆家族掌握另一家公司的控股权，却把这家公司拥有的股份卖给自己，这是严重的错误。在外人看来，古根海姆家族就像占了古根海姆探勘公司其他股东的便宜。丹尼尔先生抬起手来，"你不用再说了，"他说道，"你说得对。"

他深受触动，跟我握手，感谢我提醒他避免了这个严重的错误，后来，他几次提到了这件事。

第十六章

为建立橡胶王国而寻找橡胶

· 1 ·

我拥有的第一辆汽车是“潘哈德”（Panhard），我不记得马力是8匹还是12匹了，曾在从巴黎到波尔多的赛车中夺得亚军。1901年，我听了A. C. 博斯特维克（A. C. Bostwick）的建议，买下了这辆车，博斯特维克是标准石油公司巨额财富的继承人。

这辆潘哈德当年堪称神速，我买下这辆车时，感到很自豪，学会自己开车之后就更自得了。买车时，我还请了一位司机，名为海因里希·希根柏（Heinrich Hilgenbach）。海因里希车技了得，不醉酒时是个不错的好人，但他却会在酒后开车，让这项本来就令人心跳加速的运动变得过于刺激。

潘哈德的点火系统由热管组成，发动时就像大炮轰鸣，有些人简直不敢上车。我们夏天在新泽西州北部海滨度假，那里所有人远远就能听到潘哈德驶来的声音，会从马车上跳下来，牵住马笼头。

至少有一个邻居觉得我的潘哈德“滋扰公众”，那就是小尤金·迈耶的父亲，但我是多年后才知道这件事的。

拥有了这辆潘哈德，我也算得上名人了，《纽约先驱报》甚至刊登了一张我坐在方向盘后的照片。在纽约报纸编辑的心目中，这是我第一次有资格获得这么大篇幅的报道。

我拥有的第二辆汽车是黄色“梅赛德斯”（Mercedes），马力40匹，售价2.2万美元。W. K. 范德堡（W. K. Vanderbilt）也有一辆一模一样的，或者更准确地说，是我的车跟他一样，因为他是这款车在美国的第一位买家。

梅赛德斯也配备了热管系统，我第一天驾车出门，只走到格兰特将军国家纪念堂（Grant's Tomb），车就歇火了。后来，我在朗布兰奇度假村，驾着这辆车参加跟博斯特维克比拼的表演赛，他驾驶的是一辆美国车，一分钟能走一英里多一点。大家都觉得这个速度很快，我的也毫不逊色。

在汽车发展的早期，一条交通规则规定，如果有人坐在马车上举起手，汽车司机必须停下来，等待马车主人下车，牵住自己的马。纽约市限速每小时10英里，中央公园禁止汽车行驶，因此，我大多是在新泽西州开车。当年，欧洲的公路比美国的好得多，我为了开个过瘾，在夏天不惜把车运到海外。

早期的汽车价格昂贵，性能却是很不靠谱的玩物。如果一个轮胎能走上几百英里也不爆胎，就算质量过硬的了。

我不敢说自己是那些高瞻远瞩、能预见汽车未来惊人发展的人，但我觉得汽车“风潮”日益普及，对橡胶行业是一大利好。

我在1903年恐慌期间买入了一些工业股，包括橡胶制品制造公司（Rubber Goods Manufacturing Company）的股份，当年，这是美国少数大型橡胶制品生产商之一。持有了这些股份之后，我认真研究了橡胶消费，从而萌生了一个愿景，想要成立一家规模庞大的联合集团，像洛克菲勒家族称霸石油行业那样，称霸橡胶行业。

单凭自己的财力，我不可能实现这个愿景，于是，就在1903年恐慌带来的第一波震荡未了之际，我开始物色充满创意、拥有充足资本、能够发挥领导力的实业家。古根海姆家族满足了每一个条件，于是，我首先找上了丹尼尔·古根海姆，向他讲述了我建立一个橡胶帝国的梦想。

我请丹尼尔先生跟我一起收购橡胶制品制造公司的控股权。由于我是趁1903年恐慌拖累股价下跌的低位买入的，自此之后股价已经略有回升，我提出，把我已经买入的股份与之后为了获取控股权而需要买入的更多股份合到一起，组成一个集合资产池，取这些股份的平均价，来计算这个集合资产池的买入价。这样一来，由于之后买入的股份价格会更高，我需要为所持股份付出溢价，但为了与古根海姆家族合作，我愿意付出这个代价。

丹尼尔先生表示会考虑一下，也要跟兄弟们商量，过了一段时间，还是杳无音讯。

当橡胶制品制造公司的股价上涨到一定水平，我悉数抛售所持股份，获利丰厚，成立一家橡胶联合集团的愿景也就泡汤了。

过了几个月，丹尼尔先生问起我那些橡胶股持仓。我告诉他，我等得不耐烦，已经清仓了。他表示遗憾，又叫我考虑另一个橡胶项目提案。

这个项目的宗旨是找到来源真正可靠的大量橡胶供应，如果能做到这一点，橡胶的工业应用就可以极大地拓展。当时，在种植园种植橡胶还是新鲜事，市场上几乎所有橡胶都是野生的，大多数来自亚马孙河（Amazon）上游地区的巴西帕拉州（Para）。这里出产的橡胶质量参差不齐，而且是土著采集的，供应不是十分可靠。

当年，10万吨橡胶对全球市场来说已经很多了。而在第二次世界大战期间，我担任了橡胶委员会主席，单是美国，每年就需要67.2万吨橡胶。

有个叫威廉·劳伦斯（William A. Lawrence）的发明家，发明了一项工艺，可以从银胶菊提炼出橡胶，银胶菊是一种叶子泛着银光的菊科紫菀属灌木，原产于墨西哥北部。劳伦斯引起了托马斯·瑞安和参议员尼尔森·阿尔德里奇的兴趣，两人在我之后邀请古根海姆家族加入。听到瑞安和阿尔德里奇的提议后，丹尼尔·古根海姆又找上了我。

我前往墨西哥，亲自调查银胶菊的前景。我发现这种灌木在数百万英亩半沙漠的土地上野生，可以通过简单的方法培植，大约在3年后可以成熟。我越深入了解，对此就越感兴趣。我们似乎在气候宜人的邻国找到了潜在的橡胶供应来源，可以与南美洲和非洲黄热病肆虐的丛林里出产的橡胶相媲美。

根据我的调查结果，大陆橡胶公司（Continental Rubber Company）在1904年11月成立，后来这家公司更名为洲际橡胶公司（Intercontinental Rubber Company）。我和参议员阿尔德里奇、瑞安先生和丹尼尔·古根海姆持有相同份额的股份，其他股东还包括小约翰·洛克菲勒、哈里·佩恩·惠特尼（H. P. Whitney）、利瓦伊·诺顿（Levi P. Norton）、C. K. G. 比林斯（C. K. G. Billings）和他们的一些亲戚朋友。

· 2 ·

我们不只在墨西哥寻找橡胶，事实上，曾经有一段时间，全球多个地区都有我们公司派出的探勘队。探勘队深入了亚马孙河上游地区，越过了安第斯山脉，从上往下搜寻山脉西侧。在非洲，他们沿着刚果河及其支流逆流而上。还有探勘队找遍了婆罗洲和海峡殖民地。

有两名探勘队成员在非洲丧生，还有一名成员在加勒比海遇到风暴，坠海身亡。威廉·斯泰顿（William Stayton）后来以努力废除《禁酒修正案》（Prohibition Amendment）而知名，在这之前，他曾经受困于委内瑞拉的丛林里，历尽千辛万苦才到达海边。他看到一艘小型纵帆船，大声呼喊求救，然后游到船上。这对于斯泰顿和船上的人都是幸运的事，这艘纵帆船的船员已经患上了黄热病。斯泰顿曾经就读于美国海军学院（U. S. Naval Academy），接管了这艘船，成功行驶到港口。

我们之所以进入非洲，是应利奥波德二世（King Leopold Ⅱ）的邀请。利奥波德是了不起的人。他年轻时就发现，比利时这个小王国的财政收入不足以满足他奢侈的品位或者他为国家设想的华丽蓝图。于是，为了弥补这两项缺陷，利奥波德着手为比利时开拓殖民帝国。

通过一系列巧妙的策略，他把物资富饶的刚果盆地变成了名义上独立的刚果自由邦（Congo Free State），接着将其纳入比利时的管辖。这一财务壮举是在英格兰和其他殖民势力鼻子底下完成的，比起摩根、哈里曼、洛克菲勒或瑞安做的大交易也毫不逊色。

刚果最富饶地区的特许经营权都成为了比利时国王的专属，对殖民地的剥削行为十分残酷，尤其是在早年。刚果橡胶有“红色橡胶”之称，部分是因为橡胶本身的颜色，但主要是据说殖民者为了奴役土著采集橡胶，手段血腥。其他强国看到利奥波德的政治手腕，感到懊恼不已，把一些令人发指的残暴故事广为流传。尽管比利时发起舆论反攻，把一切归咎于敌对国家的嫉妒，但我向来认为，“红色橡胶”的称谓确有依据。

1906年夏天，71岁的利奥波德觉得是时候重组刚果政府。此外，国际社会严厉谴责他对刚果土著的残暴统治，他再也无法置之不理。利奥波德问，美国最能干的天主教资本家是谁。手下告诉他，是托马斯·福琼·瑞安，当时，瑞安在家里设有私人教堂。

利奥波德问起这个问题时，瑞安恰巧在瑞士，他把很多时间和资金都投入到收购艺术收藏品。利奥波德叫人把他找来，瑞安来到了布鲁塞尔，觐见利奥波德，向利奥波德提出了他的建议，结果是成立了美国刚果公司（American Congo Company）和刚果林业和矿业国际公司（Société Internationale Forestière et Minière du Congo）（简称为“林矿公司”（Forminière））。美国刚果公司享有搜寻和开发新橡胶来源的特许经营权，而林矿公司的业务范围更广，负责开发矿业和林业产品。

利奥波德是精明的商人，凭着出让特许经营权，换来了每家公司的一半股权。就林矿公司而言，另外还有四分之一股权留给比利时的资本家，只给瑞安留下了25%的股权。除了一个精明的国王之外，我想象不出还有谁能诱使托马斯·福琼·瑞安接受这么吃亏的交易。

得到国王的赏识，瑞安感到受宠若惊，踌躇满志地回到美国，对新项目充满热情。他成功招揽古根海姆家族、哈里·佩恩·惠特尼、参议员阿尔德里奇、我自己和另外一两个人参与了项目。起初，丹尼尔·古根海姆不感兴趣。丹尼尔向来与劳方保持着良好的关系，也引以为豪，不喜欢利奥波德这个雇主的声誉。他提出，若想要他参与，就必须把公平对待当地工人列为必要条件。

我怀疑利奥波德的举动只不过是为了让美国不再批评他的政策，因此也没有马上参与这个项目。但瑞安热情高涨，深信这些特许经营权是推广人道主义的绝佳机会，也让我们每个人都有机会成为塞西尔·罗兹（Cecil Rhodes）[①]那样的人物，于是，当古根海姆家族也参与后，我决定跟随。结果证明，瑞安对于改革刚果劳动条件的预测还是实现了。

经过两年危险的勘探之后，我们发现美国刚果公司享有特许经营权的土地是不毛之地。但在林矿公司享有特许经营权的土地上，却发现了钻石，其股份也因此成为了良好的投资标的。瑞安始终没有失去对两家刚果公司的热情，我想，其中一个原因在于，最初叫他成立这两家公司的是一个国王。在最初发现钻石时，瑞安总是在口袋里揣着几颗钻石，见人就拿出来炫耀一番，就像一个小男孩开心地炫耀自己珍藏的弹珠一样。

· 3 ·

但我们主要还是努力在墨西哥寻找橡胶。1904年初，我前往墨西哥，安排收购了几百万英亩的土地种植银胶菊，兴建一家工厂，通过劳伦斯拥有专利的新浮选工艺，从银胶菊提炼橡胶。

我们坐的是私人包下的铁路车厢，同行的还有我的妻子、我弟弟赛林、在北太平洋铁路公司轧空交易中表现出色的经纪人埃迪·诺顿，还有几个人我已经忘记名字了。

① 英裔南非商人、矿业大亨与政治家，曾担任英国开普殖民地总理。——译者注

我们在拉雷多（Laredo）过境进入墨西哥，在铁路最高点的阿瓜卡连特（Agua Caliente），我突然感到胃部和胸口疼痛。等火车经过了海拔极高的路段，疼痛也就消失了。

在墨西哥城，我们在有“迷你酒店”（Ity Bitty）之称的伊图尔维德酒店（Iturbide Hotel）下榻，我们第一次观看了斗牛。我喜欢大多数体育活动，尤其是向来喜欢赛马的刺激感觉，即使到今天，我还是会在南卡罗来纳州打鹌鹑，但我再也不想看到第二场斗牛了。看到牛用角抵死了好几匹马，让我感到恶心。

我的妻子和赛林大多数时间都在购物，买些半宝石、墨西哥珠宝和各种玩意儿。他们尽情游玩，而我投入到与墨西哥官员的谈判。很快，我发现自己深陷于各种法律、技术、农业甚至社会问题，让我对美国以南这个共和国有了深入认识。

我在旅居期间了解到的墨西哥，是两极分化的。墨西哥总统波费里奥·迪亚斯（Porfirio Diaz）周围的小圈子能力极其出众，打扮十分讲究，出入的社交圈极尽优雅，不比任何一个欧洲首都的社交圈差。但在他们的花园门外，有数百万的苦工，他们没有什么机会可以改善自己的生活。

我后来发现，这样的状态是不可能永远持续下去的，但我当时没有预料到这一点，在我人生的那个阶段，我对这种问题还没有应有的关心。

在前往墨西哥之前，我听说过许多与当地官员打交道的奇怪潜规则。依我个人的经验，我只能说，我觉得墨西哥人和跟我有过业务往来的其他人并无区别。有些墨西哥人诚实守信，有些人出尔反尔；有些人自私自利，有些人热爱国家——简言之，哪个国家都是这样。

在我见过的墨西哥人中，给我印象最深刻的是巴勃罗·马丁内斯·戴尔·里奥（Pablo Martinez Del Rio）。他会说英语、法语、德语和意大利语，仪表不凡，受过良好教育，有多元化的文化背景，无论在世上哪个地方，只要他往人群里一站，都是那么引人注目。

戴尔·里奥先生惧怕让美国人在墨西哥掌握太大的经济影响力。他跟我解释说，他害怕墨西哥把特许经营权出让给美国人后，有一天，美国会以此为借口占领墨西哥北部。

多年后，美国石油行业一些人提出的建议印证了戴尔·里奥的忧虑，让我想起了他这番话；如果不是伍德罗·威尔逊总统反对，他们可能会得逞。

那是在美国加入第一次世界大战后不久，威尔逊总统邀请我到白宫，讨论石油短缺问题，这个问题可能妨碍我们的军事计划，有官员提议占领墨西哥在坦皮科（Tampico）的油田。海军分舰队已经接到通知，只要威尔逊总统一声令下，他们就会发动进攻。

提议的官员话音刚落，威尔逊总统就迫不及待地开口了，他心情激动时，会以坚定而又慎重的口吻说话，斩钉截铁地传达出自己的想法。

“你提议我去做的，正好是我们反对德国犯下的罪行。”他责备道，“你说我们必须得到墨西哥的石油，这就是德国人入侵比利时的借口，‘必须’借道比利时才能进攻法国。绅士们，”他总结道，“我们有多少石油，就用多少去打这场仗。”

为了在墨西哥的橡胶项目，我们收购了300多万英亩土地，而且这么多土地都是通过正常渠道、支付合理价格买下的，仅此而已。我曾经听说可以走捷径，但从来没有试过。我们表现出来的态度，是急于为墨西哥引入橡胶产业，让数百万英亩闲置的土地派上用场，为当地人创造就业机会，这似乎就是迪亚斯真正想要做的。我们跟墨西哥人签署了许多合约，当事人的守约程度跟在其他地方不相上下。

事实上，我们在合约上遇到的最大麻烦不是在墨西哥，而是在美国。我们在托雷翁（Torreon）兴建了一家工厂，从银胶菊提取橡胶。在这家工厂投入运营之前，我们与美国的橡胶制品公司（Rubber Goods Company）签署了协议，橡胶制品公司会采购我们在托雷翁工厂出产的几乎所有橡胶，为期两年。但在托雷翁工厂开始出产生胶后，橡胶制品公司马上撕毁了合约，声称我们的产品不合格，其实根本没有这回事。

通常情况下，我可以设法在法庭以外解决分歧，但这一次，我想起诉美国橡胶公司（United States Rubber Company），美国橡胶公司之前收购了橡胶制品公司的控股权，但摩根和第一国民银行（First National Bank）的乔治·贝克（George F. Baker）阻止我们起诉。接着，我建议收购美国橡胶公司，用来生产我们的原材料，但也以失败告终。于是，我努力与钻石橡胶公司（Diamond Rubber Company）达成协议，可是我的联系人要求的条款过于优惠，结果也没有谈拢。

由于我想对抗美国橡胶公司却遭到阻拦，我感到生气，干脆就退出了洲际橡胶公司，悉数抛售了对这家公司的持仓。洲际橡胶公司为产品找到了其他买家，也能派息了，但在1910年，马德罗（Madero）领导墨西哥革命，推翻了迪亚斯的政权。革命军占领了我们的种植园，托雷翁工厂最后关门了。然而，以银胶菊生产橡胶的业务可行性得到了印证。

我相信老迪亚斯为国家做出了很大贡献，但在革命推翻迪亚斯的统治后，经历过混乱的阶段，浴火重生的墨西哥变得更好。当时在墨西哥，我觉得美国人忽视了在那里最好的机会。现在情况已经有所改善，但我还是觉得有很大进步空间。

· 4 ·

在墨西哥的其中一个麻烦之处，是往日的帝国主义在当地人心中留下了嫌隙，使得他们存有戒心，这在其他发展中国家表现更为突出。我出生在美国重建时期的南部，知道过去不平的现象会留下多么苦涩和深刻的记忆。然而，如果这些发展中国家要管理好经济问题，就必须放下过去，不要让历史成为阻碍当今发展的障碍。

在亚洲、非洲和南美洲的许多地区，政府领导人还记恨往事，思维模式沉溺于旧怨之中，而看不清本国利益所在。

这些国家的一个盲点在于不明白牟利动机。只有当人的劳动可以获利，也就是产出大于投入时，社会才能取得进步。如果亏本生产，就等于所有人能分享的成果变少，盈利企业比亏损企业对国家独立的贡献更大。

确实，经常会有利润分配不公的现象，但我们可以在不牺牲利润的前提下，纠正分配不公。

牟利动机也是个人自由的一项宝贵工具，是什么让一个人去工作？通常有三大诱因：对自己工作的热爱，或者希望为其他人服务；想要获利和赚钱；更高权威强迫自己工作。

当社会上促使一个人想要改善自己生活的诱因越强烈，就越不需要强迫，反之亦然。

在发展中国家，对牟利动机有不少误解。在许多发展中国家，资本主义国家确实是帝国主义的代理人。但从古罗马、希腊和波斯的历史可见，在资本主义蓬勃发展之前，帝国主义早已存在。

我建议，我们不要用“资本主义”“社会主义”或其他“主义”的意识形态标签来评判一个国家，而是要采用另一个衡量标准——一个国家在改善其民众生活水平方面取得了多大进展。

我呼吁大家采用这个标准做准绳，是因为外交政策的水平很少会高于国内政策。一个国家在国内外的处事方式不会有太大差别，当一个国家把资源投入到改善其民众生活，其外交政策通常也会倾向于帮助其他国家改善生活水平。当一个国家的政府蓄意压迫其民众生活，很可能也会想要拉低与之打交道的每个国家的生活水平。

引入外资也就意味着引入本国缺乏的资源，除了资金以外，还有发展中国家通常欠缺的管理技巧。

只要不为这些资源和管理技巧付出过于昂贵的代价，这些投资会为发展中国家带来好处。就此而言，发展中国家必须认识到，如果一个国家加大了外国投资者必须承担的风险，那么这个国家为获取投资而必须付出的代价也会随之增加。

简言之，发展中国家和发达国家应该努力达成协议，协定让私人投资互利共赢的条款。只要各国之间制定了一套公平的投资规范，要达成共识应该不是很难的事。当然，外国投资必须有助于改善生活水平，也应该有助于提升发展中国家劳动者的各项能力，让熟练工人和管理人员的人数稳步增多。在有本土资本的领域，本土资本应该占尽量大的权益份额。

发展中国家本身必须认识到政府有序管理的重要性，他们必须警惕某些许下天花乱坠的承诺、结果却在奴役民众的意识形态的诱惑。要学会自治的艺术和纪律，需要一定时间。就美国的外交政策而言，我们要做的不是许下比其他国家更多的承诺，而是帮助这些新独立的国家争取到所需的时间，学会自治。

我们和这些新独立的国家至少在一个问题上有共同利益：都希望这些国家能够保持独立自由，在这基础上，我们可以实现共同发展。

第十七章

经济与国防相互交织：为美国找铜

· 1 ·

到世纪之交，我意识到，世上发生的事都可能影响到证券或商品市场的走势。

无论是我在伦敦的套利操作，还是在圣地亚哥战役之后，我在伦敦交易所买入美国股票获利，都让我感觉到世界各地紧密相连，在世上最偏远角落发生的事，很快就会影响到华尔街的行情。从买卖铜、糖、橡胶和其他原材料的交易，我还了解到，任何商品的供求平衡关系都是在全球范围内发挥作用的。

但要到第一次世界大战时，我才真正体会到世上所发生事件和各种力量是多么紧密相关，不可分割。当时，市场对每种物资的需求都超过了现有的供应，我被迫衡量同一种物资的许多不同用途孰轻孰重，经常必须在一种紧急需要和另一种更紧急需要之间达到平衡。例如，潘兴（Pershing）上将需要用马骡把枪支运送到前线，为了获得所需的马骡，我们不得不用本来就供应短缺的一些硫酸铵和西班牙做交易。同理，面对同样多的钢铁，我经常必须决定在哪里可以派上最大用场，是用来修建一艘驱逐舰还是商船，是留在美国还是运送到法国火炮制造厂。

当然，在战火燃烧之际，我被迫学会做出这些决定。但即使在战前，在金融界从业之际，我也意识到了经济与国防之间相互交织的联系。

尤其是，20世纪第一个十年的两大发展预示了未来局势的走向，一是德国和美国这两个新海事强国的崛起，二是新“电力时代”的到来。

在这项新科技的促进下，全球各地都在寻找各种原材料。追逐利润的冲动是存在的，但也是我们工业文明的大步前进，刺激了全球各地寻找天然资源的行为。新科技的发展大大促进了民众生活水平的提高，也需要额外的实物资源。同样的技术也改变了安全和国防需要，例如，当旧式武器变得陈旧落伍，我们就必须重建整个海军舰队。

探寻新材料的目的地也不局限于海外，例如，在1880年至1890年间，全世界的铜产量增长了10倍，为了寻找新的矿体，人们把整个地球表面都找了一遍。正是因为铜市场需求飙升，吸引古根海姆家族进军铜业。但也是出于同样的需求，人们想方设法地开采利用美国西部的低品位矿石，最终让美国基本上实现了铜供应的自给自足。

我向来倡导加大力度开发国内矿石，也很高兴能够投资美国在这方面的第一个大型实验项目，经过长达九年的努力，投入了900万美元之后，这个项目才结出了丰硕成果。

· 2 ·

在犹他州宾厄姆（Bingham）附近，正好有一片沟壑状的矿化斑岩峡谷。测试显示，这些斑岩含铜，但矿石品位很低，大家都觉得不具备开采价值。伊诺斯·沃尔（Enos A. Wall）上校是宾厄姆地区的一位老人，购买了这个含铜峡谷中200英亩的土地，投入了2万美元尝试开发，但没有成功。

沃尔的钱像是打了水漂，但这时，密苏里州来了一位年轻的矿业工程师，名叫丹尼尔·积克林（Daniel C. Jackling）。积克林身材高大魁梧，脸色红润，性格直率，看起来就像矿工，不过他其实是大学教授出身的。积克林在科罗拉多州卡农城（Canon City）运营一家锌工厂，相信自己可以想出办法，让这样低品位的矿石也变得具备开采价值。

在外国出生的资本家德拉马尔（Delamar）曾经持有宾厄姆矿场的期权，但由于他聘请的一位工程师告诉他，这个峡谷不具备开采价值，于是他任由期权到期作废了。积克林建议查尔斯·麦克尼尔（Charles MacNeill）收购这个矿场。

1903年6月，犹他铜业公司成立，麦克尼尔担任总裁，沃尔担任副总裁，积克林担任总经理。

跟很多伟大的想法一样，积克林的想法也很简单。他发现，如果采用开坑道和直井的常见采矿法，开采这个矿场确实无利可图；于是他转换思路，建议运用蒸汽铲方法开采，也就是现在说的露天开采法。挖掘出来的所有岩石都会送进研磨厂，通过浮选工艺把铜分离出来，变成精矿。

为了让这个过程符合经济效益，积克林想兴建一家日加工量能达到3000~5000吨矿石的研磨厂，而当时同类工厂的日加工量通常只有300~500吨。通过提升研磨厂的产能，同时保持间接费用不变，低品位矿石的精炼也可以获利。

从一开始，大家就意识到这个实验投入高昂，股价为每股10美元。公司创办人认购了大量股份，但还是没有招揽到公众投资者足够的兴趣，筹集不到所需的营运资金。这时，麦克尼尔跟我谈起了这个项目。

我跟积克林会面，马上就喜欢上了他。我觉得他的理论很合理，这是采铜业一个批量生产的创意，当时还处于新生阶段，我买入了很多股股份。

由于筹集到的资本有限，积克林只能先兴建一家实验性的研磨厂和选矿厂，用以决定在后面的大规模生产中，要采用什么计划才最具有经济效益。一年内，这个工厂就投入了运作，我们急切地等待着实验结果。这个实验性的小工厂产生了经营利润。

积克林想推进项目，兴建一家大型研磨厂，这需要数百万美元的开支。犹他铜业公司正设法募集资金，在1906年，古根海姆家族决定再进军铜业。

宾厄姆的项目引起了他们的浓厚兴趣，他们委派约翰·海斯·哈蒙德（John Hays Hammond）展开调查。哈蒙德或许是当年最知名的矿业工程师，他的声誉不仅得益于他的工程能力，还有他的公关能力。

在南非，哈蒙德曾经被布尔人（Boer）抓获，被判处死刑，多亏了美国参议院提出请求，才救了他一命。之后，古根海姆家族和威廉·惠特尼委任哈蒙德担任古根海姆探勘公司的负责人。在墨西哥，哈蒙德除了在工程方面的工作之外，还发挥了罕见的外交能力，与墨西哥总统波费里奥·迪亚斯打交道，帮助古根海姆家族发展在当地的权益。

哈蒙德派出两位知名的工程师去调查宾厄姆峡谷，他们是塞利·马德（Seeley W. Mudd）和A. 切斯特·比替（A. Chester Beatty）。根据调查结果，古根海姆家族投入了项目急需的资金。后来在这个项目取得成功之后，古根海姆家族比起其他铜业公司（包括统一铜矿公司）享有巨大优势。当时，统一铜矿公司是业内的大型托拉斯，旗下有熟练的工程师，也跟古根海姆家族一样，有机会研究积克林的提议，但统一铜矿公司的人觉得积克林的想法不切实际。如今，美国大部分精炼铜的加工都离不开积克林提出的方法或其工艺的改良版。

古根海姆家族参与这个项目时，市场上开始兴起投机的热潮，资金的自由流动比1903年恐慌过后的任何时候都更加活跃。事实上，犹他铜业公司的前景似乎十分美好，股价原本是每股10美元，但古根海姆家族为买入股份向其股东支付的价格达到每股20美元。

积克林拿到新资本，投入到项目中，接着一再要求追加投资。为了满足他的需要，有人建议发行300万美元的债券。

由于积克林的项目开支庞大，公司里许多人都被吓到了，包括第一个在宾厄姆峡谷铜矿上押注的沃尔上校。在公司委员会上，沃尔反对发行债券，但授权发行债券的决议案还是通过了。他辞去了公司董事的职位，诉诸法庭。法庭颁令禁止发行债券，但这只构成了暂时性的障碍。法庭禁令解除后，公司还是发行了债券。

就在禁令争端持续之际，丹尼尔·古根海姆叫我过去，跟我讨论发行300万美元债券的事宜。我提出负责承销债券，收取5%的佣金。

我争取到一大部分债券的认购保证之后，海登—史东证券公司（Hayden, Stone & Company）的查尔斯·海登（Charles Hayden）主动提出，愿意以低于1%的佣金承销债券，这么低的佣金是闻所未闻的。虽然我觉得古根海姆家族已经对我许下了郑重承诺，但面对这样的出价，我还是觉得不能硬要他们继续让我去做承销。债券获得了超额认购，为积克林提供了所需资金，让他能够建成大型研磨厂。

与此同时，我也同意承销内华达州综合铜业公司（Nevada Consolidated）发行的可转换债券，但海登—史东证券公司也拿下了这单生意。查尔斯·海登十分精明，没有让这两只债券发行的承销工作溜出他的手指缝。事实证明，内华达州综合铜业公司是一家不错的公司，后来并入了犹他铜业公司。

· 3 ·

起初，积克林的研磨厂预计会在1906年年底前投入运营。由于兴建时遇到障碍，工厂要到1907年春天才投入运转，到这时，积克林已经花了800万美元。

1907年3月，证券交易所出现大幅下跌，精明的投资者开始减持，但还是没有人预计会真正发生恐慌，连摩根也不例外。

到夏天，积克林的研磨厂加大了产量，但整体金融形势越来越不明朗。10月份，尼克伯克信托公司（Knickerbocker Trust Company）倒闭，总裁自杀身亡。消息引发纽约银行挤兑风潮，这是我印象中纽约市出现的最严重挤兑。恐慌情绪蔓延到证券交易所的交易大厅，美国的信贷结构倒塌。这是南北战争后经济调整后爆发的危机以来，金融形势出现的最紧急状况。

J. P. 摩根在71岁高龄，运用沙皇般的权力遏制住危机，这个故事在此就不再赘述。但有一件私事是跟摩根先生的救市手段相关的，我在这里得讲一下。

为了救市，摩根先生设立了一只特别基金，多家金融机构都往里面注资。一天晚上，我躺在床上，思前想后很久，决定做出一个石破天惊的举动，为基金注入一大笔钱。

我设想着，要前往摩根先生的办公室，走到老先生的办公桌前，说我想往他的基金注资。当摩根先生问我想注资多少时，我就说要注资真金白银的150万美元现金。我有理由相信，除了摩根本人以外，这可能是这只基金获得的最大笔个人注资。

但第二天早晨，我前往市中心的路上，发现自己实在不好意思找上他的办公室。于是，我到了曼哈顿银行公司（Bank of Manhattan Company），告诉总裁斯蒂芬·贝克（Stephen Baker），无论银行准备出资多少，都加入我的150万美元。这笔钱以曼哈顿银行的名义注入了摩根的基金，而不是以我个人的名义。

我不知道自己为什么不直接去找摩根先生，我并不是一个过于谦逊的人，也想让摩根先生看到，我对他的领导能力充满信心，也能够洞察到美国经济本质上是表现稳健的，以此给他留下深刻印象，但我就是做不出来。

如果我执行了原来的计划，后来与摩根家族的关系可能会更好，与大西洋海岸铁路公司和得克萨斯海湾硫黄公司（Texas Gulf Sulphur）的关系也可能不一样。但话说回来，如果我与摩根家族结成了财务上的亲密盟友，或许伍德罗·威尔逊总统就不会委任我为战时工业委员会主席，为国效力。常言道，“少了钉子，失了王国。”但有时正因为少的这根钉子，为骑士开启了另一段精彩的旅程。

1907年恐慌最严重的时期，没有人能预测到摩根先生会成功还是失败，犹他铜业公司向我发出了紧急请求，他们需要50万美元现金来支付员工薪酬。铜价从每磅22美分下跌到12美分，公司股价从每股39美元下跌到13美元。但即使生产出来的铜已经在铁路轨道旁边堆积如山，积克林还是必须继续生产，维持公司运作。

一家由古根海姆家族出资、海登—史东证券公司承销的公司，需要区区50

万美元，居然得找一个与银行没有联系的独立操盘手借钱，似乎是一件奇怪的事；更奇怪的是，我在如此惨淡的市况下，居然还能在这么短时间内拿出这么一大笔现金，但其实原因很简单。

像许多其他人一样，我未雨绸缪，这不是为市场恐慌做的准备，而是预防财务紧绌，我在曼哈顿银行公司存下了更多钱。此外，我此前曾经告诉斯蒂芬·贝克，我可能随时需要提现。

“没问题，”他向我保证，“我们会照顾好客户的需要。”

收到犹他铜业公司总裁查尔斯·麦克尼尔发来的电报，我决得经济的摆钟迟早会回归正常，世界会正常运转。在找到更好的替代品之前，世界都需要铜。于是，我找上了贝克，告诉他我需要50万美元现金。这就是麦克尼尔需要的，他需要把这笔钱塞进信封里发薪水。即使他可以获得银行信贷，也于事无补。

贝克先生派人到银行金库里，数出50万美元，放进箱子里，快递运送到盐湖城。

当天，贷款利率为150%。我告诉麦克尼尔，他只要支付6%的利率，他什么时候方便还款都行。他发回了公司票据，把利率定为20%。交易过后，我趁犹他铜业公司股价低迷的机会，在市场上买入了许多股。

犹他铜业公司经受住了市场恐慌的考验，表现出色，在投入运营的第一年，表现就超出了积克林的预估。随后30年间，犹他铜业公司向股东宣派了超过2.5亿美元股息。积克林在1903年开始在宾厄姆峡谷挖掘的矿洞，成为了世上最大的铜矿场，至今仍是人类在地球表面挖出的其中一个最大的深坑。

犹他铜业公司能够经受住1907年恐慌的考验，值得想知道什么才算是良好投资的人借鉴。投资的价值就像人的品格，越是有价值的投资，越能抗衡逆境，克服困难。此前，犹他铜业公司的价值一度存疑，但积克林完善了加工低品位矿石的工艺，当然也就为公司创造了全新价值。在这样创造出新价值之后，即使金融市场陷入恐慌，公司也会屹立不倒。市场恐慌或许会导致一项投资的市场价格短暂急跌，但只要公司能满足真正的经济需求，管理完善，股价就势必会反弹。

犹他铜业公司取得的成功，也证明了个人的主动性和品格有多么重要。积克林年仅30岁，就提出了这个了不起的创意，矢志要让世界铜产量翻一番。他花费了5年时间才找到投资者，又花费了4年时间才证明这些投资者没有看错人。

第一次世界大战期间，积克林获颁授“陆军杰出服役勋章”（Distinguished Service Medal），嘉奖他克服重重困难，为政府兴建了一家无烟军火工厂。杜邦（Du Pont）家族为兴建工厂设定了一系列条款，而军方认为这些条款过于繁苛。一天早上，我们就这个问题召开了漫长的会议，最后，我说知道有个人可以完成任务，推荐了积克林。战争部部长牛顿·贝克（Newton Baker）说，他会跟总统商量一下这件事。

当天下午，我打电话到旧金山的圣弗朗西斯酒店（St. Francis Hotel）找积克林，告诉他：“我不知道他们会不会接受你，但还是希望你过来。”几天后，战争部部长贝克叫我去找积克林，我回答说：“他已经在这里了，我现在就叫他进来。”

在积克林进去之前，我给了他一个建议。“别让他们让你穿上军服。”我告诉他，“记住，如果你参了军，你的上级就可以对你指手画脚。”积克林没有参军，极速完成了工厂的兴建。

1933年，美国采矿、机械、电气和土木工程协会向积克林颁发了“约翰弗里茨奖”（John Fritz Medal），这是美国工程师可以获得的最高荣誉。

但积克林有过成功，也有过失败。

第一次世界大战期间，他兴建了一家试验研磨厂，向钢铁公司展示密萨比（Mesabi）铁矿区在高品位矿石枯竭后，也可以利用低品位铁燧岩矿石。接着，他用阿拉斯加的低品位金矿做了第三次实验，但这次以失败告终，我们俩都蒙受了损失。

· 4 ·

阿拉斯加朱诺金矿公司（Alaska Juneau Gold Company）是我投入最大之后才开始产生收入的矿产项目，公司的主要矿场是朱诺市以南的加斯蒂诺海峡（Gastineau Channel）对面山腰上的露天矿。向我介绍这个项目的，是采矿业三位佼佼者：弗雷德·布拉德利、J. H. 麦肯齐（J. H. Mackenzie），以及赫伯特·胡佛（Herbert Hoover）的好友马克·雷夸（Mark Requa）。事实上，胡佛本来对这个矿感兴趣，但我们抢先一步做了投资——后来他也为此懊恼不已。

积克林前往阿拉斯加，发回调查报告，十分看好毗邻阿拉斯加朱诺矿场的阿拉斯加金矿公司（Alaska Gold Mine Company）的前景。我很相信积克林的判断，决定投资阿拉斯加朱诺。矿石报告显示矿场的金含量丰富，于是在1915年春天，阿拉斯加朱诺金矿公司以每股10美元的价格发行40万股股份，声明中包含以下字句：

"公开发售未获认购的股份，将悉数由小尤金·迈耶和伯纳德·巴鲁克认购。"

在此之前，从来没有哪一家公司在发行股份时公开挂上我的名字，而在此之后，我再也不肯了。这次发行的超额认购率达到了5倍，在短短几天内，股价急升到15美元。

但不久后，有消息传出，积克林在阿拉斯加金矿探测到的金矿石品位低于预期，为阿拉斯加朱诺的未来也蒙上疑云，股价开始下跌。

最后，积克林放弃了，阿拉斯加金矿公司决定停业，但弗雷德·布拉德利拒绝放弃阿拉斯加朱诺。由于阿拉斯加朱诺金矿公司把我的名字用作股份发行的保荐人，我觉得从道义上讲，在布拉德利退出之前，我都不能退出，还有几个人有同感。随着资金消耗殆尽，公众投资者失去信心，威廉·克罗克（William Crocker）、奥顿·米尔斯（他的儿子成为了赫伯特·胡佛总统任下的财政部部长）、弗雷德·布拉德利、尤金·迈耶和我自己出资300万美元，维持公司运营。

1916年，阿拉斯加朱诺金矿公司的股价收报$7^3/_4$美元；1917年，股价收报2

美元；1920年，股价收报$1^1/_8$美元；1921年萧条期间，股价下跌至$^5/_8$美元。债券持有人快要行使止赎权了，这时，开始出现了希望的曙光。1921年9月份，工厂获得经营利润2.4万美元。这肯定不足以支付固定费用，但起码奠定了良好的基础，在此基础上扩大运营规模，有望令企业扭亏为盈。

布拉德利逐渐完善了方法，提高产量，在每吨矿石只能产出价值80美分黄金的情况下，矿石加工也能产生利润。换作10年前，加工这么低品位的矿石还是疯狂的行为。到1930年，公司还清了所有债务，1931年第一次宣派股息。多亏了弗雷德·布拉德利顽强的意志，公司才有这一天。

当西奥多·罗斯福总统使美元贬值，推动金价上涨，阿拉斯加朱诺金矿公司当然能够从中获利。我和尤金·迈耶对金矿有大量持仓，但都反对罗斯福的举措，迈耶当时还在担任《华盛顿邮报》（*Washington Post*）的出版商。

后来，随着成本上涨，矿石的金含量下降，阿拉斯加朱诺金矿公司又陷入了困境。最后，矿场不得不关门歇业，但时至今日，发电厂仍在运营。

· 5 ·

从这些开采利用低品位矿石的实验中吸取的经验教训，对我们的国家安全具有相当重大的意义。我们的对外经济政策持续面临的一个冲突，源于我们究竟应该从哪里取得原材料供应，是不惜承担更高的成本从境内获取呢，还是为了节省成本从海外获取呢？

在这样的冲突中，我从来不会完全支持所谓的“自由贸易者”或保护主义者。在两次世界大战中可见，能够利用国内矿石和国内矿产资源，是重要的国防资产。

如果不是多亏了积克林研发、后来经工程师改良和完善的工艺，我们在第二次世界大战中使用的大多数铜就要靠进口，这会动用大批船只，令其他军用船只减少，降低生产或打仗的效率。

因此，我向来认为应该鼓励发明家做实验，完善工艺方法，提高利用低品位矿体的经济效益。但从阿拉斯加朱诺金矿公司的例子可见，当矿石品位低到一定程度，就确实不具备开采利用的价值。

我们需要在这两种方案之间取得平衡，一方面要继续从最廉价的外国产地进口所需原材料，另一方面要继续提升开发和利用国内资源的能力。

在我看来，我们不应该不惜一切代价地实现完全的自给自足，这是希特勒在发动第二次世界大战之前企图实现的。但我们也不应该只为了增加海外贸易，而牺牲美国相对较高程度的独立自足。

要处理这个问题任重而道远，我们也不应该以某种教条或固定公式定论。某些领域或许在几年前是没有价值的，但随着新科技的发展，也可能派上新的用场。

对我们国防至关重要的所有原材料，我们都应该维持永续库存，既满足当前需要，也寻找新的供应来源。我们要在国内生产和从国外进口之间取得适当的平衡，不能光从经济成本出发，还要考虑保障稳定可靠的供应来源对于国家安全的相对贡献。

第十八章

老摩根拒绝赌一把

·1·

就因为说错一个词，我就与跟老摩根先生合作的机会失之交臂。正是那个我们差点成为合作伙伴的项目，后来成为我投资生涯中最赚钱的企业，也让美国保住了在全球硫市场上的主导地位。但每当回想起他退出这个项目的决定，我总是懊悔不已，这让他的公司少赚了数以百万计美元的利润，也让我错失了与美国金融界最伟大的天才共事的机会。

摩根先生并不缺那些少赚的钱，事实上，他觉得钱财只是身外之物，他所关心的，是实现美国经济的统一和稳定。在经济、行业和社会观点方面，我更赞同西奥多·罗斯福总统的政策。但我钦佩摩根先生是一位大师，一位导师般的人物，若能为他效劳，我本来会获益匪浅。

时至今日，我还是因为从来没有机会真正与老摩根先生结交，而感到耿耿于怀。我年轻时在华尔街做过传递员，给他送过几次证券和市场报告。有一天，我在纽约下东区圣乔治教堂的少年俱乐部碰见他。当时，我傍晚在西69街的少年俱乐部开设的健身班做教练，走访市内其他俱乐部了解情况。我记得看到一个小男孩拿着一个雪茄盒，把它剪成拼图，而摩根先生就站在男孩身边，全神贯注地看着他的动作。

我在阿瑟·豪斯曼手下工作时，曾经给摩根先生送过一次报告，里面有米瓦奇公司（Milwaukee Electric）债券的报价，摩根先生问我有什么看法。我以为他想问的是金融市场的整体状况，于是回答说，我觉得市场将会陷入恐慌。

摩根先生紧紧地盯住我片刻，眼中闪烁着犀利的光芒，过了一会儿，他大声问道："小伙子，你知道什么是恐慌吗？"

我回答不出来。

这是我第一次跟摩根先生搭上话，下一次就要等到1909年，摩根公司的查尔斯·斯蒂尔（Charles Steele）委托我调查得克萨斯州布拉佐里亚县附近的一个硫矿，这个矿场位于墨西哥湾沿岸，加尔维斯顿以西南约40英里处。摩根公司会找上我，让我也有点诧异。我们约定，如果项目有开发前景，就由摩根公司出资，我负责项目运营，利润六四分成。

首要之务当然是物色一位优秀的矿业工程师，于是我找上了塞利·马德，他曾在古根海姆探勘公司的哈蒙德手下做事。马德又聘请了一位年轻的助理，名叫斯潘塞·布朗（Spencer Browne）。

我们前往得克萨斯州，聘请了一队钻工，开始钻一些试验孔来取样。

日复一日，我坐在布赖恩山（Bryan Mound）矿场上，看着钻工从竖井抽取矿石样本，测试矿石的硫含量。夜复一夜，我待在布拉佐里亚县的小酒店里，一边拍打身上的蚊子，一边研究世界硫贸易的事实和数据，分析如果项目前景良好，我们有望在世界硫贸易中扮演什么角色。

最后，马德分析认为，布赖恩山硫含量达标、具有开采价值的概率大约是五成。

回到纽约，我向摩根先生汇报，解释说，用50万美元就可以直接买下整个矿场，包括特许经营权。我还补充说，我愿意出资一半，去"赌一把"。

我不应该提到"赌"字，而应该说"投资"。

"我从来不赌博。"摩根先生做了个手势，示意谈话结束了，他不会投资这个项目。

我们只谈了几分钟，他就漫不经心地把我打发出来，我甚至没有机会向他汇报我在布拉佐里亚县酒店研究世界硫贸易得出的结论。研究结果显示，美国大幅提升硫产量的时机尤为适当。首先，随着美国工业的发展，对纯硫的需求日益增加。纯硫是硫酸的主要成分，而硫酸或许是当时最重要的工业化学品。

此外，硫开采技术的发展达到了一定阶段，美国生产商可以不再依赖进口硫。

一直到1900年，意大利垄断了绝大部分的纯硫生产，全球95%的硫产量都来自西西里岛。在1870年左右，路易斯安那州西部发现了大型硫矿床，但早期尝试开采时发现，矿床上面有浮沙，浮沙中包含有毒气体，开采失败了。天才发明家、成功的石油工程师赫尔曼·弗拉施（Herman Frasch）到路易斯安那州勘探石油，对如何克服这些障碍产生了兴趣。经过多年的实验，他在1891年完善了开采硫的新方法，后人称之为“弗拉施法”。

“弗拉施法”是往地里钻一条直径大约10英寸的金属管，再在管内套装三条不同直径的同心管。提取时，把过热水沿第一条管注入矿床，熔融地下的硫。接着从第二条管压入压缩空气，从第三条管把液态硫压出地面，在容器中冷却和固化。

为了用“弗拉施法”开采路易斯安那州的矿床，联合硫黄公司（Union Sulphur Company）成立，盈利十分丰厚。但随着美国工业扩张，联合硫黄公司的产量不足以满足国内需求，其他来源的供应也备受重视。

1908年，“弗拉施法”的基本专利届满了。此后，无论是在布拉佐里亚县、得克萨斯州还是其他地方，面临与路易斯安那州类似开采问题的矿场都可以使用“弗拉施法”。我本来打算向摩根先生推荐“弗拉施法”，但他突兀地打断了我的话，断然拒绝参与这个项目。

他的态度让我心生不忿，我决定自行推进硫项目。

· 2 ·

我和马德在得克萨斯州时，许多探矿者、项目发起人和各式各样的人找上门来，介绍和推荐各处的硫矿，我们当时快速评估了其中一些矿场。摩根先生退出布拉佐里亚县项目以后，我们继续进行调查。

得克萨斯州马塔哥达县（Matagorda）有一个“大穹丘”（Big Dome）矿场，马德非常看好这个项目的前景，介绍人是与圣路易斯某家公用事业公司有关联的A. C. 爱因斯坦（A. C. Einstein）。我们对一个探井进行了测试，印证了马德的判断，于是，我成立了海湾硫黄公司（Gulf Sulphur Company），开始在马塔哥达县收购更多矿场。

与此同时，向摩根介绍布拉佐里亚县项目的一些人成立了自由港硫黄公司（Freeport Sulphur Company），自行开发。这些项目立即实现了盈利。第一次世界大战爆发后，市场对硫的需求急剧上升，自由港硫黄公司的利润也水涨船高。但鉴于联合硫黄公司和自由港硫黄公司都已经投产，市场上似乎容不下第三家生产商。

我们只能等待事态变化，爱因斯坦建议在马塔哥达县收购更多矿场。我授权他进行收购，也建议他邀请其他拥有人一起投资，但没有人愿意，于是我为所有这些矿场的收购交易出资。

到1916年，战时对硫的需求高涨，自由港硫黄公司的投资回报率达到了大约200%，马德觉得自行开发矿场的时机成熟了。为了提高效率，我们需要额外的资金。老摩根已经在三年前过世，鉴于摩根公司早前对硫项目表示过兴趣，我觉得应该问一下他们是否愿意联合开发海湾硫黄公司名下的矿场。

我找到了亨利·戴维森，他把这件事转给了摩根公司另一位合伙人汤玛斯·拉蒙特（Thomas W. Lamont）。拉蒙特又找上了纽蒙特矿业公司（Newmont Mining Company）的创办人威廉·博伊斯·汤普森（William Boyce Thompson），纽蒙特矿业公司最后成为了全球最大的矿业和石油投资公司之一。

在研究过这个提议以后，汤普森建议摩根家族参股，他们认购了大约60%。我们开发没多久，摩根家族就把全部持股都卖给了汤普森，小有获利，这是没有经过我们事先同意的。我认为这一做法并不公平，也跟摩根家族这样说了。

摩根家族本来应该先提呈向我售回这些股份，而不是直接卖给汤普森。如果有人这样对待摩根家族，他们是绝不会原谅对方的。我以每股10美元的价格向他们配售这些股份，如果他们继续持有，本来会获得许多倍的回报。他们的初始投资为360万美元，到20世纪20年代末，投资价值上涨到4500万美元。此外，他们本来还会收取接近2500万美元的股息。

· 3 ·

与此同时，美国参战后，伍德罗·威尔逊总统委任我为战时工业委员会成员，最终成为主席。由于要担任公职，我觉得有义务放弃在证券交易所的席位，凡是可能从政府合约或采购中得益的企业，我都要悉数抛售其股票和债券持仓。

我出售的股份中，有些像费希博德公司（Fisher Body），如果我继续持有，本来可以在往后一些年里获得丰厚的回报。但要补充的是，我从来没有为此感到不舍。我已经有了足够多的钱，无论财富多少，都无法带给我为国效力的满足感。

有一些证券没有在交易所上市，无法卖出，所以我继续持有了，其中包括我持有的硫黄公司股份，以及在加利福尼亚州一个钨矿的权益。对于这些股份，我给了秘书玛丽·博伊尔（Mary Boyle）小姐常设指示，每逢这些公司宣派股息（如有），都把股息捐给红十字会和其他爱国机构。我向威尔逊总统解释了这些安排，也得到了他的批准。

钨矿宣派了可观的股息，我全部捐给慈善机构了。但得克萨斯海湾硫黄公司（原名为海湾硫黄公司）要到战争结束之后才开始投产。

在我成为战时工业委员会主席之前，联邦矿业局（Federal Bureau of Mines）

促请稀缺战争物资的生产商加大产量，启动新的生产项目。得克萨斯海湾硫黄公司就是其中一家，联邦矿业局承诺为其提供惯常的便利条件，包括优先获得建筑材料和设备。

有一天，我在华盛顿战时工业委员会所在大楼走廊里，碰见得克萨斯海湾硫黄公司总裁沃尔特·奥尔德里奇（Walter Aldridge）。我问他到那里有什么事，奥尔德里奇回答说，他在询问优先订单的问题。

由于我已经完全退出了公司管理，这是我第一次知道政府在考虑优先为马塔哥达县矿床提供设备。我马上告知战争部部长牛顿·贝克，我在这家公司拥有权益。迪克·林顿是我的老同学，时任得克萨斯海湾硫黄公司董事，我也叫他坚持要求，公司不仅要以成本价出售硫，而且如果报价最低的竞争对手售价比成本价更低，公司还要亏本出售。

事实上，这项预防措施是多余的，因为战争结束后大约4个月，得克萨斯海湾硫黄公司才开始生产。

我从巴黎和会回来后的一段时间，又开始活跃于得克萨斯海湾硫黄公司的事务，业内有很多事需要理清。战争突然结束了，另外两家硫黄公司——联合硫黄公司和自由港硫黄公司——开采出的几十万吨硫堆积如山，市场在短时间内消化不了。

此外，这三家公司之间存在不少矛盾。联合硫黄公司曾经起诉自由港硫黄公司侵犯“弗拉施法”专利，由于专利已经过期，联合硫黄公司败诉了。我们也在使用“弗拉施法”，若非联合硫黄公司败诉了，接下来多半也会起诉我们。

然而，联合硫黄公司换个角度攻击我们。他们拥有毗邻我们矿床的土地，起诉我们的矿井消耗了他们矿床的硫。这宗案件庭外和解了，但双方都闹得很不愉快。

联合硫黄公司的一名股东、弗拉施家族的人甚至指控说，我身为战时工业委员会主席，在允许联合硫黄公司履行政府合约之前，索取每吨多少钱的佣金，这项指控据说是赫尔曼·弗拉施做出的。事实上，赫尔曼·弗拉施在1914年就过世了，当时第一次世界大战根本还没爆发。我在这里补充这一点，也是不希望后人对他有所误解。

20世纪20年初的经济衰退爆发后，全球矿物和金属的销量大幅减少。由于迫切需要向海外市场出售生产堆积的材料，加上外国卡特尔的活动，国会通过了《韦伯—波麦瑞尼法》(Webb-Pomerene Act)，鼓励美国生产商联合处理出口销售。对于硫黄公司来说，这一特权是一场及时雨。

联合硫黄公司、自由港硫黄公司和得克萨斯海湾硫黄公司联合成立了硫磺出口公司(Sulphur Export Corporation)。不久后，公司与西西里岛达成协议，满足外国市场对硫的需求。

随后五年里，美国硫行业发生了巨大变化。按销售吨数计，得克萨斯海湾硫黄公司与联合硫黄公司基本上打平，而自由港硫黄公司滑落到第三位。接下来，联合硫黄公司在路易斯安那州的矿床枯竭了，被迫关闭工厂。自由港硫黄公司发现此前寄予厚望的新收购项目盈利远低于预期，因此，得克萨斯海湾硫黄公司成为了全球规模最大、成本最低的生产商。

从那时到1929年，公司的发展历程堪称辉煌。公司股份的发行价为每股10美元，交换后的股份如出售，相当于每股320美元。我在股价见顶前，就卖出了12.1万股的个人持仓。有些朋友问我为什么要卖，我回答说，觉得股价太高了，建议他们也卖出股份。

但其中许多人并没有听我的建议，硫黄公司股价仍在飙升，许多问过我的人暗示说，从我卖出了这只股份可见，我已经失去了对市场的触觉，想法过时了。但在1929年股灾爆发之前，我已经悉数抛售了对硫黄公司的持仓。

我在市场操作中，曾一次又一次地在股价仍在上升的阶段卖出股份，正因如此，我才能够保住赚来的财富。有许多次，如果我继续持有一只股份，或许能够赚到更多钱，但当股价急跌，我也会蒙受损失。或许这种操盘方法让我错失了一些赚钱的机会，但也让我避免像许多人一样倾家荡产。

有些人夸耀自己能在最高位卖出，在最低位买进——我觉得能做到的，都是现代版的闵希豪森男爵（Munchausens），是吹牛大王。我曾经做到的，只是在股价够低时买入，在股价够高时卖出，从而在市场极端振荡、造成一片狼藉之际，避免遭到殃及。

· 4 ·

在1929年股灾之前，股市赌风盛行，那么，我们为什么会陷入这种疯狂的状态呢？我认为，这在很大程度上反映了奇特的群众心理，这在人类历史上一次又一次地得到了体现。

最初启发我思考奇怪的群众行为的，是旧《纽约先驱报》的财经记者约翰·戴特（John Dater）。20世纪初，我从欧洲返回美国的途中，戴特在船上采访了我。我们谈到恐慌，戴特推荐我去读一本他看过的书，书名为《大癫狂：非同寻常的大众幻想与群众性疯狂》（*Extraordinary Popular Delusions and the Madness of Crowds*），作者查尔斯·麦基（Charles Mackay）。我和戴特找遍了二手书店，终于找到了一本。

麦基的书最初在1841年出版，L. C. 佩奇出版公司（L. C. Page and Company）在1932年再版，生动翔实地记述了人类历史上曾经风靡一时的不可思议的狂潮，没有一个国家可以对这些狂潮免疫。所谓冷静的荷兰人有过郁金香狂潮，情绪容易波动的法国人有过密西西比泡沫事件，而性格坚定的英国人也有过南海泡沫事件。

在书里看到这些疯狂的事件，我想大喊："这是不可能的！"但我自己也亲眼见证过20世纪20年代佛罗里达州房地产泡沫，引发1929年股灾的股市投机行为，其疯狂程度也不遑多让。而希特勒在德国上台，或许至少也要部分归咎于同样的群众性癫狂行为。

这些群众性癫狂行为在人类历史上屡屡上演，必定反映了人性中根深蒂固的特质，或许也是同样的力量促使鸟类迁移或者海鳗的群体行为。这些行为似乎有着周期性规律，例如，正当牛市持续上涨，就有一件或大或小的事情发生了，第一个人开始卖出，接着其他人也在卖出，价格上涨的思维惯性就被打破了。

“思维惯性”这个词是多么准确，这不是我原创的。我第一次听到这个词，是在操作J. P. 摩根想吸筹的钢铁股时，整体股市正在上涨。在操盘过程中，芝加哥、岩岛和太平洋铁路公司的股价出现崩盘。当时，我刚好跟米德尔顿·伯里尔在一起，伯里尔说道：“这只股份的暴跌会打破看涨的思维惯性。”我从来没有听过这个词，但马上意识到伯里尔说得对，虽然摩根家族出手为那只钢铁股护盘，但我还是获利抛售了。

群众性疯狂行为还有一个奇怪的地方，那就是受过良好教育和身居高位的人也不能免疫。麦基的书中全是例子，讲述了国王和王子、商人和教授是怎样受到这些狂潮驱使。而在我们生活的年代，1927年至1929年的股市狂潮席卷了社会每个阶层。

我记得自己当时的感受，从1928年起，我就对股价水平感到不安。纵观国际事务，当时赔偿和战争债务问题就像《航海家辛巴达的故事》中，那个赖在辛巴达肩头上好多大的老头一样，为全球贸易带来重压，如果我们能够解决这个问题，或许能兴起一番新的荣景。但另一方面，美联储从1927年开始放松银根，产生的影响让我感到不安。

事实上，在1928年，我好几次都觉得股市马上就要崩盘了，于是卖出了持仓，但股市随后还是持续上涨。

1929年8月，我前往苏格兰打松鸡。在苏格兰期间，我收到从美国发来的消息，多家传统人寿保险公司的股份建议交换为两家新成立控股公司的股份，股份交换交易有望推动相关公司的股价上涨到极高水平。

我向关系很好的三个人发了电报，问他们对市况有什么看法，两个人的回复不置可否。但第三个人发来的电报说，整体商业状况“就像风向标指向繁荣的疾风”。这个人当时在美国金融界身居高位，我知道他相信自己给我发电报的内容，因为在后来的股灾中，他倾家荡产。

我决定缩短在苏格兰的行程，乘船返回美国。我在伦敦等候上船时，有好几次都往纽约发电报下了买入股份的指令，但紧接着第二天又下了卖出指令。在我回国的那艘船上，正好有一家经纪人事务所，管理人是一位富有魅力的年轻人。他招揽我的生意，我给他发出了一些卖出指令。回到纽约后不久，我决定卖出所有持仓。

在随后灰暗的年里，我重读了麦基的著作，却觉得他讲的故事令人鼓舞。从他的著作可见，人们狂热的希望是多么毫无依据，但人们深陷绝望的心情也是毫无依据的。正如过往一样，无论前景看起来是多么灰暗，情况总会好转。

无论人想要做些什么，都好像总有做过头的冲动。当希望高涨，我总是反复告诉自己："二加二还是等于四，没有人发明过不劳而获的办法。"当前景充满了悲观情绪，我又会提醒自己："二加二还是等于四，人总能走出低谷。"

第十九章

股市投资者的投资理念

· 1 ·

英国国王爱德华七世（King Edward Ⅶ）的私人银行家欧内斯特·卡塞尔爵士（Sir Ernest Cassell）据称说过一句话，我但愿那是我先想出来的：

“当我是一个默默无闻的年轻人，开始崭露头角时，别人管我叫赌徒。”卡塞尔爵士说道，“接着，我的交易范围扩大，交易量增多，别人管我叫投机者。再后来，我的业务领域继续扩张，别人便管我叫银行家。其实，我一直都在做同一件事。”

那些觉得有什么投资是稳赚不赔的人，尤其应该思考一下这番话。我用“赌一把”这个词，引起了老摩根的反感。但事实上，没有什么投资是毫无风险的，只要是投资，在一定程度上都是赌博。

人生总免不了承担风险。如果每个人都不愿意在成功概率看似渺茫的情况下承担风险，那么，人类至今能取得的成就就会黯淡许多。哥伦布想开辟通往印度的新航线，是承担了当年很少人愿意承担的风险。而在我们这个年代，亨利·福特（Henry Ford）开始制造第一辆T型车，是有史以来最大的投机行为之一。

人在看似渺无希望的成功概率面前，仍然愿意大胆尝试，这股意愿是我们无法遏制，即使可以，也不应该遏制的。或许我们可以努力做到的，是更好地了解如何降低我们所做的事情涉及的风险。换言之，我们的问题是如何保持适当的冒险和实验精神，同时避免贻笑大方，这一点适用于政府事务，也适用于赚钱。

我向来指出，真正的投机者应该能够预估未来，洞察先机、未雨绸缪地采取行动。他必须像外科医生一样，在无数复杂而又相互矛盾的细节之中找出重要的事实，接着，还是像外科医生一样，根据眼前的事实，冷静、清晰、熟练地进行操作。

要找出事实的难点在于，在股市中，任何情况的事实都要先通过人类情绪的帘幕，才能到达我们眼前。推动股价上涨或下跌的，并非客观的经济力量或事态变化，而是人对这些事件的反应。投机者或分析师长期以来面临的问题在于，如何从人对这些事实的主观感受中，抽取出冰冷客观的经济事实。

很少有什么事比这个更困难的了，主要障碍在于从自己的情绪中抽身。

我知道有些人面对别人的动机，就像通灵者一样明察秋毫；但论及自己的错误，却像是瞎了眼一样，毫无知觉。

事实上，我也曾经是这样的人。

我接下来会讲述两次从业经历，由此可以看出，人在关注别人的错误时，可以火眼金睛；但在看待自己的错误时，却视力模糊。

· 2 ·

我对人性颇有研究，向来觉得一个优秀的投机者，应该能够事先判断一个人拿到钱之后会怎么做。在1906年12月的一天下午，我这个想法受到了考验。威廉·克罗克突然来到我的办公室，他的父亲是加利福尼亚州中央太平洋铁路的承建商之一。

克罗克为人亲和，富有魅力。他坐马车时会挺直身体，打扮得一丝不苟，头发纹丝不乱，就连短直的小胡茬也显得整齐有致。他说起话来略有一点结巴，却讨人欢喜，而他的内心和头脑都是非常清醒的。他是那种绝不会在危难之际弃客户于不顾的银行家，无论情况有多坏，他都不会丧失幽默感和勇气。

克罗克带着内华达州参议员乔治·尼克松（George Nixon）过来，如常单刀直入地说："尼克松需要100万美元，这个人信得过。"

尼克松拥有金田综合矿业公司（Goldfield Consolidated Mines），又收购了毗邻的联合矿业公司（Combination Mines），收购价为2,578,216美元，分三期支付，首期100万美元现金必须在三个星期内支付。由于外界知道尼克松需要资金，金田综合矿业公司的股价持续下跌。

经过简短的讨论，我同意借给尼克松100万美元，为期一年。他签署了一份以金田综合矿业公司股份做抵押的票据。

但这只是解决了尼克松的第一道难题，他必须在4个月内分两期支付等额的余款，合共1,578,216美元，由联合矿业公司股东决定是以现金支付还是以股换股。当然，如果联合矿业公司股东接受以金田综合矿业公司的股份支付，而不是以现金支付，那么对于尼克松来说是最理想的安排。

我告诉克罗克和尼克松，我有办法可以让联合矿业公司的股东接受以股换股。我没有解释自己的想法，只是递给尼克松一张100万美元的保付支票，叫他完全听从我的指示。

"你到华尔道夫酒店的咖啡厅坐下，"我告诉他，"肯定会有人问你情况怎么样了，他们知道你需要钱。从口袋里掏出这张支票，给他们看一眼，再放回口袋里，啥也别说。如果有人提出收购金田综合矿业公司，就回答说：'你得去找巴鲁克谈。'"

果然，尼克松刚在华尔道夫酒店的男士咖啡厅坐下，就有人问起他面临的财务困境。他成功扮演了自己的角色，掏出保付支票。无论别人问他什么，他都只是简单地回答"去找巴鲁克吧"，口吻轻松，仿佛已经卸下了所有重担。

第二天，尼克松前往芝加哥，与联合矿业公司的债权人会面。他还是遵从我的指示，把我的保付支票背书转让给他们，对余下两期的付款只字不提。

联合矿业公司的一位股东离开了房间，很快，有人在纽约的场外交易所发出卖出金田综合矿业公司股份的大宗指令。我早就预料到会有人试探市场支撑力度，预先挂单买入金田综合矿业公司。因此，股价并未下跌，而是基本企稳。由此可见，金田综合矿业公司的股价受到买盘的强劲支撑，这完全出乎了绝大多数人的预料。

接下来的计划也圆满实施了。由于100万美元现金产生的心理效应，加上金田综合矿业公司的股价在面对大量抛售时依然表现坚挺，促使联合矿业公司持仓较多的股东要求尼克松以金田综合矿业公司股份的形式支付余下两期的付款，而非以现金支付。他们没有等待余款到期，而是当天就提出了这项要求。

尼克松的财务困境迎刃而解，兴高采烈地回到纽约。他给了我10万股作为酬谢，我觉得受之无愧，于是欣然接受了。

读者先别忙着夸我是高手，先听我讲完第二个故事再说。

我已经提过，我是听了赫尔曼·西尔肯的话，利用统一铜矿公司的创办人企图操纵铜价的愚蠢行为，来赚到第一桶金的。本质上，这件事是对供求法则有效性的一个简单测试，即使是最高明的投机者想要操纵价格，在供求法则面前也只能败下阵来。经过这件事，我本来不应该犯下同样的错误，企图要小聪明来打败供求法则，但我偏偏做了这样的事情。

1902年，巴西圣保罗州颁布一项法令，在未来五年内限制新的咖啡种植园，据此，从1907年起，咖啡产量会大幅减少。西尔肯先生是最优秀的咖啡商。他认为考虑到这些种植限制，加上天气前景欠佳，咖啡价格会大幅上涨。

1905年初，我开始大量买进咖啡，由于我是用保证金账户买入的，只要每磅咖啡价格上涨几美分，我就能赚到一大笔钱。

但咖啡价格并没有如期出现急升，大自然的力量开始与投机者作对，1906年咖啡产量有望大丰收，这正好是在1902年实施的种植限制发挥影响之前一年。

在1905年大部分时间，咖啡价格都维持在8美分左右，但在最后几个月开始下跌。巴西政府警惕起来，咨询过西尔肯先生等权威人士的意见之后，设计出一个“稳定物价”计划，购买数百万袋咖啡，不让这些咖啡在市场上流通。西尔肯深信政府采购行为可以稳定咖啡价格，建议我继续持有。西尔肯还帮助巴西政府获得了贷款，用于采购咖啡。

但咖啡价格持续下跌，每次下跌一丁点，都让我损失数千美元。但我还是继续持有，看着银行余额不断萎缩，多年好景中赚来的钱蒸发了。

当然，我本来应该在一发现1906年的咖啡收成将会超过预期时，就立即斩仓。这也免不了蒙受损失，但在股市中，第一笔损失通常是最小的。盲目固守，拒绝认错止损，才是最大的错误。

我本来也明白这个道理，但就像门外汉面对市场轧空那样，丧失了理性。

许多新手会为了保护亏损的持仓，而卖出获利的持仓。由于优质股通常跌幅最小，或者甚至带来获利，在心理上比较容易割舍。而垃圾股可能跌幅较大，人们反而会抱有侥幸心理，继续持有，等待解套。

事实上，投资者应该卖出垃圾股，继续持有优质股。除了罕见的例外情况之外，一只股份价格高，是因为这只股份好，而一只股份价格低，是因为它的价值存疑。

我说过，这些道理我都明白，但我是怎样做的呢？1903年，我大量买进了加拿大太平洋铁路（Canadian Pacific），在这之后，股价大幅上涨，我也确定股价还有进一步上升空间。但我却为了为咖啡持仓追加保证金，而卖出了对加拿大太平洋铁路的持仓！

很快，我对加拿大太平洋铁路的持仓为零，而咖啡价格还在继续下跌。我在美国西部（应该是在旧金山）时，终于如梦初醒，意识到还是割肉离场为妙。

经此一役，我亏了七八十万美元，在一段时间里，由于心情紧张而一直消化不良。比亏钱更痛苦的是，我一直以为自己有多么精明，但这件事给我的自信心带来了沉重的打击，我决心再也不要在不了解的领域承担重大风险了。

事情结束以后，我清楚看到了自己在每个环节都犯下了错误。像赫尔曼·西尔肯这样的人，明明可以清楚看到其他人企图支撑铜价的行为是多么愚蠢，却在自己最熟悉的商品上犯下了同样的错误，这种现象或许看起来很奇怪。但我们经常会因为想要得到某个结果而忘乎所以，而忽视了实现这个结果是否切合实际。在此情况下，一个人对某个领域的了解越多（有越多的内幕信息），就越容易相信自己能够凭着聪明才智打败供求法则。

就连愚者也不敢涉足的领域，专家却敢于进入。

· 3 ·

我相信，这两个故事说明了要排除情绪的干扰来发现事实，是多么重要，也是多么困难。我希望其他人可以从我失败的例子中吸取经验教训，从中获益。但必须承认的是，我对自己给出的建议有多大用处，也抱有怀疑。

我注意到，看到其他人犯错，我们经常反而会更想去做同样的事情。或许这是因为在每个人的心中，都有不安于现状的火花，都想要找到游戏规则的漏洞，证明自己比其他人更聪明。无论如何，我们只有在自己重蹈覆辙之后，才能学乖。

既然我对建议的作用抱有怀疑，自然也就不愿意制定“守则”或指引，教人如何明智地投资或投机。但我还是从自己的经历中总结了一些道理，或许自律的读者可以从中得到一些借鉴：

1. 除非你可以把投机变成全职工作，否则不要投机。

2. 警惕理发师、美容师、侍应……总之任何人给你的“内幕”消息或“小道消息”。

3. 在买入一只证券之前，尽量找出和这家公司相关的所有资料，包括公司状况、管理层、竞争对手、盈利和增长前景等。

4. 不要指望在最低位买进，在最高位卖出，这是做不到的，说能做到的都是骗你的。

5. 学会快速认赔，果断止损，不要指望每次都对，错了就尽快止损。

6. 不要买入太多不同的证券，最好只投资于几只证券，并密切跟踪关注。

7. 定期重新评估所有投资，看一下事态变化是否改变了这些投资的前景。

8. 研究你的税务情况，了解在何时卖出最为有利。

9. 始终把相当一部分资本留作现金储备，绝不要把所有资金都用于投资。

10. 不要什么投资都插一手，坚守住自己最了解的领域。

这些“守则”主要反映了我吸取的两大经验教训——第一，在采取行动之前，必须了解相关情况的事实，这一点至关重要；第二，了解这些事实需要持之以恒的努力，容不得丝毫懈怠。

例如，罗斯柴尔德家族肯定在当时最睿智的金融家之列了，我听说他们家有人想为留给爱人的财产做稳健的投资。他决定把这笔钱投入奥地利和德国政府债券，英国超面值永久性债券，以及法国超面值年金。多年后，我听到这个故事时，这笔遗产的价值只剩下原来的五分之一。当然，奥地利和德国证券已经变得一文不值，而其他投资也大幅贬值。

换言之，一个人在做了一项投资之后，不能理所当然地以为它的价值会保持不变。无论是世上原本未开发的地区带来了新供应来源，还是人们习惯的改变或科技创新，都可能会改变一家公司的竞争地位。某样东西的价值经常会由于一项新发现而下跌，又因为另一项发现而回升，例如，在有了石油和电力之后，煤炭价格下跌；但后来，煤炭在化学方面产生了新用途，经济寿命焕发新生。

事实上，千百年来，其价值能够经受住岁月洗礼的东西实属寥寥无几，即使是这少数的东西，价格也不乏波动，其中包括金、银和铜等矿物质、贵重宝石、艺术品和种植作物的土地。

即使是这些东西，我们也必须加上“至少迄今为止”的限定条件。例如，养殖珍珠的发展几乎摧毁了天然珍珠的旧有价值。黄金方面，一些国家的政府（包括美国政府）都已经立法规定私人拥有黄金非法。

我们绝不能把一项投资的价值当成是绝对和恒久不变的，正因如此，每个人都应该定期重新评估自己的投资持仓。也正因如此，我们不应该分散资金，投资于太多不同的证券。我们必须投入充分的时间和精力，才能对一项投资做出良好的判断，随时了解可能改变某只证券价值的所有变量。一个人只能全面深入了解几只证券，而绝不可能全面深入了解很多只证券。

一知半解很危险，这句古老的格言在投资领域再适当不过了。

我们在评估具体公司时，应该研究三项主要因素。

首先是一家公司的不动产，这家公司的库存现金与负债之比，以及实物资产价值多少。

其次是一家公司开展业务的特许经营权，换言之，这家公司是否提供了人们想要或者需要的产品或服务。

我经常想，或许在经济跌入低谷之后，推动经济复苏的最强大力量，在于我们所有人都必须设法生活下去。即使深陷于最灰暗的绝望之中，我们自己都必须工作、吃饭和穿衣，这些活动会让经济的齿轮恢复转动。要确定人们要生活下去，哪些东西是必不可少的，并不是太困难，这些领域的投资机会通常能维持长远价值。

最后，也是最重要的一点，是管理层的品格和头脑。我宁愿选择一家管理层优秀、资金较少的公司，也不要选择一家管理层糟糕、资金雄厚的公司。即使一家企业有很好的价值主张，如果管理层质素低劣，也是枉然。在评估未来增长前景时，管理层的质素尤为重要。管理层是否具有创造性，多谋善断，决心在商业上保持活力，还是采取听而任之的态度？我学会了不要过于迷信由金融界大人物执掌的公司，而是要更加注重工程师队伍的质素。

在此重复一下，投资者在了解到各家企业的基本经济事实之后，还必须经常性地评估、再评估。有时候，我虽然犯了错误，但及时卖出了持仓，还能净赚一笔。

例如，在1904年初，我听说苏线铁路公司（Soo Line）计划兴建从明尼苏达州锡夫里弗福尔斯（Thief River Falls）到北达科他州肯梅尔（Kenmare）的支线，把铁路线往西延伸大约300英里，以此增加小麦运输量。我叫亨利·戴维斯前往西部，考察苏线铁路公司项目的前景。他回来后，我们闭门研究地图。根据戴维斯带回来的信息，我得出结论，会有足够多的小麦改用新铁路线运输，苏线铁路公司的盈利会大幅提升。

当时，苏线铁路公司的股价为60还是65美元，每股派息4美元，股息收益率超过6%，我开始买入这只股份。苏线铁路公司很快就动工修建支线，但不久后，华尔街有传闻说，公司的财务回报远低于预期，很成疑问。我知道经常有人故意散播这类传闻，为的是把其他投资者吓跑，让人不敢投资优质项目，于是，我增持了苏线铁路公司。

小麦获得了丰收，苏线铁路公司的收入增长了大约50%。消息带动股价飙升到110美元，比我开始买入时上涨了近三分之二。这时，锡夫里弗福尔斯支线甚至还没有开通。

与此同时，我加强了防范，重新评估有关苏线铁路公司支线前景的事实。我派了另一个人在美国西北部和加拿大邻近地区调研，绘制在多种实际和假设情况下，小麦运输的线路图。他带回很多页的图表，我埋头认真研究了很久。

我得出结论，大多数小麦都会运输到湖边，转由水路往东运输，所以，锡夫里弗福尔斯支线的运输量会低于预期。这与我在买入股份时的判断相反，于是我开始卖出持仓，大多数是卖给苏线铁路公司的内部人士。

我及时发现了自己的错误，得以在股价暴跌之前全身而退，获利颇丰。要强调的是，这要归功于我展开了比其他人更深入的研究，而不是像许多人以为投机者凭借的那样，靠投机取巧。

· 4 ·

我在华尔街的旧办公室外，有一个老乞丐，我经常给他一点小钱。在1929

年股市疯狂上涨的阶段，有一天，他把我叫住了，告诉我："我有一个可靠的小道消息要告诉你。"

当乞丐、擦鞋匠、理发师和美容师都能告诉你发财致富的窍门时，你更应该提醒自己，世上最危险的假象，莫过于人可以不劳而获。

当然，遇到市场景气的时期，市面上充斥的小道消息最是数之不尽。悲哀的是，由于行情上涨，至少在一段时间里，不管是谁说的小道消息好像都靠得住，这只会让人在市场中越陷越深。

人们会把只言片语误以为是小道消息，实在可叹。有一年冬天，我们住在纽约的瑞吉酒店，我和妻子邀请了几位亲戚朋友一起用晚餐。席间，我接了一个电话，我回答对方的话听起来是这样的：

"综合天然气公司（Consolidated Gas）。是的，是的。很好，很好。是的，是的，很好。"

几个星期后，我到了在南卡罗来纳州的种植场，见到一位当晚在瑞吉酒店作客的亲戚。她是一位迷人的女士，泣不成声，她亏掉了很多钱。

"但你也一定在综合天然气公司上亏了很多钱。"她抽泣着说。

"在综合天然气公司上亏了很多钱？"我惊讶地重复道。

"是的，"她说道，"我是听了你的推荐，才买了这只股份。哦，你不知道自己向我推荐了，恐怕我是偷听了你说话。但听到你在电话里说，'综合天然气公司，很好，很好'，我实在忍不住了，就买入了这只股份。"

事情是这样的，我怀疑综合天然气公司的股价将要下跌，委托别人帮我调查一些资料。他打电话到瑞吉酒店，是要向我报告调查结果，结果印证了我的想法。我说"很好，很好"，只是因为自己的想法得到了印证。

因此，我开始卖出这只股份，而我的亲戚却以为得到了小道消息，开始买入。

在投机中，我们的情绪经常会为理性思考的能力布下陷阱。例如，知道何时要卖出一只股份，比知道何时要买入困难得多。止盈和止损也是同样困难的事情，如果一只股份上涨了，人们会想要继续持有，等待进一步上涨。如果一只股份下跌了，人们也会想要继续持有，等待股价反弹，至少要解套才甘心。

理性的做法是在股价仍在上涨时就卖出，或者错了就马上认错，及时止损。

有些人在卖出之后，会事后诸葛亮，“如果我当时这样那样做就好了”，自寻烦恼。这样做既愚蠢，又打击士气。没有投机者可以在所有时候都判断正确。事实上，如果一个投机者在一半时候判断正确，已经达到了不错的平均值。即使在十次里面有三四次正确，只要懂得错了就快速止损，也可以获得丰厚的回报。

我年轻时，曾经听人说过，“减仓到你能安然入睡为止。”我不记得这句话是谁说的了，但这确实是金玉良言。如果我们在担忧，这是因为潜意识在向我们发出警报，最明智的做法是减仓到自己不再担忧为止。

事实上，我觉得定期卖出大多数持仓，持有现金离场，是明智的做法。没有一个上将会让自己的军队无休止地打仗，他也不应该一打仗就倾巢而出，不留任何后备军力。年轻时，我栽过好几次跟头，之后就努力不再过度投机，免得判断错误带来的损失超出了自己的经济承受能力。反之，我会维持大量现金储备，以备在出现意外的投资机会时，我能够去把握。

有些人还常有一个错觉，以为自己无所不能，可以同时买卖股票，涉足房地产，经营企业，参与政治事务。据我所见，很少人能够同时做好几件事情。一个熟练的操盘手会对自己精通的领域产生某种“直觉”，这种感觉能让他们做出连自己也无法解释的正确判断。有好几次，我在自己缺乏这种“直觉”的领域投机操作，没有得到什么好结果，投资咖啡就是一个例子。

要在投机上取得成功，就像要在法律界、医学界或其他专业领域取得成功一样，需要掌握十分专门的知识。一个人在未经事先培训或准备的情况下，是不会异想天开地去开一家百货商店，与梅西百货（Macy's）或金贝尔百货（Gimbel's）竞争，或者成立一家汽车制造商，与福特汽车和通用汽车打对台。但同一个人却会欣然把自己的积蓄投入一个由专业人士主宰的市场，这些专业人士正如梅西百货和这两家汽车制造商，是业内的佼佼者。

那么，如果一个人有一定积蓄，没有时间全职研究投资，只是想就自己的积蓄获得合理回报，应该怎么办呢？我建议他们寻求值得信赖的投资顾问帮助。这些投资分析师态度认真，不牵涉利害关系，没有效忠对象，也不属于任何联盟，唯一的工作是判断一只证券的好坏，这门新生职业的兴起是过去半个世纪比较具有建设性和健康的一项发展。

我进入华尔街时，一个人必须做自己的分析师。当时也没有美国证券交易委员会（Securities and Exchange Commission）来规定企业必须披露衡量其证券价值所需的资料，当年，保密是盛行的规则。坊间流传了许多金融业巨头沉默寡言的故事，一家公司的负责人把公司业务界定为“加法、除法和沉默”。还有一个故事是说詹姆斯·斯蒂尔曼的，他从欧洲返回美国的途中，碰见摩根公司合伙人乔治·珀金斯，珀金斯打招呼说：“你回来了。”

斯蒂尔曼一言不发，于是珀金斯又补充道：“噢，你不需要确认这件事。”

证券交易所为了让企业向股东披露有关公司事务的更多资料，经历了漫长艰巨的斗争，最终取得了成功，但在19世纪90年代和20世纪初，在这方面还没取得多大进展。交易所首先必须说服企业让股份上市的好处，只有在赢得这场斗争之后，交易所才能更进一步，敦促企业向公众披露更多资料。

如今，人们能获取的资料或许有过多之嫌。更大的问题不再是挖掘更多资料，而是如何区分不相关的细节和重要事实，决定这些事实意味着什么，明智的判断力比过去任何时候都更加重要。

相比世纪之交，有几项影响因素导致目前判断证券价值更加困难，其中两项因素是无时不在的战争威胁，以及持续的通胀问题。

战争和通胀威胁的影响值得我们细细研究，因为这充分展示了促使人们投资于股票的两种相互矛盾的动机。有些人投资股票，是出于对企业未来的憧憬和信心；而有些人投资股票，是因为害怕通胀会导致自己手上的钱贬值。在第二次世界大战后的几年里，股市走势异常而又令人困惑，主要原因在于这两种动机都同时处于十分活跃的状态。

许多企业的价值出现了巨大的增长，与此同时，政府长期实施通胀性政策，产生了累积效应，至少在本文撰写时，通胀并无停滞的迹象。

· 5 ·

1955年冬天，证券价格出现了惊人的涨势。霎时间，警钟大作，监管机构怀疑1929年的历史准备重演，股市在不健康的飙升过后，会再出现灾难性的暴跌。

参议院银行和货币委员会下令调查，经过几个月的聆讯和研究，发布了一份报告。但到那时，市场已经平复下来，委员会的调查被人抛诸脑后。

日后还会出现类似的投机热潮和调查，这时，我们需要记住两件事：

首先，股市并不会决定我们经济的健康状况，很大程度上由于1929年股灾，许多人以为股市是经济繁荣和萧条的起因。事实上，证券交易所只是一个证券买家和卖家交易的市场。这些卖家和买家会判断某家公司的业务怎么样，前景如何，市场所做的只是记录了这些判断。

简言之，股市是一个温度计，而非发热疾病本身。如果通胀或政府信贷走软对国家产生了负面影响，股市会反映出这种影响，但问题的起因并不在股市本身。

我要重复，温度计和发热疾病之间有重要区别。如果温度计坏了，我们面对的是一种问题；但如果股市准确无误地记录了经济状况的病情，我们面对的又是截然不同的另一种问题。

事实上，近年来证券投资发生了多种结构性变动，值得我们仔细研究。例如，投资信托和共同基金取得了惊人增长，免税退休基金和免税基金会也增长迅猛。随着规管机构持仓的法律做出了变动，人寿保险公司和储蓄银行等机构买入了股票。

资本增值税让许多投资者不愿意卖出持仓，许多行业都凭借公司盈利和税务核销来为工厂扩张提供资金，而不是从外部融资。究竟这些和其他变动令股市运作发生了什么改变，迄今为止还没有人做过十分详尽的研究。

我们也应该重新评估每份免税申报表的全面影响。如今，税率高企，越来越多的企业和个人根据税务情况做出商业决策，因此，免税对经济产生了越发深远的影响。

我们需要防范有人滥用这些新发展，但这不应该与整体经济较大的政策性问题混为一谈。如果我们的整体经济政策健全，国防稳固，股市就会适应这些变动，我们不需要担忧股市崩盘。如果我们不能维护国家安全和国家信贷，那么没有什么东西可以有长久的价值。

其次，监管可以保护人们免受投机亏损。我不反对在必要的情况下规管股票市场，第一次世界大战前，我任职于证券交易所理事会，总是呼吁加强行业自律。在股灾爆发后，由于已经出现的滥用情况，我支持当局加强对股市的监管。

我们应该尽量打击以非法勾当牟取暴利的行为，甚至可以努力让弱者免受强者的欺凌，但没有任何法律可以阻止一个人犯错。人们在股市投机中蒙受损失的主要原因，不是华尔街不诚实，而是许多人以为人可以不劳而获，在证券交易所可以发生这个奇迹。

要规管投机，其实就是在规管人性。在《禁酒修正案》刚颁布时，我是举手赞成的，但我很快就发现，能成功规管到的人性是有限的。只要一个人相信自己可以找出游戏规则的漏洞，相信自己可以凭聪明才智胜过别人，他迟早都会尝试这样做。

如果政府真的要保护民众的收入，首先就应该从自己做起，保护美元的购买力。在第二次世界大战期间，政府以爱国为由，说服了数百万户家庭投资于美国储蓄债券。随着美元购买力的下降，这些人的储蓄大幅贬值，而无视这些爱国主义宣传的人却获利了。换作在证券交易所上市的公司，若是竟敢从事这样的财务操作，公司董事势必会面临美国证券交易委员会的起诉。

第二十章

投资买下霍布考大庄园

· 1 ·

在这个纷繁忙乱的年代，我们所有人都需要不时停下脚步，思考一下这个忙碌的世界和我们自己何去何从。从世俗事务中抽身，即使只是在公园长凳上坐上一两个小时，思考这个问题，也会为我们带来收获。

这样的定期反思，是我在早期投机中总结的最重要经验之一。我前面提过，在每次进行重大交易之后，我都会从华尔街抽身，去一个安静的地方，回顾自己所做的事。如果我亏了钱，我要确保自己不会重蹈覆辙。如果我操作成功，暂时离开嘀嘀嗒嗒响个不停的股票行情收报机，也能让自己的头脑清醒过来，恢复充沛的精力，能更好地投入到日后的行动中。

养成了这个习惯之后，在1905年，当位于我出生地南卡罗来纳州的著名霍布考大庄园（Hobcaw Barony）出售时，我自然不会错过买下这片土地的机会。这里是不折不扣的世外桃源，有大片的沙滩和盐沼湿地，曾经是美国最佳的猎鸭去处，四条河流流经此地，毗邻一个海湾，渔产丰富；广袤无垠的森林接近原始状态，而且——没有安装电话。

许多年里，要进入我这个1.7万英亩的种植园，唯一的途径是从大约3英里外的乔治城（Georgetown）经水路进入。1935年，乔治城和北卡罗来纳州威尔明顿（Wilmington）之间修建了一条新桥和一条高速公路，方便前往霍布考大庄园。但即使在那时，我也保留了这里与世隔绝的氛围。有人负责把邮件和电报从乔治城送过来，每天送两趟，我和客人与外界的沟通仅限于此，我不希望再有更多了。

担任公职以后，我发现有一片远离外界纷扰的净土，让身心恢复宁静，跟我在华尔街期间同样弥足珍贵。尤其是在第二次世界大战期间，华盛顿弥漫着沉痛和仇怨的氛围，官员烦不胜烦，劳累过度，我会鼓励他们抽出时间暂时离开一下。许多官员一心要打赢这场仗，连睡觉都会在手边放着铅笔和便笺本，早上吃完早餐，连下巴上的鸡蛋都顾不上擦，就匆匆赶到办公室上班。他们一场接一场地开会，应付一个又一个的危机，根本没有机会停下来思考。

1945年年底，时任白宫幕僚长、乔治·马歇尔（George C. Marshall）上将到霍布考大庄园过周末，我跟他说，政府高官不能只顾得上为眼前的压力疲于奔命，还必须预计将要出现的问题。他大力点头表示赞同，还告诉我："在战争爆发早期，我吩咐参谋部所有官员，每个星期都要离开华盛顿一两天。我不希望一些累得头脑发涨的人作出会影响数百万士兵生命的决策。"

就连战时身负重担的富兰克林·罗斯福总统也知道，没有人可以忙得顾不上休息。1944年4月，他到了霍布考大庄园，原本只打算逗留两星期，后来却住了整整一个月。

据说在印第安语中，"霍布考"是"水域之间"的意思。我的种植园是夹在沃卡莫河（Waccamaw River）与大西洋之间的半岛，所以得了这个名字。南卡罗来纳州的这一带靠近帕利斯岛（Pawley's Island），我外姑婆萨姆森（Samson）就住在这里，我从大约八岁探望她起，就对这里产生了兴趣。

当时，我们从卡姆登出发，前往查尔斯顿，再乘坐艉外明轮船"路易莎"号（Louisa）北行，前往乔治城。这是我第一次出海，途中遇到了惊涛骇浪！我的老保姆米勒娃跪在地上，祈求上帝当即让她上天堂。从那时起，我就对大海产生了畏惧，至今仍未消退。

我们从乔治城出发，前往帕利斯岛探望外姑婆，见到她的儿子纳特，他成了我儿时崇拜的偶像。他是一艘近海小船的船长，船名为“女妖”号(Banshee)，听起来很像海盗船。他告诉我，大约10英里外有一个沃卡莫半岛（Waccamaw Neck），岛上能找到火鸡、鹿和鸭子，他还讲了许多引人入胜的故事。后来听说沃卡莫半岛这片土地出售，我又回想起了当年的记忆。

霍布考大庄园历史悠久，原本是乔治二世（King George Ⅱ）授予加特利爵士（Lord Carteret）的男爵领地。据说，在英国在这里开辟殖民地之前，西班牙就已经试过在此设立殖民地。在殖民时期，在连接北卡罗来纳州威尔明顿和查尔斯顿的主要沿海道路上，霍布考大庄园是必经之路。如今，穿过霍布考大庄园的这段路只不过是一条林中小径，但还是保留了“国王大道”（King's Highway）的称谓。

罗斯福总统对这些历史细节很感兴趣，他津津有味地听我介绍说，霍布考大庄园曾经是威廉·阿尔斯通（William Alston）的乡村宅邸，他儿子约瑟夫(Joseph)是南卡罗来纳州州长，娶了阿龙·伯尔的女儿提奥多西亚(Theodosia)。有一天，我带着罗斯福总统走到霍布考大庄园树林边缘的温约湾（Winyah Bay），指着堡垒的残垣断壁告诉他，这就是英军在美国独立战争期间建起的堡垒，附近有几名英国士兵的坟墓，现在墓地上杂草丛生，我不许任何人去开墓。

罗斯福总统也惊讶地了解到，他其实是到访霍布考大庄园的第二位总统。第一位是格罗弗·克利夫兰，为了纪念他，种植园里最好的狩猎场地之一就是以“总统狩猎台”(President's Stand)命名。当地对“总统狩猎台”的正式称谓中，把重音放在了最后一个音节，变成“President”①，为什么会这样，有一个我津津乐道的故事。

这个故事是我从桑尼·凯恩斯（Sawney Cains）口中听来的，他是猎鸭专家，

---

① 本来在英文中，“President”的重音是落在第一个音节的，这里特意重读的“dent”有凹陷之意，呼应下文的故事。——译者注

给克利夫兰总统做过向导。据他所说，他划着船带总统来到沼泽草地，把船藏在锯齿棕下，设好诱饵，再护送总统前往狩猎台，他们需要经过溪边一段软泥。

在这样的软泥上行走是一门艺术，你必须轻轻落脚，快速抬脚，以免踩得过深。由于克利夫兰总统正常的体重超过了250磅，走这一趟有多么复杂可想而知。

桑尼让克利夫兰总统搭着他的肩膀，给他借力，但突然间，总统的手臂一滑，就一脚踩进了泥泞的沼泽草地里。想到堂堂美国总统深陷于泥泞，桑尼产生了超人的力量。总统身材圆胖，要“箍住”他的身子殊非易事，但桑尼抱紧了他，使劲往上一拔。

总统的高筒防水胶靴还留在原地，但人是被他举高了，只见脚上穿着干爽的长筒袜。但这一次，轮到桑尼陷进软泥里，几近没腰。但他成功脱身，带着总统回到船上，两人全身上下泥渍斑斑。他们清洗干净，换上暖和的衣服，用桑尼委婉的话说，“喝了些药”。

吞下了几口烈性“药”后，克利夫兰先生笑得前合后仰，桑尼说，那是他一辈子最如释重负的时刻。讲这个故事时，桑尼脸上不带一丝笑容，这对他来说始终是一件严肃的事。

而罗斯福总统到访霍布考大庄园时，由于是战争时期，行程是保密的——起码最初是瞒过了人。他在复活节星期天中午抵达，私人火车停在了乔治城以北，让他可以悄悄下车。为了避免穿过城镇，美国特工处的人驾车，沿着一条小道驶往霍布考大庄园。进入种植园的门口时，家住庄园里的一个黑人男孩瞥见肩上披着斗篷的总统。“天啊！”男孩喊道，“那是乔治·华盛顿！”

但在乔治城，我访客的身份并没有保密太久。即使在有人看见他驾驶敞篷车之前，镇里许多人也猜出是怎么一回事了，毕竟，高速公路上突然出现了一队队身穿迷彩服的海军陆战队队员，三名白宫记者入住了当地酒店，总统的私人铁路车厢也停在了镇边上。由于我不允许霍布考大庄园安装电话，车上装了一个电话，用作与华盛顿沟通的通信中心。

当然，在大约60英里之外的查尔斯顿，《新闻信使报》办公室也知道了来客的身份。编辑是已故的威廉·博尔（William Ball），他极力反对罗斯福新政，从来都不吝言辞地宣扬自己的立场。总统每天吃早餐时，早餐盘上都会放着几份报纸，《新闻信使报》就是其中一份。总统抵达后不久，每天的社论向他展开了猛烈的抨击。

看到罗斯福总统对此感到不快，我找到博尔，跟他说，在总统在当地逗留期间，他应该暂停刊登这些批评的社论。我向博尔解释说，这跟他的言论自由没有冲突，而是要体现出南卡罗来纳州的待客之道。

除了这件事有点烦人，总统过得非常愉快，流连忘返。他来到霍布考大庄园之前，身心疲惫，咳嗽不止；但离开时，他晒出了小麦色的皮肤，据他的私人医生罗斯·麦金太尔（Ross McIntire）上将告诉我，他的健康状况比之前许多年都要好。

4月份大概是霍布考大庄园景致最美的时候，在环绕大宅的步道两旁，杜鹃花尽情绽放，灌木丛中，大片红色、浅紫色、粉红色和白色的花朵把绿叶遮得几乎看不见了。但可惜4月份不是钓鱼的旺季，我事先派人在附近的小溪和小港探过路，想找一个最好的地方给总统钓鱼。最后，我听镇里一家大商店的店主拉尔夫·福特（Ralph Ford）说，他知道大西洋出海几英里，有一处绝佳的钓鱼圣地。他带罗斯福总统出海，那里有一艘沉船，总统的船每次环绕沉船行驶，鱼儿都会上钩。

罗斯福总统劝我陪他一起出海，但我知道他向来喜欢恶作剧。我向他的军事秘书、绰号“老爹”的沃森（Watson）少将解释过：“他知道我很容易晕船，依他的性格，他肯定会哄我上船之后，叫船长驶到海浪最高的地方。”

总统在霍布考大庄园期间，也处理了许多公务。有一天，他把一份空军的报告拿给我看，报告上说，美军已经摧毁了大批的日本战机。“你会数数吗？”他将信将疑地说，“如果报告属实，日本人已经没剩下多少架飞机了。”当然，在日本投降后，我们发现日本空军确实基本上全军覆没了。

总统在霍布考大庄园时，海军部部长法兰克·克诺斯（Frank Knox）去世了。有一天，我们吃着午餐，谈到谁来接替这个职位。有人提到詹姆斯·福莱斯特（James Forrestal）（他后来确实上任了），总统说道：“他是纽约人，我们已经有三位内阁成员是纽约人了，那岂不是太多了吗，伯纳德？”

“一个人是哪里人又有什么关系呢？”我回答说，“我们在打仗，民众会希望你委任最佳的人选。你必须找一个熟悉情况的人，不能找一个人从头开始。”

许多重要人物都曾经到访霍布考大庄园，与总统商谈。每当我听说有重要人物要来访，我都会动身前往华盛顿或纽约，几天后才回来。我希望总统把霍布考大庄园当成自己的家，而不必迁就我。有一天，我回到庄园，我的贴身男仆威廉·拉西（William Lacey）兴奋地告诉我：“你知道今天谁来过这里吗？马克·克拉克（Mark Clark）上将！他是从意大利远道而来的。”

但总统在霍布考大庄园获得了多年来没有过的休息，我在一楼给他准备了一个两居室的套房，他可以关上门，不理会屋里其他事。他每天睡上10到12个小时，下午，他会驾车到我女儿贝尔的家里喝上一杯。傍晚，他经常会玩接龙游戏。有一次，威廉·莱希（William E. Leahy）上将等着向他汇报电报发来的报告，总统却非要向我示范他知道的多种不同的接龙游戏玩法，他知道的两种玩法，是我从未见过的。

还有一些晚上，我和沃森“老爹”、麦金太尔上将与我的护士布兰奇·希金斯（Blanche Higgins）一起，在客厅里玩金拉米纸牌。这时，总统会自己摇着轮椅进来，坐在一旁，一边口述信函，一边竖着耳朵听我们打趣说谁赢谁输的玩笑话，不时跟我们一起哄堂大笑。

· 2 ·

总统入住的房子，不是霍布考大庄园原有的宅邸。1929年，在我们每年一度的圣诞节聚会中，原本宽敞的框架房失火，当时在场的有我和妻子、三个孩子，还有迪克·林顿和内华达州参议员基伊·彼特曼（Key Pittman）。

我们成功挽救了一些贵重财物，但无力阻止火势蔓延到整栋房子。我们站在前门的草坪上，看着烈火熊熊燃烧，突然间，参议员彼特曼喊道：

“天啊，伯纳德！你的地下室有一桶玉米威士忌，等火烧到那里，那会爆炸的。”

我不知道彼特曼担心的是爆炸，还是痛失一桶好酒，但他和迪克·林顿把浸湿的手帕蒙在脸上，冲进地下室，把酒桶推了出来。

次年，我重建了大宅。为免再次发生火灾，新房子是由红砖和钢筋混凝土砌成的，但采用了乔治王殖民建筑风格。里面有10个卧室，每个卧室里都有独立卫生间和壁炉，全屋也安装了中央供暖系统。

房子建在一个斜坡上，周边的美景宛如一座公园，长满了玉兰树、挂满铁兰的橡树、罕见的樟树、山茶和杜鹃花的灌木丛。有一天，银行家奥托·卡恩从屋里走出来，看见树上挂满了披肩似的铁兰，惊叹道：“我终于明白南方人为什么会那么以南方为豪了。”《纽约世界报》（*New York World*）出版人拉尔夫·普利策（Ralph Pulitzer）也到访过霍布考大庄园，有一次诗兴大发，专门为霍布考大庄园写了一首诗，这首诗在我的存档里，但在这里就不公之于众了。

前门的门廊有六根白色的两层高柱子，出了门廊，沿着绿草如茵的斜坡，可以走到温约湾黄色的水边，有四条河的水潺潺流入温约湾，分别是桑皮特河（Sampit）、布莱克河（Black）、沃卡莫河（Waccamaw）和皮迪河（Peedee）。以前岸边有水稻种植，水稻田后的高地上，种植着棉花。霍布考大庄园占地1.7万英亩，一度有接近四分之一的土地都用来种植这些作物，但现在只剩下不到100英亩。

在宅邸与乔治城高速公路之间是一条4.5英里的车道，车道下都是种植园的土地。沿路会经过阴森的柏木沼泽，奇形怪状的“膝盖”从水里突出来。还有大片的原始松树和野生林，在第二次世界大战前一直大致保持原样，但在第二次世界大战爆发后，我们应军工生产委员会（War Production Board）的请求，砍伐了许多树木，用来缓解木材供应的短缺。路边还有一些黑人居住过的老村庄，种植园上曾经一度有四个黑人村庄，但随着水稻和棉花种植面积大幅减少，村庄也开始瓦解。罗斯福总统到访时，只剩下一个村庄，而到现在，就连这个村庄也消失了。

我们通常会在感恩节左右开放霍布考大庄园，在4月份关闭，偶尔会延迟到5月份，圣诞节一周总是以家族聚会为主。当然，在最初几年，大多数访客都是我在华尔街认识的商人或家里人的朋友，后来，访客还包括一些政界人物和报人、军队指挥官、作家、演员、戏剧制作人和教育家等。

在某个周末，马里兰州的多位政界领导人到访，包括时任州长、已故的阿尔伯特·里奇（Albert C. Ritchie）。我记得，大家在讨论谁可能会控制马里兰州在民主党全国代表大会的代表团，时任《巴尔的摩太阳报》（*Baltimore Sun*）首席政治专栏作家的法兰克·肯特（Frank Kent）站在壁炉前面，背靠着炉中燃烧的火焰，坚定地发表自己的看法。房间里每个人都微笑起来，法兰克更是备受鼓舞，更热烈地阐述自己的观点。突然间，法兰克从壁炉前扑出去，扭头一看：他在慷慨激昂地发言时，裤子着火了！

我还记得一次没有那么热烈的政治讨论，是围绕着为民主党筹款的问题。一位客人引用了已故肯塔基州参议员奥利·詹姆斯（Ollie James）的话，奥利喜欢借用赛马场的术语，说起话来更有声有色。有人建议奥利向某个人筹款，奥利听了嗤之以鼻："那简直是浪费时间。那人吝啬得要命，钱包捂得比平头[①]的马更紧。"

1932年，温斯顿·丘吉尔（Winston Churchill）和女儿黛安娜（Diana）曾经短暂地到访。他们之前在百慕大度假，黛安娜学会了一首早期的卡吕普索（Calypso）歌曲，轻声哼唱着。霍布考大庄园的天气恶劣，我邀请了乔治城的几位重要人物和南卡罗来纳州的知名人士。后来一些年里，丘吉尔先生曾经好

① "平头"指在赛马中，两匹或以上的马几乎同时冲过终点。——译者注

几次问起他见过的一些人的近况，他已经忘记了他们的名字，但会问道："那个秃头的矮个子店主现在怎么样了？"

可惜的是，霍布考大庄园陈旧的来宾登记簿已经不见了，但我记得的其他客人还有杰克·伦敦（Jack London）（他是我哥哥哈特维格的朋友）、埃德娜·费伯（Edna Ferber）、狄姆斯·泰勒（Deems Taylor）、富兰克林·亚当斯（Franklin P. Adams）、著名驯马师马克斯·赫希（Max Hirsch）、罗伯特·舍伍德（Robert Sherwood）、哈里·霍普金斯（Harry Hopkins）、鲍勃·鲁克（Bob Ruark）、赫达·霍珀（Hedda Hopper）、威斯布鲁克·佩格勒（Westbrook Pegler）和海伍德·布朗（Heywood Broun）。我问布朗要不要跟我们一起猎鸭，他风趣地回嘴："我只会在睡梦中打猎。"现任兰尼埃（Rainier）亲王的祖父摩纳哥亲王在霍布考大庄园度过了几天，捕捉珍稀的蝴蝶和狩猎罕见的鸟儿。

奥马尔·布拉德利（Omar Bradley）上将的枪法特别好。空军上将霍伊特·范登堡（Hoyt Vandenburg）和斯图尔特·赛明顿（Stuart Symington）到访时，我们会讨论空军的军力，一谈就是很久。1953年初，参议员罗伯特·塔夫脱（Robert A. Taft）和参议员哈里·伯德（Harry F. Byrd）过来度周末，我们一起打猎和讨论政治。他们十分尊重对方，我有时会想，如果塔夫脱不是患上了癌症，我们的政坛或许会发生怎样的变化。

还有一些朋友是几乎每年都会来的，例如《圣路易斯邮报》（*St. Louis Post-Dispatch*）出版商、已故的约瑟夫·普利策（Joseph Pulitzer）；斯克里普斯—霍华德（Scripps-Howard）报系的罗伊·霍华德（Roy Howard）和沃克·斯通（Walker Stone）；阿瑟·克罗克（Arthur Krock）、大卫·沙诺夫（David Sarnoff）、克莱尔·鲁斯（Clare Luce）和亨利·鲁斯（Henry Luce）、赫伯·斯沃普、约翰·汉考克（John Hancock）和休·约翰逊（Hugh Johnson）上将在世时也曾来到访。

每当戏剧界的人过来，例如沃尔特·休斯顿（Walter Huston）、约翰·戈尔登、马克斯·戈登（Max Gordon）或比利·萝丝（Billy Rose），我们经常会到访其中一个黑人村庄。如果是星期六晚上，谷仓里会举行舞会。如果是星期天，我们可能会到石灰墙的小教堂做礼拜。

以前每年元旦，我们都会举行一场盛大的猎鹿活动。南卡罗来纳州州长会主持仪式，多名狩猎好手都会来参加。这些活动是在理查德·曼宁（Richard I. Manning）担任南卡罗来纳州州长时开始举办的，持续了许多年。但我自己和孩子们都不喜欢猎鹿，他们拒绝朝一只鹿开枪。如今，霍布考大庄园是非正式的鹿群保护区。如果你在庄园里骑马，没走多远，就肯定会有一只鹿跃过小道，几乎在马鼻底下跑过。

我曾经在苏格兰、捷克斯洛伐克和加拿大狩猎，但在旅途中，从未见过像全盛时期的霍布考大庄园物种那么丰富、那么多样的地方。我们的海湾和河流里充满了海鲈、鲻鱼、比目鱼、羊鲷、沙梭鱼、扁鲹和美洲西鲱，稻田蜿蜒曲折的水道里有鲷鱼和鳟鱼，沼泽草地里有牡蛎、蛤蜊、螃蟹、龟和虾。

树林和田野上满是丘鹬、姬鹬、鹌鹑和火鸡，曾经有一度，火鸡泛滥成灾，我经常不得不停下马车，等一大群火鸡穿过小路。还有越来越多的狐狸、负鼠、浣熊和野猪会突袭它们的巢穴，我试过去保护火鸡，但不怎么管用，这些野猪是放养到树林里的家猪的后代，一旦激怒了它们，会相当危险。

早些年，我刚买下霍布考大庄园时，还抓过野猫和獭，曾经也有几头熊出没，但早已消失了。

· 3 ·

但霍布考大庄园最著名的还是鸭子，水稻田是鸭子绝佳的摄食场地，在20世纪之初，南卡罗来纳州海滨还种植水稻，全美再也没有比这里更好的猎鸭场所。随着南卡罗来纳州放弃种植水稻，霍布考大庄园沼泽草地里的鸭子也逐渐消失。鸭子消失还有一个原因，就是人们会到它们在加拿大的繁殖地，每年拿走数百万个鸭蛋，贩卖给面包店。

由于霍布考大庄园的鸭子泛滥，导致很多人前来偷猎，这几乎要了我的命。

我买下霍布考大庄园时，沼泽草地租给了一个费城运动俱乐部。由于桑尼·凯恩斯的四个兄弟偷猎，这个枪支俱乐部和他们素有纠纷。凯恩斯家族世世代代都住在霍布考大庄园里或附近，声称自己拥有模糊的产权。

有一天，俱乐部一名成员在打猎，巴勒·凯恩斯（Ball Cains）和他的兄弟赫克斯（Hucks）驾着一艘船过去，坐在船上，膝上放着双管霰弹枪，咒骂那个北方人和其他北方佬。

我买下了种植园之后，鲍勃·凯恩斯（Bob Cains）和普卢特·凯恩斯（Pluty Cains）两兄弟给我做向导，巴勒和赫克斯继续偷猎。有一天早上，我看见赫克斯在我的土地上，距离我只有不到半英里，已经打了166只鸭子。我严厉地斥责了他，但最后叫他停止偷猎，为我工作。

但巴勒·凯恩斯不肯放弃偷猎，威胁和劝说对他都没有用。我想尽一切办法告诉他我是认真的，但巴勒都置之不理，于是我报了警，警方逮捕了他和另一个偷猎者，把他们送进监狱，判刑九个月。巴勒坐牢期间，我的律师照顾他的妻子和孩子，但巴勒刑满释放后，来找我麻烦。

有一天，我和赫克斯·凯恩斯一起从“总统狩猎台”猎鸭回来，突然间，赫克斯惊呼一声：“伯纳德先生，巴勒在码头上，您可得小心点儿。”

赫克斯想要把船掉头，我叫他转回去，直接驶到码头，他听从了我的指示。我爬上岸时，巴勒咒骂我，发誓会送我的灵魂下地狱，他举起枪对准我。

直到现在，我眼前还能浮现出那根枪的样子，我觉得自己能跳进枪口，而不会碰到枪管。我怕到了极点，只能机械性地走到巴勒面前，问他到底知不知道自己在做什么。

就在那时，我手下的吉姆·鲍威尔（Jim Powell）上尉朝码头跑过来，手里拿着一把巨大的六响枪。我尽量平静地说道：“吉姆上尉来了。”在巴勒转身的刹那间，我抓住他的枪管一掰，让枪口朝天。

自此之后，我遇到的偷猎麻烦减少了，鲍威尔成为了我的庄园主管，他身高六英尺四英寸，骨骼粗犷，什么都不怕。

只是因为偷猎鸭子就把一个人送进监狱，总是让我心底不安。鸭子本身并不重要，但我知道，如果我任由巴勒偷猎，其他人也会偷猎，很快，庄园就会成为偷猎者的乐园，偷猎者和其他人对我的尊重就会荡然无存。父亲给我讲曼内斯·鲍姆的故事时，是这么教育我的：如果面对侮辱，你忍声吞气，那么你在南卡罗来纳州就没有立足之地。

对于赫克斯·凯恩斯，我不必采取这么激烈的措施，对此也感到很高兴。赫克斯言简意赅，却又富有幽默感，我向他解释为什么没打中一只鸭子时，他会说道："哎，蹩脚的借口总比没有借口要好。"

还是在《禁酒修正案》颁布早期，有四位参议员到访：阿肯色州参议员约瑟夫·鲁滨孙（Joe Robinson）、密西西比州参议员帕特·哈里森（Pat Harrison）、内华达州参议员基伊·彼特曼和肯塔基州参议员A. O. 斯坦利（A. O. Stanley）。我们欢度了一个美妙的早上，正上马车要回屋时，我对向导说："赫克斯，你知道这些绅士们是参议员，是在华盛顿立法的吗？"

赫克斯靠在马车的前轮上，问道："他们真的是在华盛顿立法的吗？"

"是的，赫克斯。"我回答。

"哎，"赫克斯说道，"如果他们对其他事的了解不比对威士忌和鸭子更多，我们国家就大难临头了。"

赫克斯是科尔曼·布莱斯（Cole Blease）的忠实支持者，布莱斯时任南卡罗来纳州州长，后来担任美国参议员，自诩为"平民"的代言人，赫克斯一直不明白为什么他的偶像会大肆攻击我。布莱斯每次来到乔治城，赫克斯都会跟他据理力争，但这是他眼中布莱斯唯一的缺点。

"当其他人演讲时，"有一次，赫克斯告诉我，"台下的人会鼓掌；但当布莱斯演讲时，人们会唱起哈利路亚。人们听说他要到哪个地方演讲，那里就会挤得水泄不通。上帝和耶稣创造了一个完美的人，那就是科尔曼·布莱斯。"

赫克斯还讲了南卡罗来纳州另一位美国参议员的故事，说他投票赞成禁酒，私下却嗜好杯中之物。赫克斯对《禁酒修正案》唯一的好感，只在于这条法案给了他非法贩卖私酒、增加个人收入的机会。这位参议员就《禁酒修正案》发表了一番精彩绝伦的演讲，赫克斯听得如痴如醉，最后上前问道："参议员，您说得太好了，不过您赞成的是哪一方呢？"

赫克斯吹鸭哨吹得很好，用嘴巴和哨子都能吹得惟妙惟肖，猎手和鸭子都分不清哪个是他吹的，哪个是真鸭子的叫声，唯一不比他差太远的是我的儿子伯纳德。我问赫克斯吹鸭哨有什么成功的诀窍，他回答说："伯纳德先生，这事儿就像其他事一样，你就得懂行。"

早年，我们猎鸭的队伍凌晨四点或四点半就要出发。有时漆黑一片，有时月色如霜，我们划着船，只闻桨架吱吱嘎嘎的，水拍打船边，不时会有鸭子受到惊吓嘎嘎大叫，沙沙地拍着翅膀，飞过头顶。有时，月亮正在沉下去，太阳探出头来。

太阳升起时，往东边放眼望去，就是几万只鸭子。有时候，它们就像从一个巨大的瓶子里涌出来的蜜蜂，突然间就出现了。鸭子密密麻麻的，你得眨眨眼睛，确保自己不是产生了幻觉。当太阳升到地平线之上，一群群鸭子会离开沼泽林地和水稻田，排成V字队形，飞到沼泽草地。靠近沼泽草地，或者听到猎手吹响的鸭哨，它们会在诱饵上方盘旋飞行，再落下来。我见过鸭群从栖息的小溪飞起时，在空中勾勒出来的队形如同溪流的走向。

鸭子实在是太多了，我规定早上11点后就不允许猎鸭，我们只有偶尔会在11点才打完。通常情况下，我们在9点钟就打完了，10点半就收拾好准备回家。

打完一天以后，打下来的鸭子会在我们周围距离120码处围上一圈。在霍布考大庄园的沼泽草地一带，我们不能使用寻回犬取回鸭子，因为一旦寻回犬踩到牡蛎壳，就会受伤。我们试过各种各样的办法，例如给寻回犬穿上鞋，但都没有用。

不过，如果你记着自己打了多少只鸟，向导会把每一只都捡回来，优秀的向导可以记住射中的每一只鸟掉下来的地方。我见过赫克斯·凯恩斯捡回了接近200只鸟，只漏掉了两三只。

有时在霍布考大庄园打猎的收获，真是不可思议的。我从霍布考大庄园回到纽约和华盛顿，讲起一些猎鸭的故事，有些朋友以为我在吹牛。威尔逊总统任下的司法部部长托马斯·格雷戈里（Thomas W. Gregory）曾经对杰西·琼斯（Jesse Jones）说："杰西，安静点儿，我们一起来听听伯纳德吹嘘鸭子的故事吧。"后来，杰西·琼斯成为了罗斯福总统任下的商务部部长和重建金融公司（Reconstruction Finance Corporation）主席。

在1912年还是1913年左右，哈里·佩恩·惠特尼和他的弟弟乘坐游轮出温约湾，要在周末打猎。第一天上午打猎完毕，用午餐时，哈里·惠特尼开口了："伯纳德，这地方你要卖的话，我给你100万美元。"他听起来是认真的，但既然我不想卖，就改变了话题。

我在霍布考大庄园见过猎鸭最厉害的好手，大概是纽约商人罗伊·雷尼（Roy Rainey）。赫克斯·凯恩斯告诉我，有一次，雷尼穿着一件厚重的外套，动作不便，连续打丢了两只鸭子。于是，雷尼甩开外套，活动双臂，刺激血液循环，大喊一声："现在来吧！"他拿起枪，连续打下了96只鸭子。

打鹌鹑也是霍布考大庄园一项热门的活动，但随着树林长得越来越茂密，要找到鸟儿就越发困难了，通常在你找到鸟儿的时候，灌木丛却太茂密，不便开枪。我在南卡罗来纳州金斯特里（Kingstree）附近，距离海边大约45英里处租赁了一块土地，大多是在那里打鹌鹑。现在，我在南卡罗来纳州的大多数时间都是在那里度过，也还会在那里打鹌鹑。

一窝鹌鹑通常有12~20只，为了保护在我庄园里的鹌鹑，我规定打完之后一窝不能少于5只。一窝鹌鹑剩下这么多只，最有利于在下一季繁殖。

像其他野禽一样，鹌鹑只会到食物充足、栖息环境良好的地方生活。有好些年里，我安排专人认真检查打下来的鹌鹑的嗉囊。我发现，鹌鹑喜欢吃鹧鸪豆或刺实植物，这些植物通常是野生的。我们学会从野外采摘过来，在我的土地上种植。另外，为了让庄园留住鹌鹑，我还会派人诱捕在沼泽林地生活的鸟儿（这些鸟儿生活在茂密的树林中，很难射中），把它们放在山上。

· 4 ·

我认识的人中，最爱打猎的莫过于阿肯色州参议员约瑟夫·鲁滨孙，无论做什么，约瑟夫都投入满腔热情，这也是他最后离世的原因。

身为民主党在参议院的领袖，他身负重任，要推动参议院通过罗斯福总统重组最高法院这个不受欢迎的计划。约瑟夫多年来患有心绞痛，要常年服用心脏病药“地高辛”。医生警告他，嘱咐他放慢工作的步伐，但他置之不理。1937年的一天清晨，就在民主共和共和党两党就罗斯福总统的法院改组计划争执不下之际，约瑟夫在床边发病去世了，身边放着一本翻开的《国会记录》（*Congressional Record*）。

约瑟夫人很好相处，食量很大，充满热情，做事和想法都充满了勇气，我经常劝他离开华盛顿休息几天。有时，刚到周末，我觉得他工作太辛苦，就会从纽约给他打电话，说道：“约瑟夫，我明天要去霍布考大庄园，火车在傍晚七点四十五分经过华盛顿，车上有你的位置。”

他肯定会说：“抱歉，但这是完全不可能的，我完全走不开，哪怕一天也不行。”

聊了一会儿，约瑟夫会问：“你说那里打猎怎么样来着？”我会回答：“挺好的。”

他又会问：“你说火车几点经过来着？”他知道是七点四十五分，但明知故问，接着他又会说：“尽量吧，但我想肯定是去不了的。”第二天傍晚，我们通常都会在火车上见到他。

约瑟夫打猎跟从事立法工作一样，都是全心全意地投入。早上太阳还没升起，他就出发去猎鸭。下午，他会打鹌鹑。傍晚，他会到沼泽林地边缘，坐在那里，耐心地等待火鸡飞到高树上的栖身处。

有一次，约瑟夫以为周围没有人，看见一只巨大的鸟栖息在大约100码以外的树枝上。从长长的须毛判断，约瑟夫知道那是一只雄火鸡，我不允许任何人打雌火鸡。约瑟夫蹑手蹑脚地慢慢走过去，举起枪，大声嘟哝着说：“我就要在这里打下国务卿休斯先生[①]。”

他提着这只重24$^{3}/_{4}$磅的火鸡回来了。很快，我们听见屋外有两三个黑人在说话。其中一个黑人说，约瑟夫先生真逗，他管火鸡叫国务卿休斯先生。

我们决定把这只火鸡送给沃伦·哈定（Warren G. Harding）总统。约瑟夫回到华盛顿，过了几天，总统对此没有任何表示。接着，约瑟夫碰见了印第安纳州参议员吉姆·沃森（Jim Watson），沃森说：“你送给总统的火鸡好大的一只。”

听了这话，向来直言不讳的约瑟夫回答说：“是的，而总统没有请任何一位民主党人一起吃火鸡大餐，我想这很能说明问题。”

很快，白宫给我们所有人发了一封言辞恳切的道歉信，但我听说约瑟夫还是发誓说，下次他打下一只24磅的火鸡，绝不会送给共和党人吃。

海军少将卡里·格雷森（Cary Grayson）跟约瑟夫·鲁滨孙一样喜爱打猎，但枪法欠佳。他曾经担任威尔逊总统的私人医生，心地善良，文质彬彬，我很喜欢他。他可以在树林里待上一整天，用我一个向导的话说，或许能“带回来一根羽毛”。但卡里向来富有幽默感。

有一天，我做好安排，免得卡里只收获一根羽毛。他在树林里走着，他的打猎向导拍了拍他的肩膀，指了指一棵树下一只大火鸡。卡里举枪射击，冲过去查看猎物。他弯下腰去，发现这只火鸡是绑在树上的，脖子上挂着一张卡片，上面写道：“伯纳德·巴鲁克敬赠。”

卡里跟其他人一样喜欢这个玩笑，事实上，是他告诉了卡尔文·柯立芝（Calvin Coolidge）总统，而柯立芝总统把这个故事传遍了华盛顿。霍布考大庄园有一个规矩，必须为客人的打猎成绩保密，若非卡里把这个故事告诉别人，或许根本就不会传出去。

卡里对我们开的玩笑的反应，证实了我一个信念：没有任何一项运动比打

---

① 查尔斯·埃文斯·休斯。——译者注

猎更能折射出一个人的品格，更能快速展现出一个人潜藏的野蛮一面，也更能考验一个人诚实的品质。

霍布考大庄园有一个规矩，客人说自己打了多少只鸭子，就是打了多少只鸭子。我们吩咐所有向导，无论客人说自己打了多少只鸭子，都必须证实他们的说法。

有一次，沃森老爹和罗斯福总统的白宫新闻发言人史蒂夫·厄尔利（Steve Early）在开玩笑，为谁能带回最多的战利品斗嘴。史蒂夫先回来了，他打到的猎物已经达到了规定的上限。沃森老爹回来时，史蒂夫充满胜利意味地说："你打了多少只呢？"

有那么一刹那，我想沃森老爹会不会利用霍布考大庄园这个规矩，但他咧开嘴笑了，回答道："哦，若干只。"

霍布考大庄园的另一个"制度"，是一项经常能暴露人性的测试，那就是用袋子和灯笼来打沙锥。大多数定期到访霍布考大庄园的客人，都成为了霍布考沙锥俱乐部（Hobcaw Snipe Club）的优良会员，但有一位绅士未能通过入会测试。

这位绅士连同一行人，乘坐莫蒂默·席夫（Mortimer Schiff）的私家车，来到霍布考大庄园，其他客人还包括中央联合信托公司（Central Union Trust Company）总裁詹姆斯·华莱士（James Wallace）、标准石油公司前任总裁兼洲际橡胶公司现任总裁霍华德·佩奇（Howard Page）、金融家奥克利·索恩（Oakleigh Thorne）、华尔街的约翰·布莱克（John Black）、我哥哥哈特维格，我自己也在。

这位客人从未到过霍布考大庄园，听大家介绍这里是多么美妙的打猎去处，显然将信将疑。我们决定，我们的霍布考沙锥俱乐部有了新的候选人。

一天晚上，奥克利·索恩端着像主教一样严肃的表情，沉思着捋着胡子说："伯纳德，你还是让我们打一下沙锥吧，怎么样？"索恩接着解释说，他知道由于打沙锥不需要太多技巧，我并不喜欢这项活动；但他争辩说，这是新鲜事，我们所有人都来试一次，会玩得很开心的。

我反对说，一个人一手拿着袋子和灯笼出去，吹口哨吸引沙锥飞到有光的地方，钻进袋子里，是一项愚蠢的运动。最后，在众人的劝说下，我同意允许大家打一晚的沙锥，不能再多了。

接下来，客人开始打赌谁能抓到最多的沙锥。我们的候选人很快就上钩了，听起来容易得很，他也下注了。我写下所有赌注，把纸张给众人传阅，叫每个人在自己的赌注旁边简签，证实数额准确。

第二天，我们有点不安。当然，像其他鸟儿一样，沙锥也不会听见口哨声或看见灯笼就钻进袋子里，我们担心打沙锥的候选人会发现这一点。白天，我们接到一连串的报告说，候选人跟一些仆人和打猎向导讨论打沙锥的事，没有人揭穿这个玩笑。候选人问黑人管家，他对打沙锥有什么想法，黑人管家回答道："喜欢的人就会觉得好玩。"

得有人负责把候选人领出去，把他带到一个位置好的狩猎台上，向他示范怎样挥舞袋子和灯笼，怎样吹口哨吸引沙锥，这个任务落到鲍勃·凯恩斯头上。鲍勃回来时说道："伯纳德先生，我可不想去把他领回来，他会很生气的。"

开始有人拍打树丛，制造出噪声，说是要惊动沙锥。我们听见我们的候选人、那位知名的银行家按我们教的吹着口哨，吸引鸟儿飞到灯笼那边。他吹得越大声，我们就笑得越厉害。很快，有些人笑得在地上打滚，或者得把拳头塞进嘴里，以免笑得太大声。

我们不需要派人出去把候选人领回来，过了不久，他就自己回来了，看了一眼他的脸色，我们都止住了笑声。

"这个玩笑开大了！"他叫嚷着，"那某某人知道了多少？"他质问，说的是一位几乎同样知名的银行家、一家对手信托公司的总裁，他还说了更多的话。

霍布考沙锥俱乐部的会员名册上有金融界、产业界、法律界、文学界和政界的知名人物，但那天晚上的候选人没有资格入选。

第二十一章

黑人的进步

· 1 ·

我之所以会在南部安第二个家，一个原因是母亲叫我不要丢了祖先生活这片土地的根，她也嘱咐我尽量为南部的复兴做出贡献，尤其是“为黑人做点事”。

我一直把她的嘱咐放在心里，在南部从事的所有活动，都致力于改善当地的条件，让黑人过上更好的生活。

当卡姆登镇想要在当地兴建一家医院，向我募捐时，我设定了一个条件——把一定数目的床位留给黑人患者。

卡姆登人说要用2万美元修建医院，我告诉他们这是不够的，如果他们同意我的条件，我会承担所有建筑费用，他们同意了。后来，这家医院失火焚毁，我出资兴建了另一栋更好的医院大楼，还建了一个护理院。

我向南卡罗来纳州的大学捐款，黑人机构也有一份。同样，我设立的奖学金会颁发给黑人和白人。

有时候，我想要做的事情会无法实现。有一次，我在乔治城买下了一块土地，要为黑人修建一个现代化操场，附近有些居民抗议我的举动。我还是打算修建操场的，但乔治城黑人学校的校长J. B. 贝克（J. B. Beck）博士找上了我。

贝克博士上我家找我时，总是走的厨房，但我总是确保他从前门离开。

“伯纳德先生，”他请求道，“我希望你不要修建这个操场。我们跟这里的居民维持着良好的关系，不想惹麻烦。”

于是，我买下了另一块土地，在那里建了操场。

这一次，贝克博士比我更加明智。我在与黑人和白人打交道时，总是尽量以比现行习俗更加开放的态度待人，希望其他人会效仿。但我了解到，要更有效地树立榜样，你不能比想要影响的人先进太多，这适用于人的所有事务。

听到我的这个看法，或许那些希望在一夜之间改变世界的人会不满意，而那些希望维持现状的人也会不满意。我相信，改变是生活的一部分，但我希望改变的步伐不会太快，过犹不及。

回想起在世纪之交，南卡罗来纳州黑人的生活状况，迄今为止已经取得了惊人的进展。我最初认识的黑人是奴隶的儿女，单纯可爱，但似乎经常不负责任。一直到20世纪20年代，南卡罗来纳州的大多数黑人还是佃农。如今，住在我家附近的许多黑人都在从商或从事各行各业，他们拥有自己的农场，属于区内最可靠的农场主之列。

最近，我问南方一位跟黑人打过很多交道的白人，面对农产品产地价格的下跌，黑人农场主是否保住了自己的土地。“他们宁愿赔钱也要保住土地。”这位南方白人钦佩地说，“他们有了一片土地，就会不惜一切地保住。”

我还认识一位白人邻居，想要从一位黑人农场主手中买下一英亩沼泽林地，但黑人拒绝出售。为了试探，我的邻居提出要以500美元买下这英亩土地，这是惊人的高价。但黑人农场主回答说：“抱歉，上尉，我帮不了你，我怎么也不会把土地卖掉。”

我名下种植园的管理人告诉我，黑人农场主也能同样快速地采用最新的农作技术，他们的收成丝毫不逊于最高效的白人农场主。

· 2 ·

回想起我刚买下霍布考大庄园时黑人的生活状况，这一改变就更可喜了。当年，当一个人在南部买下一个种植园，会附带着一定数目的黑人。他们和父辈一样，在那里出生，没有其他的家。他们觉得种植园主有义务照顾他们，给他们工作机会。

有一次，我对这一点深有体会，当时，我的主管哈里·唐纳森（Harry Donaldson）表示，有一个黑人工作懒惰，想让他离开。我通常会给手下充分的授权，同时他也要承担全部的责任，但我还是订立了一个例外的规矩——除了我之外，没有人可以叫黑人离开庄园。

于是，我决定听一下这个黑人有什么话可以为自己辩护的。某个星期天下午，我和妻子及她的继母走进谷仓，叫人找莫里斯（Morris）过来。一位穿着灰色毛衣的年迈黑人出现了，他摘下帽子，向女士们鞠了一躬，又向我鞠了一躬。

“莫里斯，”我说道，“哈里上尉说你懒惰，不肯工作，他说应该叫你离开。”

“伯纳德先生，”莫里斯回答，“我在这里出生，是不会走的。”他简单地说，并没有厚颜无耻的感觉。

莫里斯一边说话，一边在我们面前来回走动。“伯纳德先生，我在自由之前就在这里出生。我爸妈在稻田里工作，在这里埋葬，我第一个记忆就是岸边的稻田。我才长到这么高，就开始在田地里生活、长大。”他比画了一下小时候的身高。

“伯纳德先生，我这双手臂、这双腿、这个衰老的背部，力气都留在了您的稻田里。再过没多久，上帝就要把可怜的老莫里斯带走了。这双手臂、这双腿、这个背部的力气都已经埋在了您的稻田里，这余下的身子也想埋在一起。不行，伯纳德先生，您可不能把老莫里斯赶走。”

“我遇到过大麻烦。”他继续说着，转身跟女士们说道，他妻子死了，留下一个女儿，他独力抚养女儿，白天要在稻田里工作一整天，还要顾着照看这个活泼的女孩，是多么艰难。他谈到恋爱年龄的年轻人有多么不负责任，嗓音低了下去，几乎是窃窃私语，有些话没说出口，倒是无声胜有声。

“女士们会明白我的处境。”他悄声对我妻子说。

这是一个似曾相识的悲惨故事，莫里斯告诉我们，他的女儿未婚生下了一个小女孩，莫里斯努力把孙女养大成人，给了她一个家，留住她的爱。

“女士们懂我。”他再次强调，好像以为我听不懂这么委婉的故事。

“我想做一个好的黑人，伯纳德先生。”他总结道，“但如果我有时候没做好，那是因为上帝把我造成了这个模样。他把我造成怎样，您都得接受。”

我听过许多人为某项事业央告，为自己申辩，但我从未听过任何一个人的申辩比这位老黑人更加动人，更加立足于人的公平正义。我们全家人都深深喜欢上了他，这位机灵的老人也知道这点。

有一次，我问莫里斯，他圣诞节想要什么礼物。他告诉我想要一些“热裤子”，也就是暖和的内裤。还有一次，莫里斯没有按我的指示在谷仓的庭院里养火鸡，我责备了他，他为自己辩护说：“那些火鸡太蠢了，天明明下着雨，它们却抬起头来，把自己淹死了。”

起初，莫里斯也为我养过鸡，但那些鸡得了禽流感，我就放弃了实验。我试过教莫里斯和其他一些黑人更科学的农作方法，但在早年只是徒劳无功。

但如今，我认识的黑人农场主和白人一样善于学习改良的农作方法，备受敬重的埃利·威尔逊（Ely Wilson）就是一个例子。他亲自为自己200英亩的农场挑选种子，施各式肥料，还进行轮作——轮流种植蔬菜、棉花、烟草和玉米。他是运用科学农作方法的专家，比起任何一位邻居都毫不逊色。此外，他还是我们社区里最厉害的猎鸟好手。

还有特洛伊·琼斯（Troy Jones），他既为我工作，也耕种自己100英亩的农场。特洛伊买下这个农场时，其中有一大片是尚未开荒的土地。他和妻子把树桩的根部挖走，现在，他们的农场已经还清了债务。

特洛伊只有35岁，但他刚开始农作时，就使用了一头公牛。接着，他买了一头马骡，几年前又买了一辆拖拉机。特洛伊以前会用火烧来清理地里的野草，但现在会使用犁。

在其他活动中，处处可以看到黑人的进步。对于黑人来说，像霍布考大庄园这样大型的海滨种植场构成了一个基本上自给自足的完整社会。在霍布考大庄园，几乎所有黑人都是在这片土地上出生的，他们对庄园以外的社会缺乏兴趣。从庄园过河到乔治城只有几英里，有些人却从来没有走过这段路。据我所知，我买下霍布考大庄园时，只有两个人到过查尔斯顿。

他们不关心政治，但当时所有黑人都声称效忠于共和党。有一次，我问亚伯拉罕·肯尼迪（Abraham Kennedy）他是否投票，他是熟练的木匠和瓦匠，品格良好。

“不投的，先生，”他说道，“我不参与那玩意儿。”

“你愿意投票给民主党人吗？”我问道。

“不愿意，老板。”亚伯拉罕回答，“我小时候，妈妈每天晚上都会拿亚伯拉罕·林肯的一张照片，让我跪下来，对着这张照片祈祷，承诺永远不要投票给除了他以外的人。”

我买下种植园的时候，里面的设施已经残旧不堪，为了修复种植园，我安排把所有的小屋都修葺好。活是黑人自己干的，我会给他们支薪。无论男女，黑人只要想干活，我都为他们提供工作机会，按当时的工资水平支付薪水。我还为他们提供燃料和园圃，就生活的舒适程度而言，没有人受过罪或者缺衣少食。

对于老人和残疾人，我安排了乔治城的福特杂货店（Ford's Grocery）给他们赊账，账单会定期寄给我，或许这算是养老制度吧。

我买下霍布考大庄园时，绝大多数黑人都不识字。我们设立了一所学校，后来，这所学校成为了我女儿贝尔引以为豪的事业，她每天召集四个村庄的孩子们上学。有一天，两个17岁的男孩没有上学。贝尔和一个朋友骑上马，去找这两个男孩，发现他们躲在了一片沼泽林地里。贝尔不能骑马进入这片沼泽林地，于是下了马，涉水徒步进去，提着两个男孩的耳朵出来了，把朋友吓了一大跳。

当年升学的黑人非常少，不过下一代跟上一代也不一样了。我庄园里有个男人，自己基本上没上过学，但把两个孩子都送上了大学，做了老师。

我早年认识的黑人像老保姆米勒娃一样，有着根深蒂固的迷信。对他们来说，树林、河流、空气和天空都充满了魂魄。在新月之际，穿过树林是很危险的事情。黑人总是提着灯笼，你可以听见他们唱着歌，叫嚷着，给自己打气。

另外还有“盘眼”，这是一种会变形的恶灵，有可能变成一个巫婆，来打老人，但通常会变成动物的模样，或许有一头牛那么大，或许只有一只猫那么小，大多数时候，“盘眼”只是以额头中间一只大眼的形态出现。

你在任何时候都要待在盘眼的一边，最重要的是，绝不能让盘眼从你双腿之间钻过去。有些大胆的黑人会说他们试过去踢盘眼，但踢不到，“你的脚直接穿过去了，什么也碰不到。”

比较聪明的黑人很少会看到魂魄，无知的黑人见到了许多魂魄，但我怀疑没有哪个黑人会百分百确定没有魂魄。

有一天晚上，我的客人在席上讲鬼故事，给我们上菜的黑人男孩眼睛越瞪越大。晚餐过后，做客的埃德·史密斯（Ed Smith）叫那个男孩走一段路，去送个口信。男孩想推托，但最后还是出发了。他走往要去的小屋路上，我们能听到他一路吹着口哨，唱着歌。他回来时还是吹着口哨，唱着歌，埃德·史密斯走到屋外，站在庭院里一棵树后面。

男孩走近时，埃德发出模仿鬼魂的声音，“哦哦哦哦哦——哦哦哦——哦哦——哦哦！”

男孩停下脚步，仰起头。

“是你吗，埃德先生？”

“哦哦哦——哦哦——哦哦哦！”

“埃德先生，”男孩颤声说道，“我知道是你，但我还是要跑了。”

有时候，我们不就跟这个男孩一样吗？

我推出的另一项创新举措，是定期提供医疗服务。我在霍布考大庄园的一个村庄里建了诊所。我的医生F. A. 贝尔（F. A. Bell）每周一次会到这个诊所出诊，免费为有需要的黑人看诊。但许多黑人生病了还是宁愿去找“巫医”，相信他们有超能力。许多黑人都害怕巫医用“邪眼”诅咒一个人。我甚至听说过，有些妻子或丈夫在离家出走后，由于害怕巫医的超能力而回家的故事。

如今，乔治城还是有一两个巫医，但除了一些仍然相信药水和巫术的老黑人之外，很少人会去找他们看病。

· 3 ·

或许对这些老一辈黑人影响最大的，是他们的宗教信仰。在一个种植园社区里，牧师经常是最重要的人。他为人们施洗礼，为他们主持婚礼和葬礼。由于他们没有获定期授予圣职，所以我们管他们叫“斧头”牧师。老一辈的斧头牧师很少有识字的，但却是社区里真正的领袖。

我想，宗教信仰之所以对黑人这么重要，其中一个原因在于它替代了历史感。美国的黑人不了解自己祖辈的过去，缺乏几乎每一个民族都有的、对自己文化根源的身份感和自豪感。

这个念头是我几年前萌生的，当时，我看了加尔布赖斯·韦尔奇（Galbraith Welch）撰写的《北非序幕》（*North African Prelude*）一书，她谈到在古老的非洲，黑人国王和战士的英雄伟业。我当时就想到，这一传承的完整故事，可以成为全世界黑人自豪感和力量的源泉。我去信韦尔奇小姐，劝说她展开这一项研究。后来，利比里亚总统威廉·杜伯曼（William Tubman）访美时，我找到他，建议他邀请韦尔奇小姐到利比里亚做研究，他接纳了我的建议。

有一次，我想请人对南卡罗来纳州低地地区的黑人民俗进行系统性调查，后来一直后悔没有付诸行动。当然，现在为时已晚了，因为古老的习俗已经消失——这也是值得庆幸的事。

然而，霍布考大庄园黑人的生活还是既温暖又充实。我们会庆祝每一个节日，每逢生日、洗礼和婚礼，都会有适当的庆祝活动。在星期六晚上，谷仓里会举行舞会。我们会分男士、女士、男孩、女孩四个类别，颁发最佳舞者奖和最佳着装奖。

后来在纽约、巴黎和伦敦流行起来的几乎所有现代舞蹈，我都是最先在霍布考大庄园看到的。这些舞蹈的伴舞“音乐”部分是用一只口琴吹出，但主要是靠大家一起拍手和跺脚，形成一股韵律，旁人告诉我，这就像非洲土著鼓手击鼓的拍子。

这种拍手和跺脚的韵律也用于教堂礼拜。有一次，我们在霍布考大庄园一个村庄里修了一座更好的教堂，取代了一个小木屋教堂，村里的长者叫我为新教堂主持奉献典礼。我好不容易才向他们解释，为什么我不适合为他们的教堂主持奉献典礼。最后，我们安排了一位曾经获授予圣职的黑人牧师主持奉献典礼。

在接下来超过四分之一个世纪里，那座石灰墙的小教堂都是他们做礼拜的地方。我虽然不信奉任何教义，但尊重所有宗教，我见过真正信仰宗教的人，都因为自己的信仰而活得更加快乐。有时候，我会坐在霍布考大庄园教堂粗糙的长凳上，看着他们做礼拜。这些礼拜的仪式虽然原始，但富含美感。礼拜的各个环节和谐契合，整个仪式仿佛成为了一首圣歌。

礼拜开始时，通常由平时在地里干活的长者领大家唱歌，一边拍手，脚步来回移动。有些歌曲是世代传唱的，是霍布考大庄园当地的歌。领唱人唱一句，信众跟一句，就这样唱上许多节。

歌曲会戛然而止，另一位长者会跪在圣坛前，大声祈祷，同样是低沉地用手脚打着节拍。他会祈祷作物丰收，牲畜健康，打鱼和打猎收获丰富，还有在霍布考大庄园过上美好生活的一切事情。在祈祷过程中，信众会不时插一句“主啊，是的”和“阿门”。

在祈祷之后，还会唱另一首歌。当领唱人心中充满了狂喜之情，他会开始跳舞，其他舞者也会跟着跳起来，拍手的声音变大。很快，三分之一的信众会在走道里和圣坛前跳起舞来，还坐在长凳上的信众会左右摇摆身体，壁架上的煤油灯也会颤动。

接着就轮到布道了。我最喜欢的牧师是摩西·詹金斯（Moses Jenkins），他的儿子普林斯（Prince）还在为我工作。以色列人从受到奴役到得到解救的故事在摩西·詹金斯心目中有特别的地位，他讲述的《出埃及记》堪称经典。

他会调整自己的金框眼镜，这对信众来说是学习的信号。接着，他会拿起我妻子送给教堂的一大本《圣经》，念出《出埃及记》里美妙的一节：

“耶和华的使者从荆棘里火焰中向摩西显现。摩西观看，不料，荆棘被火烧着，却没有烧毁。”

信众嗡嗡地重复道：“却—没—有—烧—毁。”

摩西·詹金斯继续念道：

“耶和华神见他过去要看，就从荆棘里呼叫说，摩西，摩西。”

“摩—西—摩—西。”信众重复道。

“他说，”牧师继续念道，“我在这里。”

听众重复道：“我—在—这—里。”

接着，摩西·詹金斯会向信众讲述，摩西是怎样觐见法老，法老是怎样拒绝让希伯来人和平离开。接着，埃及的牲畜得了瘟疫，最后，法老允许犹太人离开了，却又反悔，带着军兵追赶他们。摩西讲述的追赶过程栩栩如生。在第一次世界大战后，他还加入了一些现代化的描述，例如，“来福枪和机关枪噼噼啪啪地响起来了！”

通常情况下，摩西讲到法老和他的大军在红海中全军覆没这个叫人心潮澎湃、大快人心的场景，布道就结束了。但有时候，他兴致高昂，会讲到以色列人逃离埃及之后，是怎样在旷野上漂泊了40年，最后到达“应许之地”迦南。

他会大大简化这段故事，为了方便讲通一些难讲的点，会把后面发生的事情提到前面来讲，预先讲到玛丽亚、约瑟、耶稣或使徒保罗等。

摩西在西乃山下安营，上山领受耶和华的法版，安排亚伦和另外两人代他管理百姓。据摩西·詹金斯所说，摩西说道："我走了之后，你们几个待在山下，打起精神，照看着点儿。"

"但大家猜怎么着？"摩西·詹金斯问道，"摩西回来后，发现那三个犹太人在呼呼大睡！"

在牧师布道的整个过程中，随着他的话音起落，信众拍手和跺脚的声音也会随之起伏。布道过后，又是唱歌和祈祷。这些礼拜经常会持续到凌晨一点，结束后，信众会走进夜色之中，低声交谈着，说笑着，往四个村庄散去。

当然，对黑人来说，他们在世间得不到平等待遇，却在宗教中得到了未来平等的应许。我感受深刻的一点是，黑人好在可以按自己确切的需求去理解宗教，接受某些方面，拒绝某些方面，直到找到适合自己的公式为止。此外，他们天性精明和现实，经常会对宗教产生怀疑。我的朋友海军少将卡里·格雷森讲的一个故事，正好反映了黑人对属天之事抱有的务实态度。

故事中，一位年迈的黑人想加入教会，他向执事申请，执事说道：

"亚伯拉罕（Abraham），你必须信仰主，才能加入教会。你相信《圣经》所说的一切吗？"

"是的，先生。"亚伯拉罕回答道。

"你相信约拿和大鱼的故事吗？"

"是的，先生。"

"你相信但以理和狮子的故事吗？那些非洲狮子没有东西吃，已经饿坏了。但以理走进狮子坑里，扇了狮子的耳光，但狮子还是没有伤害他。"

"非洲狮子饿了，他还扇了狮子的耳光？"

"《圣经》就是这么写的。"执事肯定地说道。

"哎，那么我就相信吧。"

“你相信希伯来少年在炽烈火炉里的故事吗？那几个希伯来少年走进火炉里，踩在炙热的煤炭上，烈火燃烧着，他们却毫发无伤。”

“毫发无伤？是平常的火吗？”

“是的，他们却毫发无伤。”

亚伯拉罕摇摇头，“执事，”他说，“我不信。”

“那么你就不可以加入教会。”

亚伯拉罕拿起帽子，慢慢地往外走。走到门口，他停下脚步，回过头来。

“还有，执事，”他说道，“那个但以理和狮子的故事，我也是不信的。”

· 4 ·

在霍布考大庄园这么多年，只有一个黑人给我们惹过大麻烦。由于霍布考大庄园的白人小孩不多，没理由特意办个学校，我们聘请了一位年轻女教师，给赫克斯·凯恩斯的两个女儿上课。我和家人在北方期间，有一天，这位教师带着两个小孩驾车经过松木树林。突然间，一个黑人从灌木丛里跳出来，把教师拖下马车。

孩子们尖叫起来，教师拼命挣扎，最后，快要筋疲力尽的时候，她灵机一动，尖叫道：“谢天谢地，凯恩斯先生来了！”

黑人信以为真，丢下她，钻进树林里跑了。

袭击未遂的消息就像在非洲击鼓传信一样，迅速传遍了乡间，乔治城的男人划着船过来了，还有人从沃卡莫半岛更远处骑马过来，马鞍里装着霰弹枪和来福枪。很快，树林里、沼泽林地、沼泽草地和水道里都有一大群人在搜查。

通过排除法，大家发现逃犯不是霍布考大庄园的人，我们很少在庄园里雇用“新”的黑人，也不欢迎他们到来。

搜查了几个小时以后，罪犯落网，众人把他带到我们屋前的庭院里，在场的有治安官、我的主管哈里·唐纳森和吉姆·鲍威尔上尉，还有一大群人围观。

围观者呐喊着要当场绞死凶徒，在前门草坪上，有人往一棵挂满铁兰的橡树上扔了一条绳索。

吉姆·鲍威尔想避免动用私刑，大步走到群情激昂的民众中间，叫大家安静下来，听他说话。

“不要在庭院里动用私刑处死他。”他恳求道，“不然安妮小姐”——指我的妻子——“贝尔小姐和蕾妮小姐”——指我两个女儿——“就再也不会回到霍布考大庄园了。在这里动刑，会永远地毁了这地方在她们心目中的印象，我们还是把他带到沃卡莫半岛北面去吧。”

接下来的场面比较混乱，治安官趁乱抓住那个黑人，把他推上船，趁众人还没回过神来，把他送到乔治城，牢牢地关进了监狱。在南卡罗来纳州，强奸和强奸未遂是死罪。等法院下一次开庭，审判了这名囚犯，陪审团裁定其罪名成立，处以绞刑。

治安官和吉姆上尉跟南部大多数民众一样，厌恶动用私刑的南部遗俗。有一次，我提议出资，确保警方逮捕和检控所有动用私刑的人。还有些人跟我有同感，以自己的方式设法消除私刑。

多年过去，霍布考大庄园的黑人村庄开始瓦解，我很高兴看到这个现象。我想念相识多年的黑人，但也知道这些村庄的缓慢瓦解是进步的迹象。

黑人离开霍布考大庄园，是去寻找更新、更广阔的机会。战时，许多黑人去参军，形成了新的人生观。从陆军或海军退役回来的人里，我注意到他们的体格普遍有所增强，也更遵纪守法。

还有些黑人离开了庄园，前往北部和南部日益扩张的城市——由于政府为支撑农产品产地价格而限制种植面积，加快了这一进程。

回顾这些年，教育和经济发展似乎是黑人进步的关键，不仅在南部，在北部也是如此。我在纽约市立学院的毕业班里，只有一个黑人，他是辩论好手，也是优秀的学者。多年后，我在街上碰见他，问他为什么不参加我们的校友聚会。

“我自以为可以振兴自己的种族，”他告诉我，“可是这对我来说太难了。”

换作现在，我估计没有哪个黑人大学毕业生会这样说。美国一大部分黑人的受教育程度和经济状况均有所提升，聊举两个例子，像拉尔夫·本奇（Ralph Bunche）和杰克·罗宾森（Jackie Robinson）这样的人在美国社会生活中占有一席之地，并非以黑人的身份，而是与所有其他美国人同场竞技并取得了辉煌成功。

黑人像我们所有人一样，都不由自主地参与到改变的历史洪流之中。历史洪流滚滚向前，没有返回过去的余地。前方或许有惊涛骇浪，但只要想到我们取得了多大的进步，我就深信无论未来出现什么困难，我们都一定能克服。

第二十二章

时代终结后展望未来

· 1 ·

有些人在年轻时就知道自己想要做些什么，他们的生活俨然成为了如何让自己梦想成真的故事。我的职业生涯显然不是这样的，在个人抱负方面，我经常会产生相互冲突的想法，因而备受困扰。我的人生道路发生的转折，在很大程度上是出于当时的事态发展。

我当时没有意识到，但我刚进入华尔街时，正值美国历史一个时代的终结，一个新时代的开端。当时金融界的巨头——摩根、哈里曼、瑞安、希尔、杜克、洛克菲勒——权势和威望都如日中天。

见证了他们的伟业，耳濡目染之下，我不禁思忖："既然他们可以做到，凭什么我就做不到呢？"我尽量模仿他们，尤其是爱德华·哈里曼，他在我心目中是气派的典范。他是牧师的儿子，白手起家，我也跟他一样。他在赛马、竞赛、职业拳击赛和选举中投注，我也喜欢这些事情。

在研究铁路的过程中，我兴奋地看到哈里曼是怎样收购联合太平洋铁路公司的，他把一条锈迹斑斑的铁路，改造成美国最好的铁路之一。我最喜欢的一则哈里曼故事是有一次，国民城市银行的詹姆斯·斯蒂尔曼问他最喜欢做些什么，“我最喜欢的，是有人告诉我某件事是做不到的，”哈里曼回答，“然后全力以赴地做到。”

但我从来没有成为第二个哈里曼，或许我根本不是这样的人。但我想，造就出“橡胶男爵”或“创造之王”（套用某些作者的称谓）所需的条件，或许已经渐行渐远。1898年7月4日，我利用美西战争即将结束创造的机会大赚一笔，或许比我当时意识到的更具有象征意味。在美国崛起成为世界强国的那些年里，美国金融界不受约束的个人主义时代也到达了顶峰。

首先，在世纪之交过后，金融领域的规模变得十分庞大，不可能由一个人，甚至是一伙人主宰。在1907年，摩根还能力挽狂澜，遏制住市场恐慌；但到了1929年，当股灾爆发，危机的洪潮是任何人都无法阻挡的。

这一变动也反映在股市本身。1898年，在纽约证券交易所上市的证券中，60%是铁路股，这当然反映了在南北战争过后的时期，美国要做的主要是扩大疆土，征服大陆。到1914年，铁路股在纽约证券交易所上市的证券中占比不到40%，到1925年，占比约为17%，到1957年，只剩下13%。

直到第一次世界大战为止，外国政府在美国进行的融资，基本上只有英国为布尔战争进行的融资，以及日本为日俄战争进行的融资。如今，美国当然已经成为了最重要的海外融资中心。

时代变迁的另一个因素是一代代人之间的变化。摩根和洛克菲勒比我大30多岁，哈里曼比我大22岁，瑞安比我大19岁。比起上一代人，我这一代人更难仅从赚钱中获得满足感。当然，我自己有父亲做榜样，时常情不自禁地思考这个问题：“有了钱之后，要拿钱来做些什么呢？”

但在那个年代，整个国家也唤醒了社会责任感的思潮。积累了巨额财富的巨头开始把钱捐出去，他们经常会发现，要明智地捐钱比赚钱更难。更重要的是，许多社会变化和思潮在西奥多·罗斯福总统和伍德罗·威尔逊总统的进步主义理念中得到体现。

我前面提到过，我是慢慢地才形成了自己的政治理念。我第一次在总统大选中投票是在1892年，投给了格罗弗·克利夫兰。1896年，我的思绪混乱，到现在已经不记得投给谁了。威廉·詹宁斯·布莱恩（William Jennings Bryan）来纽约时，我去听他的演讲，他雄辩有力的口才令我心折。但在我离开麦迪逊广场花园（Madison Square Garden）时，离他的声音越远，他的演讲对我的影响减退得越多，我认识的每个人都反对他。

我快要下定决心投票给麦金莱了，这时，菲谢尔·科恩舅公谈起了“败局命定论”[①]和美国重建。曾经效力于博雷加德上将的他告诉我，如果我投票给共和党人，我的手臂一定会萎缩的。父亲支持的是黄金民主党[②]候选人约翰·帕尔默（John M. Palmer），我多半是投给他了。

但在西奥多·罗斯福竞选时，我投票给他，是因为他反对商业、政治、金融等利益集团结成剥削公众的掠夺联盟。我记得，在一天的工作结束时，我经常会感到躁动和不满。从办公室的窗口俯视华尔街和三一教堂外的三一墓园，我经常会想起托马斯·格雷（Gray）的《墓畔挽歌》（*Elegy*），想着自己没有从医的决定是对是错。

当年，加雷·加勒特（Garet Garrett）经常会在下午晚些时候来找我。他当时在《纽约晚报》（*New York Evening Post*）工作，后来成为了《纽约论坛报》（*New York Tribune*）和《星期六晚邮报》（*Saturday Evening Post*）的编辑。他会在交易所收市后来到我的办公室，听我大声地自言自语。起身离开时，他会说：“我告诉过你很多次了，伯纳德·巴鲁克，你不属于华尔街，你属于华盛顿。”

· 2 ·

但让我的想法发生改变的真正转折点，是第一次世界大战，我相信这也是

① 败局命定论旨在维护南方在南北战争中的正当性，认为南方失败是由于寡不敌众和战争英雄令出不行所致。——译者注

② 1896年，支持金本位和克利夫兰总统政策的民主党人士组建了国家民主党（National Democratic Party），又称黄金民主党，1900年解散。——译者注

美国商人想法普遍发生改变的转折点。战争迫使政府放弃了自由放任的一贯作风，而承担起全新的角色。在那些战争年代所做的事，并没有完全被遗忘。在此之后，每当出现紧急情况，无论是大萧条这样的国内危机还是第二次世界大战，美国政府都会重拾最初在第一次世界大战期间形成的行动模式。

当然，我也参与到了民众想法和政府角色的变革，这并不是我有多么高瞻远瞩，在第一次世界大战爆发时，我绝对算不上放眼全球的人。军事战略对我来说基本上毫无意义，我也不了解一个国家为了全面参战，需要在经济上怎样调动资源。

但当战争的烈火蔓延，我开始思考如果美国被卷入了这场冲突，必须做些什么。我制订了一个为满足国防需求而调动经济资源的计划，我第一次到访白宫，就是应财政部部长威廉·麦卡杜（William G. McAdoo）安排，向威尔逊总统解释这个计划。

美国国防委员会顾问委员会成立时，我获委任为一名成员，负责确保备战计划有充足的原材料供应。由于一切生产都离不开原材料，我要考虑经济的方方面面。我很快发现，光靠常规的做法，是不可能完成任务的。

我们需要全新的方法，把整个产业当成一支庞大的军队，而每家工厂、所有原材料、每位商业领袖和工人都是军队的一员。

我必须设法向其他商人灌输这个理念，这不是容易的事。在我们早期召开的一些会议中，每当有工会领袖发言，委员会里的商人都会打断他。我经常要开口调停："请让龚帕斯（Gompers）先生说完，我想听一下他有什么话要说。"

在金融界或商界担任"上将"的人，在这支新的产业军队里，往往只能担任中尉和中士。许多商业领袖都习惯了我行我素，不接受政府或其他人干预他们管理工厂或厂房的方式。我要向他们解释，他们为什么必须舍弃绝对个人主义的作风，听从政府的指令，或者与竞争对手合作，这不是容易的事。

我努力说服这些商业领袖顾全大局，维护国家利益，但并非每一次都能成功。例如，我到亨利·福特在华盛顿入住的酒店拜访他，解释为什么政府需要把汽车生产所用的钢铁投入战争，因此，必须减少民用汽车的生产。

福特坚持说，他可以同时生产汽车和军需品，“只要告诉我你想要什么，我就可以生产出来。”他宣称。

我努力向他解释说，钢铁供应不足以同时满足战争和民用汽车的需要，但他还是不为所动。

还有一些商业领袖也怀有几乎同样强烈的个人主义，但也顾全大局。有一天，我邀请詹姆斯·杜克用午餐，一起讨论烟草行业的计划。杜克提出异议说，我们的做事方法全错了。我打电话给烟草事务的负责人，说道：“现在开始由杜克先生做主。”杜克推辞时，我说道：“你不喜欢我们做事的方式，那就教我们应该怎样做，我们必须解决这个问题。”

杜克提出了一些宝贵的建议，他的政治立场与威尔逊总统相悖，但成为了我最坚定的支持者之一。

这就是我应对所有动员问题的主要方式。战火在蔓延，我没有足够的时间改变每位商人的看法，但在每个行业，我总是能够找到可靠的人，他们能告诉我们解决问题的最佳方式。

我已经讲过丹尼尔·古根海姆是怎样帮助我们，把政府采购价砍到现行铜价的一半以下。后来，我们必须决定政府为建造船只所需钢板支付的采购价。我找到了H. C. 弗里克，他在有名的书房里接见了我，我问他，政府应该支付怎样的价格。

“问我这个问题是不公平的。”弗里克抗议道，“我是美国钢铁公司财务委员会的主席。”

“我来找你，不是把你看作钢铁行业的人，”我告诉他，“而是把你看作爱国公民。”

“每磅2.5美分。”弗里克飞快地回答。

当时，一些钢铁公司的发言人向政府造船商出售钢板的报价是每磅4.25美分，而黑市价格更高达每磅18.5美分。

许多其他商人都做出了与弗里克和古根海姆相同的回应，包括安德鲁·梅隆（Andrew Mellon）、克利夫兰一家钢铁公司的合伙人普赖斯·麦金尼（Price McKinney）、圣约瑟夫铅业公司（St. Joseph Lead Company）的克林顿·克兰（Clinton H. Crane）、新泽西标准石油公司（Standard Oil of New Jersey）的艾尔弗雷德·贝德福德（Alfred C. Bedford）、新泽西锌业公司（New Jersey Zinc）的埃德加·帕尔默（Edgar Palmer）等，不胜枚举。

如果不是在华尔街从业多年，我怀疑自己难以履行战时的公务。在金融界，我与许多商业领袖打过交道，深谙他们的个性，我知道谁会响应直截了当的爱国主义号召；还有一些人，我知道若要争取到他们必要的合作，就必须向他们展示政府的手腕比任何人更硬。

每当需要摊牌的时候，我都庆幸自己在华尔街赚钱，是凭借独立操盘手的身份。如果我是靠某个工商利益集团赚到钱的，反过来又要和他们作对，就可能会受到阻挠。在谈到设定钢铁价格时，价格管制委员会的某位成员提到，大型钢铁公司可能会抢走他持股的某家公司的生意，弄垮这家公司。

我告诉他，这个问题由我来出面，解释说："他们无法对我造成伤害。"

我在华尔街积累了许多其他经验，也为我履行公务带来了很大助益。事实上，我经常会惊讶地发现，要解决战争动员的许多问题，跟我在投机活动中的方法有异曲同工之妙。

例如，我很快就发现，许多供应短缺其实是心理造成的。生产商担心或许无法获得所需的原材料，就会买得过多。或者，生产商预计价格一定会飙升，因此会囤积原材料。

我在股市中了解到，一旦市场趋势背后的思维惯性中断，牛市就可能迅速掉头向下。在美国刚参战时，我就推动主要战争物资降价，其中一个目的就是打破市场对价格一定会上涨、上涨、再上涨的普遍预期。

此外，我在华尔街了解到，要成功规划金融交易操作，就像规划军事行动一样，在采取行动之前，必须了解对手的强项和弱点。

如果有人不愿意合作，我们通过对其弱点施加压力，通常能争取到对方合作。在国内，我们威胁进行政府强征，或切断生产商的燃料或铁路运输。针对其他国家，我们采用不同的措施，但原则是一样的。

例如，有一次在战争中，英国代表表示，由于印度是独立的政府，他们不能控制加尔各答的黄麻价格。我去找麦卡杜部长，叫他暂停向印度运送稳定货币汇率所需的银。我们派一个代表团到伦敦，由利兰·萨默斯（Leland Summers）担任团长，他告诉英国官员，即使孟买和加尔各答交易所必须关闭，我们也会坚持这个立场，英国人很快就设法控制住黄麻价格。

在整场战争中，供应最短缺的大概是硝酸盐，生产肥料和爆炸物都需要硝酸盐，市场需求远远超过了生产能力，一直到战争结束，硝酸盐供不应求的问题始终十分严峻，每次有运载硝酸盐的不定期货船被击沉，都是沉重的打击。

美国宣布参战时，硝酸盐的价格几乎在一夜之间上涨了三分之一，在接下来的三周内又翻了一番。眼见价格上涨，投机者更急于抢购硝酸盐，想要囤积居奇，进一步推高了硝酸盐价格。

就在这时，威尔逊总统把我叫了过去，委任我全权负责解决这个问题。我绞尽脑汁地思考解决办法，但无计可施。军需品生产商委员会来到华盛顿，问他们怎样才能得到履行合约所需的硝酸盐。我向他们保证，会有硝酸盐供应的。

会议结束时，我们化学品分部的主管查尔斯·麦克道尔（Charles MacDowell）问我：“头儿，你要怎样履行这个承诺？”

“我不知道，麦克道尔。”我承认，“但我总不能让他们在离开时觉得政府束手无策。”

接下来几天是最难熬的，我吃不下，睡不着，就连喝一杯水也会呛到，我相信，这是我这辈子距离因恐慌而崩溃最近的一次。一天早晨，我正穿上衣服，一照镜子，看见自己脸色苍白、面容憔悴，便大声说道：“天啊，你这个懦夫，打起精神来，做个男人。”

接下来发生的事，让我纳闷是否冥冥中有天意在保佑我。我强迫自己吃了早餐，去办公室。到了办公室不久，海军情报局官员带着几份截获的电报进来了，告诉我智利政府在德国有黄金储备，一直想让德国政府释放黄金储备，但德国政府置之不理。

我终于有了头绪，几天后，智利大使进来了。他开始抱怨由于多种物资短缺，难以控制通胀，他的国家面临着诸多麻烦。我知道德国人在智利有大约20万吨硝酸盐，但未能运走。我向智利大使提议，如果智利没收这些德国拥有的硝酸盐，我会以每磅4.25美分的价格全部买下来，在和平条约签订后六个月，以黄金全额支付。

智利大使一离开我的办公室，我就安排派必要的船只到智利，以便尽快拿到这些硝酸盐。

奇怪的是，国务院有些官员以违反《对敌贸易法》（*Trading with the Enemy Act*）为由，反对这宗交易。听到他们提出的异议，我感到震惊。“你是说，”我质问道，“我不能买下德国的硝酸盐，用来打德国人？”

问题上报给威尔逊总统，他支持我的行动。结果，双方达成了皆大欢喜的安排，我们得到了急需的硝酸盐，而智利政府克服了国内的困难。但如果我们不知道智利的需要，以此讨价还价，双方是不可能达成协议的。

两国之间要达成协议，最好的基础还是互惠互利，满足双方的需求。这个道理看似浅显，但从第二次世界大战结束后的记录可见，我们还没学会如何在处理与盟友的关系时付诸实践。我们过于依赖条约的正式条文，而忽略了加强互惠互利的关系，而这正是盟友关系得以长期维系的唯一基础。

其他国家的友谊是买不到的，这样得来的“朋友”很容易动辄见怪。然而，如果两国之间真正建立了互惠互利的关系，就会为对方的缺点找借口，忽视对方的不足之处。

除了共同利益之外，在与盟友打交道时，还要注意光明磊落和公平公正。“己所不欲，勿施于人”，这一金科玉律可以套用到与盟友的关系上。

最先代表美国奉行这一原则的，是伍德罗·威尔逊总统。他坚持道，无论我们为自己的战争需要采购了哪些物资，都应该以我们支付的同样价格向盟友提供。

英美两国曾经就这一原则发生过纠纷，就在这次纠纷中，我第一次体会到温斯顿·丘吉尔身为战时领导人的伟大品格。我们建议，美国政府在国内采购的所有物资，英国都可以用同样的价格采购；而英国政府在国内采购的所有物资，美国都可以用同样的价格采购。英国有些商业巨头反对这项安排，提案呈报给了时任军需部部长的丘吉尔，他同意只有这样，才是盟友之间彼此公平对待之道。

美国从智利采购硝酸盐后，也是遵循同一原则进行分配。有人建议我们利用对这些硝酸盐的控制，为美国谋取商业利益，但我拒绝了这些建议。反之，我们同意通过国际硝酸盐执行委员会（International Nitrate Executive），在盟友之间公平分配。这个委员会成为了后来在第二次世界大战期间，在盟友之间分配稀缺物资的联合生产和资源委员会（Combined Boards）的前身。

我让丘吉尔担任国际硝酸盐执行委员会的主席，后来，他经常开玩笑地说，我让他成为"世界硝酸盐之王"。

我们做了40多年的朋友，据我所知，丘吉尔在处理与美国的关系中，从未提出过刻薄或卑鄙的建议。他总是迅速捍卫英国的利益，但同时也顾及美国的利益。在第二次世界大战期间，美国需要挪用英国的物资，我听见他斩钉截铁地向富兰克林·罗斯福总统抗议："我的民众生活已经艰苦到了极限，不能再削减他们的食品供应了。"我还听见他在其他英国人诋毁美国及其领导人时，善意地提出抗议。

有一次，他在伦敦宴请我，在场有多个讨厌富兰克林·罗斯福总统和罗斯福新政的托利党人。有一位绅士决定逗个乐子，问我说，罗斯福和哥伦布有何相似之处？他的回答是，像哥伦布一样，罗斯福不知道自己去往何处，去了之后也不知道自己身在何处，回来之后也不知道自己去过何处。

我站起来，回答道："或许罗斯福和哥伦布确实有相似之处，他们都开拓了新的边界，开阔了新的视野，掀开了新世界的序幕，纠正旧世界面对的难题。”丘吉尔拍案叫好，大喊道：“说得好，说得好！”

·3·

第一次世界大战结束后，美国民众和商人努力回归战前的生活，我没有。我想，一个主要原因在于我觉得比起赚钱，从事公职给我带来了更大的满足感。此外我也看到，战争留下了许多后遗症，如果我们听之任之，是无法解决的。

因此，尽管我认识的许多人都在寻求自由放任主义的复兴，我继续思考政府应该在现代生活中扮演什么角色。威尔逊总统叫我到巴黎，就《凡尔赛条约》（*Treaty of Versailles*）的经济条文担任他的顾问。我和他并肩作战，努力让美国加入国际联盟（League of Nations）。后来，我努力提高农民在国民收入中的占比；我甚至努力制订计划，重组全美的铁路，打破各国就赔偿和战争债务问题陷入的僵局。

回想起这些困难，以及我们必须应对的其他许多难题（从大萧条和第二次世界大战，到与苏联的冷战），我骤然意识到，大多数问题都围绕着一个重要的相互关系——战争与和平。至少自1914年以来，美国与世界其他地区都处于准备打仗或者打完仗、正在恢复元气的状态。我们一直以为和平时代的经济与社会规则可以满足我们的需求，但自1914年以来，基本上没有哪一年可以说是完全脱离了战争及其后遗症的影响。

从农业生产过剩到国家债务融资，我们大多数经济问题都起源于战争带来的紊乱。我们在有生之年，两度必须为了满足战争需要而彻底打乱经济秩序，然后又回到和平年代的发展方式。

与此同时，在历史进程中，战争的一个作用是凸显和加快战前酝酿的变革。例如，如果不是惧怕敌人可能率先研制出原子弹，或许我们至今还没能实现原子裂变。

在政府管理能力方面，我们从来没有真正赶上两次世界大战释放出来的力量和问题。无论我们取得了多少进展，我们要做的还有更多，我们仿佛在追赶一列永远都赶不上的火车。

在回忆录的第二卷中，我打算探讨战争与和平的重要关系，从我的亲身经历中汲取经验教训。或许在本卷余下的页里，我应该分析一下当今世界面临的危机具有怎样的性质，我们每个人要如何更好地理解其中涉及的方面。

基本上，我们必须把目前面临的重要考验当成是对我们自我管理能力的测试。我们并不缺乏物质资源，人类目前掌控着前所未有的力量，既有建设性的，又有破坏性的，我们缺乏的是控制和指引这股力量以及丰富的生产性资源的能力。

对我们自我管理能力的测试，实际上分为三个层面。

第一，这是对价值观的测试，我们为了确保获取某些东西，愿意放弃其他哪些东西。

第二，这是对我们逻辑思考能力的测试，我们能否详尽分析问题，找到有效的解决方案。

第三，这是对我们自律的测试，我们能否不惜个人付出什么代价，都秉持我们的价值观，贯彻执行政策。

我们应该投入多少国防开支的问题，很好地说明了这个测试的全部三个方面。有些人声称："我们的经济只能承受这么多。"但从两次世界大战可见，为了争取和平，我们经济的承受能力远远超出了任何提案会带来的负担。我们和盟友能动用的物质资源比苏联及其附庸国更多。就我个人看来，我们为捍卫自由能付出的努力，绝不会比不上敌人为破坏我们的自由所能做的。

我们的经济能承受的限度，取决于我们愿意为此自律和安排的程度。或许我们无法同时确保国防安全和获得想要的其他一切，但只要我们愿意遏制与之冲突的奢侈欲望，就具备充分的资源，能够实现必要的国防计划。

国防开支在主要人群之间如何分摊的问题，引发了剧烈的斗争，遮盖了我们应该以什么为重的选择。每个主要利益团体都想把国防开支的负担推给其他人，这种“政府去管其他人就好，但别来管我”的态度，在很大程度上导致了第二次世界大战和朝鲜战争期间通胀高涨，也是冷战期间通胀压力高涨的罪魁祸首。

我们的民主社会未能形成约束能力，让每个人为了支付国防开支，把国家利益置于个人利益之上，就算明知应该这样做，也做不到。

我们也未能彻底想清楚一个国家要在冷战中生存，政府应该发挥什么作用。有些人只想要减税，却没有意识到只有在政府征税的情况下，我们才能具备必要的国防力量，捍卫我们所珍惜的一切。而有些人不断提出宏大的联邦政府新开支计划，却没有意识到在民主社会，政府的征税能力是有限的。

税务负担越重，就越难以确保所有人群公平合理地分担税负。我们认识到，在战争期间，每个人都必须公平地分担整个国家做出的牺牲，这样才能鼓舞全国民众的士气；此外，为了满足更重要的需求，有些事必须延迟。我们似乎没有意识到，在冷战中，我们也需要有类似的考虑。

如果一些次要的计划耗尽了政府的课税能力，如果我们允许课税制度和通胀对部分公民造成不公平的负担，公众对最重要政策的支持也会减弱，我们不能用和平时代的经济和公共道德标准来打冷战。

我从来不会抱怨缴纳更多的税，我相信政府开支有不少浪费，是可以砍掉的，但在确保国防安全、政府信贷稳健之前，我都不赞成减税。要强调的是，稳健的政府信贷对于稳健的国防系统而言至关重要。如果这一点有所欠缺，政府应对紧急状况的能力就会减弱。

目前，许多人都在议论研发新的“终极”武器，也相信这可以解决我们的安全需要。洲际弹道导弹一旦研发成功，或许真的能为战争带来重大变革。然而，即使我们完善了武器装备，还是面临着对自我管理能力的同一个测试：我们能否彻底想清楚我们的问题，分清事情的轻重缓急，发挥自律能力，以最重要的事情为先。

我今年87岁了，见证过一系列的科技变革，但无论科技怎样变革，我们都必须具备个人品格和思考能力。

· 4 ·

我们需要自律，需要思考，这听起来或许像老土的说教，人们往往不把这些古老的真理放在心上，这正是我们社会面临的另一大问题。许多人听到这些真理，会点头表示赞同，却不会付诸实践，不会去思考怎样才能把这些古老的真理付诸行动，所以也只是空言而已。

遗憾的是，教育的主要趋势似乎加剧了对思考能力的忽视。太多学校不是教导年轻人思考，而是理所当然地以为只要学生感兴趣，他们就大功告成。学校扩大了课程设置，科目应有尽有，却对纪律和约束不以为然。加上越来越多的专科学校教出一班技术专家，令人以为光是积累信息就算是受过良好教育。

但信息本身并不能有效代替思考，引用近年发生的一个例子，大多数人可能还记得，在第二次世界大战接近尾声之际，许多经济学家和统计学家都预测，战争结束后，会有1000万名甚至更多的工人失业，许多统计学数据都支持这个严峻的预测。

国防动员局局长詹姆斯·伯恩斯叫我和我的老同事约翰·汉考克（John M. Hancock）制定政策，为我们从战争转入和平提供指引。我们认为，停战不会造成大范围失业，反之，我们的报告预测，经济会迈向前所未有的“繁荣景象”。我们的报告在1944年2月发表，不久后，我还进一步斩钉截铁地表示，无论如何，在战争结束后，经济至少会出现五至七年连续不断的繁荣景象。

这个预测有什么依据呢？我们并没有对购买力或“消费者态度”做统计学研究，也没有像预测经济走向的专家预估未来那样，分析他们喜欢引用的其他指数。我的判断主要是根据战争结束后，全球一半地区百废待兴。我深信重建工作势在必行，没有什么力量可以阻止。当时，我告诉周围的人：“无论男男女女，个人还是政府，都会不惜乞讨、借贷，必要时甚至会偷窃。”千方百计地重建家园，满足战争时期无法满足的需要。

我想要说明的是，缺乏判断和思考，光是掌握信息是没有多大用处的。

要做出明智的判断，我们必须时刻顾全大局。我们优秀的教育家开始意识到，学生需要的不是熟悉特定的细节，而是能够在分析各种问题时，纵观相互关联的有机整体。世上万事万物，基本上没有什么是孤立存在的，都与其他事物息息相关。要在某个方面采取真正有效的行动，通常也要在其他方面提供一系列支持。

我们需要纵观全局，而不是各自为战，遗憾的是，这正是我们在第二次世界大战期间长期努力遏制通胀，却未能成功的主要问题所在。国会和行政部门的大多数官员都认为，单凭货币管制就够了，或者只需要管制一些物品的价格，而大体上不需要管制工资和农产品产地价格。我反对这种零散的处理方式，而警告说，我们需要就整体经济采取一系列行动，统一、同步地调度所有资源。

第二次世界大战结束后，我再度呼吁政府从全局出发，这次是关系到议和问题。在此之前，我们制定了打赢战争的全球战略，而战后，我呼吁各方要制定同样的战略，来应对议和的每个方面，让我们能够最大限度地扬长避短。许多官员都发表演讲，表示我们需要采取“整体外交”战略。但要制定统一的全球战略，需要把许多相互关联的环节都串联起来，这个高难度任务未能完成。

失败的一个原因在于，人们想要得到轻松快捷的解决方案。美国民众过了一段时间才明白，要实现世界和平，是没有捷径可走的。防止第三次世界大战爆发，是我们这辈人和下一代人都要面对的任务。

对于提出的每一项措施，我们都应该问一下自己，这项措施预计可以达成什么目标，又无法达成什么目标。

我们还必须确保应对措施都针对问题的核心，而不是细枝末节。我们面对的难题越复杂，就越要谨记这一点，因为遇到解决不了的问题就一味逃避，是人性使然。

人在面对最严峻的危机时，却经常会为鸡毛蒜皮的小事争吵不休。我想，这并不是因为人们对问题的严重性一无所知，反而是一种分心策略——人在对某个问题大惑不解、灰心丧气的时候，想要借助其他事情分心。

人总是喜欢用埋头猛干来代替理性思考，却不明白跑得快不等于跑对了方向。我们应该定期停下来，问一下自己，我们解决问题的方式，是否针对了问题的症结（也就是若要找到可控的解决方案，必须解决的方面），还是在耗费精力纠缠于细枝末节，其实无论这些无关紧要的方面得出什么结果，都不能帮助我们做出决定。

当然，这在议和方面极其重要。我相信，要实现和平，有两个问题是最重要的，除非解决了这两个问题，否则不可能实现持久的和平。

第一个问题是德国正处于分裂，要如何实现统一。只要东西德保持分裂状态，每个国家都必须防范未来总有一天，总会有一方想要武力统一德国，这个危险正是需要北约军队的主要原因。即使可以消除苏联直接发动侵略的威胁，苏联附庸国的军队还是有可能找借口推翻德国，就像朝鲜战争爆发一样。德国的某些团体也可能会发动内部“革命”或军事政变，以此武力“统一”德国。

要防止第三次世界大战爆发，就必须安排军队驻守铁幕[①]西侧，防范西德政权受到上述势力的颠覆。这些军队必须随时待命，不能纯属摆设。

即使各方能达成协议，苏联军队撤出东欧，而美国军队撤出西德，还是需要北约。即使各方能达成协定，但在建立远比现在更稳固的互信关系之前，都不可能放下戒备。

只要德国问题悬而未决，就很难真正实现裁军。

要实现持久的和平，第二项必要条件是建立无懈可击的制度，检查和控制所有形式的核能，一旦违反协议，都会受到惩罚。一旦达成协议，任何国家都没有否决权使之失去效力。

我有幸代表美国政府向联合国呈报国际原子能控制计划，计划中并未假设

① 冷战时期将欧洲分为两个受不同政治影响区域的界线。——译者注

美国会永远垄断原子技术。我们很清楚，其他国家迟早会研制出核武器。但无论是1个还是61个国家拥有核武器，都改变不了一个铁定的事实：除非有一个万无一失的管控制度，防止把原子能投入军用，否则，没有哪个国家可以有效防止核武器造成毁灭性的破坏。

随着拥有核武器的国家增多，我们更需要加强管控，即使苏联人也会意识到这一点。时任苏联驻联合国代表安德烈·维辛斯基（Andrei Vishinsky）去世前几天，邀请我到位于纽约的苏联公使馆参加招待会。招待会上，我们俩单独碰面了，我告诉他，我觉得他的政府反对有效管控核武器，是不明智的选择。

“制造这些原子弹变得越来越容易了。”我警告他，“很快，其他国家也会拥有核武器，就连苏联的附庸国也会拥有核武，到时你们要怎么办？”

我接着说，美国西部拓荒时代有句老话，在史密斯威森（Smith and Wesson）左轮手枪面前，人人平等。“一旦小国有了核武器，就连最强大的国家也会受到威胁。”

我最后说道：“现在只有两个国家拥有这些武器，管控问题还是相对简单的。等以后更多国家拥有核武之后，或许你们想要制定管控制度，但为时已晚。”

后来，在与苏联其他高层官员的会面中，包括安德烈·葛罗米柯（Andrei Gromyko）、雅科夫·马利克（Jacob Malik）和德米特里·谢皮洛夫（Dmitri Shepilov），我重申了这一观点。我不知道他们有没有听进去，但后来苏联在1956年和1957年宣布裁军，他们之所以表现出这样的态度，或许有类似的考虑。

无论苏联的态度有什么考虑，全世界所面临的选择是一样的——要么实现真正的管控，要么等于没有管控，禁止试验核武器是不能解决问题的。即使这些试验停止，原子弹攻击的可怕威胁仍然存在。现在只有大国拥有这些武器，小国也不会甘愿永远维持现状。其他国家在确保能够防范原子弹攻击之前，都会继续设法获得自己的核武器，这就必须试验核武。

如果可以确立对所有核武器的有效管控，放射性元素污染的严峻危险就会消失。这样一来，就不需要进行试验了，全球科学家可以携手合作，扩大原子的和平应用。

科学家和其他人都应该发挥影响力，呼吁真正有效管控所有核武器，而不只是限制试验。

同样，我们应该采取措施扩大原子的和平用途，例如，艾森豪威尔总统建议世界各国共同提供原子资源，集中用于对社会有益的目标。但无论各国为原子和平组织提供多少原子资源，还是会把更多的裂变材料留作发展自己的原子和其他核武器，原子弹袭击的危险并不会减轻。

如果原子弹战争的威胁无法消除，我们宁愿睁大眼睛直面这种威胁，也不要由于签订了无意义的协议，而误以为可以高枕无忧。

我们绝不应该放弃有效管控的努力，应该随时聆听和研究任何国家提出的建议。但我们也不应该因为极度渴望和平或者害怕再度爆发战争，而不去面对现实。要维护我们的自由，让世上每个国家（包括苏联）都能享受到真正的和平，我们就必须面对现实。

几年前，我向一些大学生发表了演讲，总结了自己秉持的一些理念。

我指出，在人类历史上，战争与和平、繁荣与萧条、奴役与自由等等，都是周而复始。在每一次衰落之后，人总是能进行重建，至少在物质上走到新的高度。

但如今，我们不知道我们的文明还能否承受住又一轮的周期性衰落。我们渴望有一个可以维持进步的制度，取代自古以来周而复始的衰落和复苏。我相信，这是当今大多数人的共同愿望。

为了摆脱这个衰落和重建的周期，我们必须摆脱人自古以来从一个极端走向另一个极端的倾向。我们必须保持自律和理性，避免盲目的顺从和盲目的反叛。

我相信理性的力量，这不是因为人过往表现出了多少聪明才智，而是因为这始终是人自律的最佳工具。每当社会陷入疯狂，人首先丧失的总是理性，这并非纯属偶然。人不可能十全十美，也打造不出一个乌托邦。但如果我们学会彻底分析思考问题，决定最重要的是什么，个人和国家都保持自律，确保优先的事情优先处理，那么，我们就不会由于寄予了不切实际的希望而陷入狂热，也就能避免恐慌地堕入绝望的深渊。